大いなる謎・織田信長

武田鏡村

PHP文庫

○本表紙図柄＝ロゼッタ・ストーン（大英博物館蔵）
○本表紙デザイン＋紋章＝上田晃郷

まえがき

「織田信長公に兵五千人、蒲生氏郷《がもううじさと》に一万人の兵をつけて合戦させるとしたら、おのおの方はいずれに味方するかな？」

天下人になった豊臣秀吉《とよとみひでよし》が、徳川家康《とくがわいえやす》、前田利家《まえだとしいえ》、毛利輝元《もうりてるもと》、宇喜多秀家《うきたひでいえ》、そして蒲生氏郷と雑談していたとき、こう切り出した。

蒲生氏郷は、信長にその武勇が認められて、娘婿となった人物。秀吉も重きをおいて会津《あいづ》九十一万石を与えた男で、次の天下を狙う者と秀吉が心の底で恐れていた。つねに真面目で武将としてもすぐれ、戦場ではいつも先陣を駆けて戦っていた。

その氏郷が信長の二倍の兵力をもって戦ったら、どちらにつくか。つまり「勝つのはどちらか？」と秀吉は問うたのである。兵員の実力や装備は同じとして、二倍の兵力を有する者が勝つというのが合戦の常識である。

ところが、だれも答えようとしない。秀吉はよくこうした謎かけをして答えを引き出し、その人物の性格や考えを見極めようという癖があった。つまり、うかうか答えると、秀吉の術中にはまって、痛くもない肚《はら》まで探られかねない。

姉川《あねがわ》の合戦や長篠《ながしの》の合戦といった大きな戦闘で、信長と形影《けいえい》を相伴《あいとも》にして戦った家康は、もちろん信長の戦術を知り尽くしていた。小牧《こまき》・長久手《ながくて》の合戦で直接、干《かん》戈《か》を交えた秀吉の手法も知っている。秀吉の質問の意図も答えもわかっているが、口を開かない。

家康らが小首をかしげていると、秀吉は得意満面にこういった。

「わしは信長公に味方する。なぜなら氏郷軍から兜《かぶと》つきの首を五つ取ったら、その中に必ず氏郷の首があろう。ところが、信長公の軍勢が四千九百人まで討ち取られても、その中に信長公の首はあるまい。大将の首が早く討ち取られたほうが大きな負けじゃ。そのため兵力が少なくとも、信長公が勝つ」

この話は群馬・館林《たてばやし》藩の岡谷繁実《おかやしげざね》の『名将言行録』（巻二十三「蒲生氏郷」の項）に載るものである。秀吉の信長に対する認識の度合いを知ることができるとともに、合戦における信長の去就を的確にとらえている。

その信長が、なぜ明智光秀《あけちみつひで》に攻められた本能寺《ほんのうじ》の変《へん》で、生き抜けようとしなかったのか、という疑問がたえず私の頭の隅にある。

「是非《ぜひ》に及ばず（いまさら何をいわんや）」

という最期のことばを残して、信長はみずからの存在を地上から消滅させた。潔《いさぎよ》い最期であったというだけでは、それまで生に執着し、勝つことに執念を燃やした信長という男の生き方をとらえることができないのではないか。

しかも信長の出処進退はもとより、合戦における戦術や高度な政治戦略、あるいは天下をまとめ上げる構想は、彼の跡を襲った秀吉や家康に大きく影響している。とくに秀吉はその配下にあったことから、信長は秀吉政権の産みの親といってもよい。その秀吉が信長はどんなことがあっても生き延びる人だといっているのである。ここに何か未だ解き明かされていない大きな謎があるのではないだろうか。

私は信長という人物の全体的な見直しをしようと思い立った。信長の性格をはじめ、若いころから晩年にいたるまでの言動や戦略、あるいは天下構想の中に、これまで解明されなかったものがあるのではないか。

そこで、信長が生きた戦国時代、あるいは江戸時代初期の史料や記録に立ち返って調べ直した。と、これまで伝えられていた「信長像」の多くが、見事なまでに崩されるという意外な結果になったのである。

そうした史料にできるだけ忠実に従って、真実の信長像に迫ってみたのが本書である。ただし、明記した引用部分以外は、史料を読み解いたうえで、私が推測した

〝語録〟として記してあることをお断りしておく。また、先人先学の論考等を参考にしたが、紙幅《しふく》の関係上、明記できなかった。ここで感謝の意とおわびを申し上げる。

「真説信長」、あるいは「史実信長」という意気込みで筆を執《と》ったのであるが、信長の実像にどこまで迫ることができたか。読者諸兄の御叱正《ごしっせい》をいただければ幸甚である。

二〇〇二年八月

武田鏡村

大いなる謎・織田信長＊目　次

第二章

布陣の鉄則

桶狭間の合戦は〝奇襲に非ず〟……111

第三章 同盟の実体

――「天下布武」に託された野望と謎……137

第四章　権力の構造
――天皇と将軍――伝統に挑んだ信長の戦略

第五章　勝利の方程式……251

――信長の神への道は〝土着信仰〟ではじまった！

編集協力／㈲ホソヤプランニング

大いなる謎・織田信長

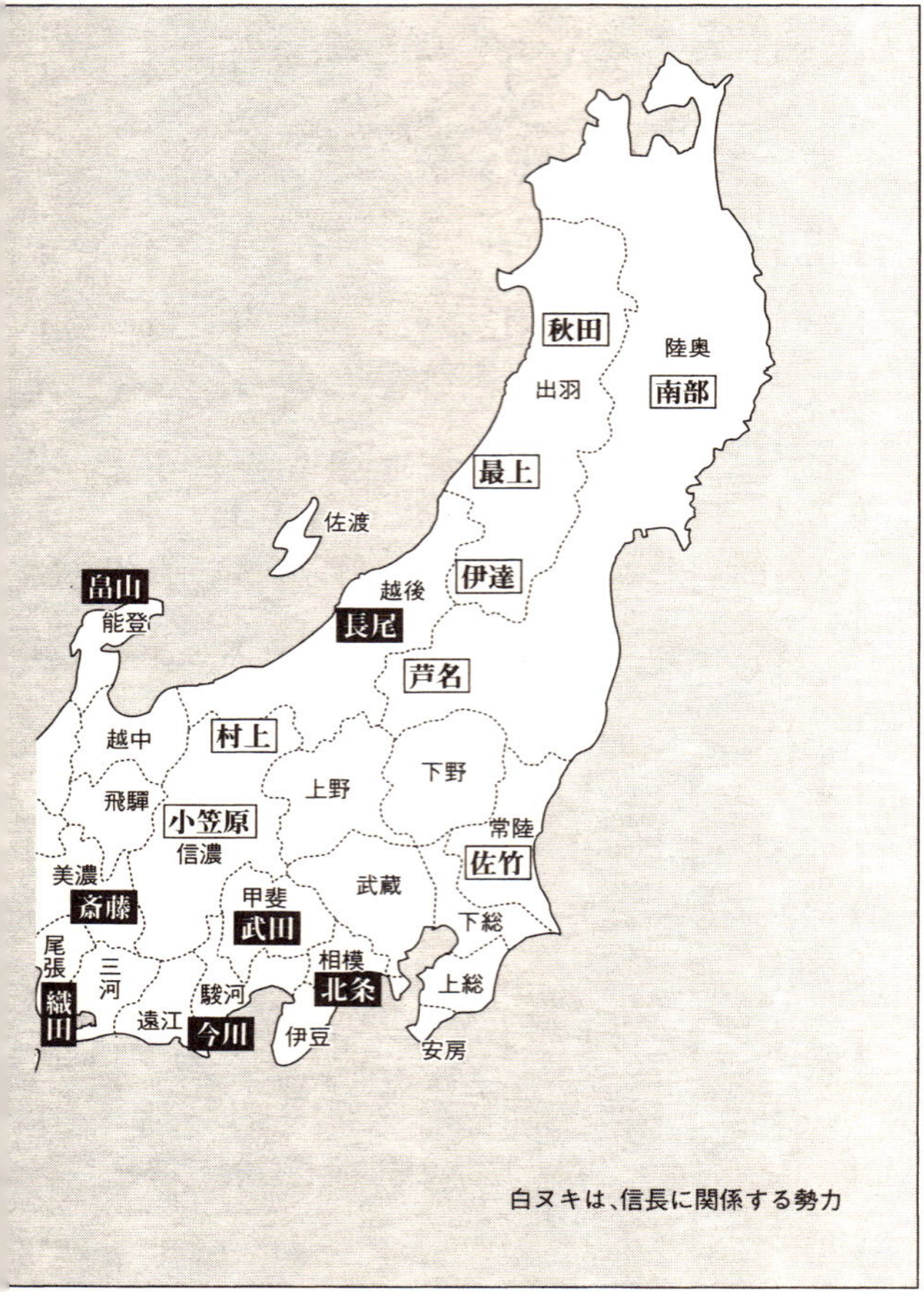

白ヌキは、信長に関係する勢力

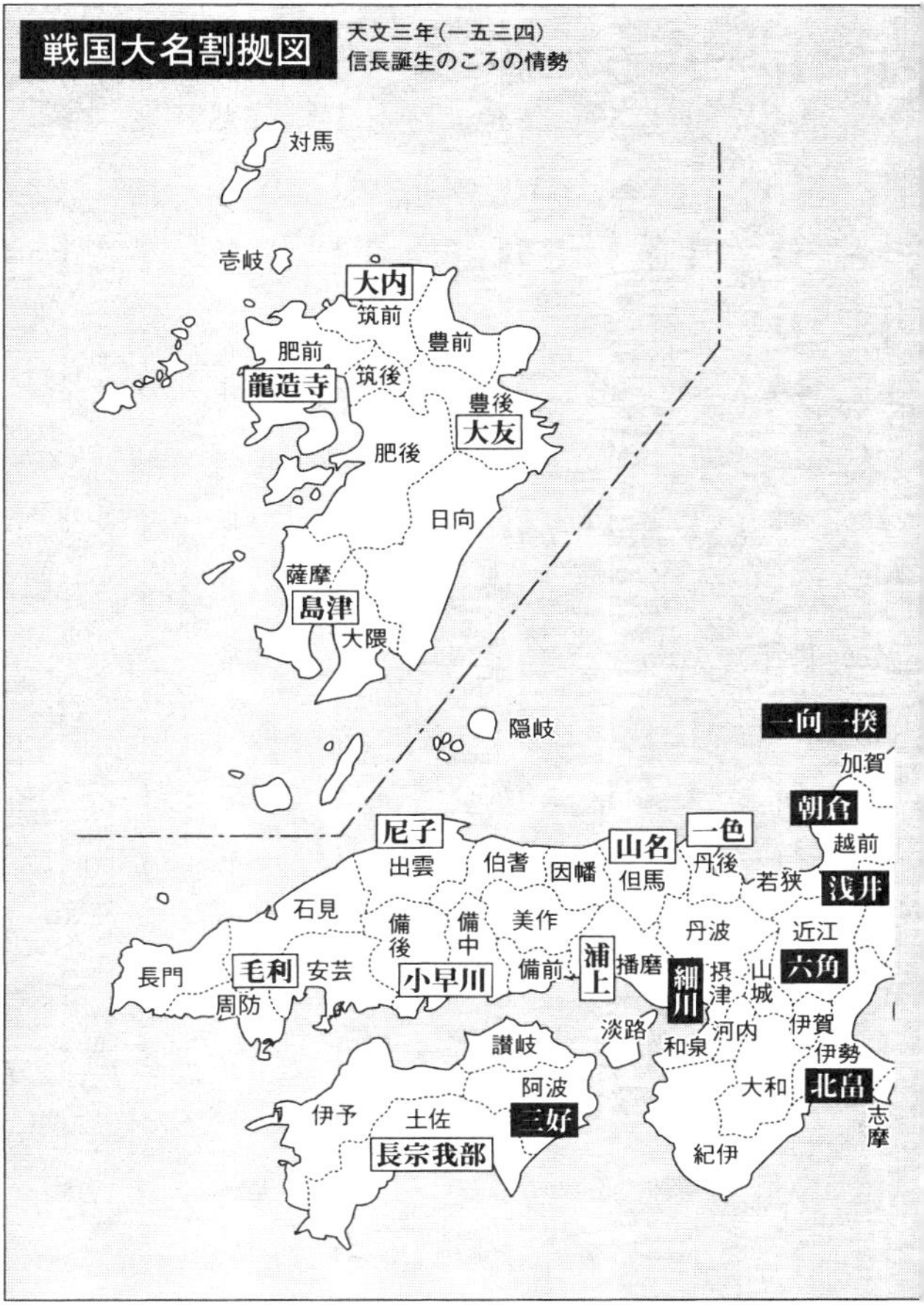

戦国大名割拠図
天文三年（一五三四）
信長誕生のころの情勢

▲**織田信長画像**（神戸市立博物館蔵）

第一章

戦略児の実像

――織田三代の野望と戦略

祖父の代から築き上げた交易市場の支配欲

信長という〝悪魔〟が生まれた日

織田信長《おだのぶなが》は、よく風雲児とか野生児、あるいは麒麟児《きりんじ》といわれている。だが、より正確に彼を表現するとすれば、

戦略児――。

という、あまり聞きなれないことばに尽きる。戦略児は、政略児といいかえてもよい。むろん、これは私の造語であるが、この形容によって信長という人物の実像を、より鮮明につかまえることができるように思う。

これに対して、信長の跡を襲った豊臣秀吉《とよとみひでよし》は、やはりひと言でいうならば、

野望児――。

ということになろうか。信長の配下にあった秀吉は、信長が次々に打ち出す戦略をことごとく体得し、天下統一という政略さえ踏襲、みずからを〝天下人〟として押し上げようとする野望に、その生命のすべてを燃焼させた男である。そのため秀

吉の実像は、信長の影響を色濃く映し出している。

いわば信長を将棋の駒の表とするならば、秀吉はその裏という〝同根異体《どうこんいたい》〟の存在とみることができる。だが秀吉が〝天下人〟となると、信長は逆に駒の裏とされるようになる。

ちなみに徳川家康《とくがわいえやす》は、信長の戦略、秀吉の野望を胸中深く温めて、最後には〝同根異体〟の駒を呑《の》み込んで覇者となった人物である。

その意味から秀吉や家康という人物を正確にとらえるためにも、まず信長である。信長は、他の戦国武将と同じように、策謀うずまく政治戦略の中で生まれ、血なまぐさい戦闘と戦略の中で育ち、そして勝つための戦術をものにしながら生きた。

しかし、他の武将と決定的にちがう点といえば、情実などというソフトな人間心理に重きをおかず、それさえも徹底した戦略の中に組み入れようとしたことである。

しかも、自分の誕生日というきわめて個人的な日さえ、冷たい戦略の中に組み入れたのは、日本では信長がはじめてである。

信長は天文《てんぶん》三年（一五三四）の五月に生まれている。誕生日は正確には伝わっていない。正確な誕生日がわからないのに、信長がその日をどうして戦略に利用したといえるのかといえば、じつは信長に関する思想動向を調べた報告書が残っているからである。それは『イエズス会日本年報』といわれるもので、日本各地にいたキリスト教宣教師の報告をまとめたものの中に書かれている。

その中にポルトガル人宣教師で、信長といちばん親しく接したルイス・フロイスの報告となる次の一節がある。

「安土山《あづち》において、生誕祭《せいたんさい》を行なった後、十九日を経て、その体は塵《ちり》となり灰となって地に帰《き》し、その霊魂は地獄に葬《ほうむ》られた」

これは天正《てんしょう》十年（一五八二）六月二日早朝に、京都・本能寺《ほんのうじ》で仆《たお》れた信長の最期を報告したものである。信長の誕生日を特定するのに、その劇的な死からしか調べることができないのは、いかにも信長らしく、また外国人の報告書によってしか誕生日が割り出せないのは、いかに当時の日本人の多くが生まれた日に無頓着であったかを私たちに教えてくれる。

ところが、フロイスを初めとする宣教師たちにとって、信長の誕生日こそ「悪魔が生まれた日」と同じように思われていたのである。これについては信長の宗教戦略の構想とのかかわりで、のちに述べることにしよう。

神となった信長の生誕祭の謎

いずれにせよ、フロイスは六月二日の十九日前に、信長の生誕祭が安土城《あづち》で華々《はなばな》しく執《と》り行なわれたことを報告している。フロイスは現在も世界中で用いられているグレゴリオ暦《れき》（三十日と三十一日の月からなる）で日付を書いているが、当時の日本では太陰暦（二十九日と三十日の月からなる）である。しかも朝廷の暦《れき》博士がつくる京暦《きょうごよみ》といわれるものと、尾張（愛知県）や関東などの地方で独自に使われていた田舎暦《いなかごよみ》とは微妙なちがいがあった。

のちに信長は、自分が長年使っていた尾張の田舎暦をもって日本の統一的な暦にしようとして、朝廷と対立している。暦の統一も天下を征しようとする者にとっては、大きな課題であった。

さて、フロイスの書いた六月二日より十九日前に挙行《きょこう》された信長生誕祭は、グレゴリオ暦で逆算すると五月十四日となり、京暦では十二日ということになる。日本の史料では信長の生誕祭についてては、まったくふれられていないので、フロイスの報告書だけで特定すれば、信長の誕生日は五月十四日となる。

信長は、自分の誕生日に特別な意味をこめた。彼はみずから「神」と名乗り、イエス・キリストと同じように、自分の誕生日を聖なる日と定めた。信長を〝生きた神〟として崇信《すうしん》すれば、人々はこの世に富と長寿を得ることができると、信長は安土城下に布告を出し、生誕祭を行なったのである。

「天下を治めるこの信長こそが、生きたる神仏だ。わしを信じ、わしを敬《うやま》え。さすれば現世のあらゆる利益が得られる」

自分を神格化しようという考えは、絶対君主にみられがちな発想であるが、日本でこれを自分から宣言したのは、やはり信長が初めてである。そのため暴君とか狂気とかという評価が、ナチスのヒトラー以後の現代史の風潮の中で、とくに信長には下されているが、当時でも根強い反感をかっていた。

キリスト教の宣教師たちは、信長の神格化を彼らが信じる「神《デウス》」への冒瀆《ぼうとく》ととらえた。そして彼こそ唯一、日本ではキリスト教の庇護《ひご》者であるとして、あれほど頼っていた信長の死を「その霊魂は地獄に葬られた」と、最大級の憎しみを込めて断罪するようになる。

私は信長の神格化は、彼独特の演出とみるのであるが、それを狂的な思い上がりとみた者がほかにもいる。明智光秀《あけちみつひで》もその一人である。日本の神々や仏《ほとけ》を否定、破壊して、みずから生き神となって生誕祭を執行した主君の姿に、光秀はキリスト教容認と、狂気に走る傲慢《ごうまん》さの極限にはっきりと気づいた。その反発が謀叛《むほん》の原因をなしていたと考えることができることからも、その誕生日はとくに重い意味をもつ。

ところが、信長が誕生日を聖なる日としたのは、光秀がとらえた以上に戦略化されたものである。その戦略構想はおいおい明らかにしていくが、少なくとも光秀が心配したように、キリスト教を容認したためでは決してない。

むしろその逆で、キリスト教の「神」への信仰構造を換骨奪胎《かんこつだったい》して、みずからが日本的な神となるべく設定したものである。その手始めに行なったのが、誕生日を聖日と定めることである。それは信長が得意とした自己演出による人心収攬《じんしんしゅうらん》をはかろうとする高等戦術であった。

誕生伝説がない信長の謎

信長の生まれた日は、フロイスの報告書によって、かろうじて推定することができるが、彼がどのようにして生まれたかについては、よくわかっていない。もちろん父親は尾張の織田信秀《のぶひで》、母親は土田《つちだ》氏出身の女性である。それはわかっているのだが、彼には英雄にまつわる誕生伝説なるものが、不思議なほどまったくない。

庶民出の豊臣秀吉《とよとみひでよし》は、関白《かんぱく》や太閤《たいこう》になるに際し、実母（大政所天瑞院《おおまんどころてんずいいん》）が天皇の寵愛《ちょうあい》を受けて自分が生まれたとする皇胤《こういん》説をそれとなく流布《るふ》させたり、日吉山《ひえさん》王権現《のうごんげん》の申し子であるから日吉丸《ひよしまる》と名乗っていたとか、太陽から授かったという日《にち》輪受胎《りんじゅたい》説を自分からいい出している。名もない出自《しゅつじ》であったため、生まれを権威づけようとしたのである。秀吉のこうした出自伝説は、当時の人でさえ首をかしげていたが、明らかにウソとわかる明るさを民衆は受け入れた。

一方、徳川家康《とくがわいえやす》には、奥三河（愛知県）にある古刹《こさつ》の鳳来寺《ほうらいじ》にある真達羅大将《しんだらだいしょう》といわれる仏《ほとけ》の生まれ変わりだという話がつくられている。真達羅大将は、薬師如《やくしにょ》来《らい》の十二神将《しんしょう》の一つで、武神として三河武士に崇敬《すうけい》されていたが、これが生母の於大《おだい》（伝通院《でんつういん》）の腹に飛び込んで家康となって生まれ変わったというもの。三河武士は、「われらが主君は生まれながらに武威《ぶい》を誇る神通力を授かっていたのだ」として忠誠心を固め合った。

家康につきまとう土臭さや堅苦しさは、この出生伝説にもうかがえる。ちなみに、徳川四天王とか徳川十六神将など、家康のもとで武勇を高めた家臣たちのそうした呼称は、家康を武神としたことから派生したものである。

ところが、みずから神と名乗った信長には、こうした出生奇瑞《きずい》の話はなにもない。土着的な民間信仰は天下統一の妨げとなるとする信長にとって、秀吉や家康のような出生伝説などは、まさに荒唐無稽《こうとうむけい》なものであったろうか。

とはいえ、みずからの出生を奇瑞譚《きずいたん》で飾り立てた秀吉はその死後には「豊国大《ほうこくだい》明神《みょうじん》」、家康は「東照大権現《とうしょうだいごんげん》」となって、それぞれ神として祀《まつ》られたのに比べ、信長は生前に神とみずから名乗ったにもかかわらず、その死後は「総見院泰巌大居士《そうけんいんたいがんだいこじ》」という普通の人のような戒名《かいみょう》がつけられて葬《ほうむ》られている。信長、秀吉、家康の死後の扱いを比べると、まことに面白い結末というべきである。

信長の出生や誕生日を語るべきなのに、彼の死から語らなければ、その事実に突きあたることができないというのも、いかにも信長という人物を物語っている。彼は死後の名誉よりも、生きているうちの栄誉を飽くことなく求めた。そのために、いかなる戦略も考え惜しむことはなかった。ただ、実益の乏しい戦略は決して採用することはなかった。出生の奇瑞譚なども、信長にとってデッチ上げることは、いとも簡単なことにちがいなかったであろうが、そんな遠回りな演出は彼の好むところではなかった。

「勝つためにもっとも効率的なことを考え、実行せよ」

これが彼の行動のすべてであった。

祖父の信定が狙った津島の運上金

信長は、織田弾正忠《だんじょうのちゅう》という家に生まれた。父の信秀《のぶひで》も祖父の信定《のぶさだ》も弾正忠の官名を戴《いただ》いていた。これは元来、検察的な役職である弾正台《だんじょうだい》に属する下級の役名である。律令《りつりょう》体制が崩壊する平安中期からは、その職権は実体を伴わない飾りの官名でしかなくなっていた。

これは弾正忠だけではなく、織田弾正忠家の主家にあたり、清洲《きよす》城で尾張守護職にある斯波《しば》家を支えた織田大和守《やまとのかみ》も、同じく岩倉《いわくら》城にある織田伊勢守《いせのかみ》も、その官名はすでに有名無実なものであった。というのも、律令下で、たとえば大和守に任じられれば大和（奈良県）を支配しえたのであるが、織田大和守は尾張守護の斯波家に仕える一家老にしかすぎず、大和の支配者とはまったく関係はなかったからだ。

信長が生まれた織田弾正忠家は、その織田大和守の家老の一人でしかない。守護の斯波家からみれば、家臣のさらに家臣ということになる。もっと厳密にいえば、弾正忠家は、尾張の下四郡といわれる海東《かいとう》・海西《かいさい》・愛知・知多《ちた》の四つの郡を実質的に支配する織田大和守家の三奉行の一家にすぎなかった。三奉行は弾正忠家のほかに、織田因幡守《いなばのかみ》、織田筑前守《ちくぜんのかみ》（藤左衛門）がいて、「清洲三奉行」といわれていた。これら奉行の官名も、もちろん実体を伴ったものではない。

織田大和守と並んで、尾張上四郡の丹羽《にわ》・葉栗《はぐり》・中島《なかじま》・春日井《かすがい》を支配する織田伊勢守家もいて、この二家が守護代として斯波家を支えていたことから、弾正忠家は

織田氏略系図

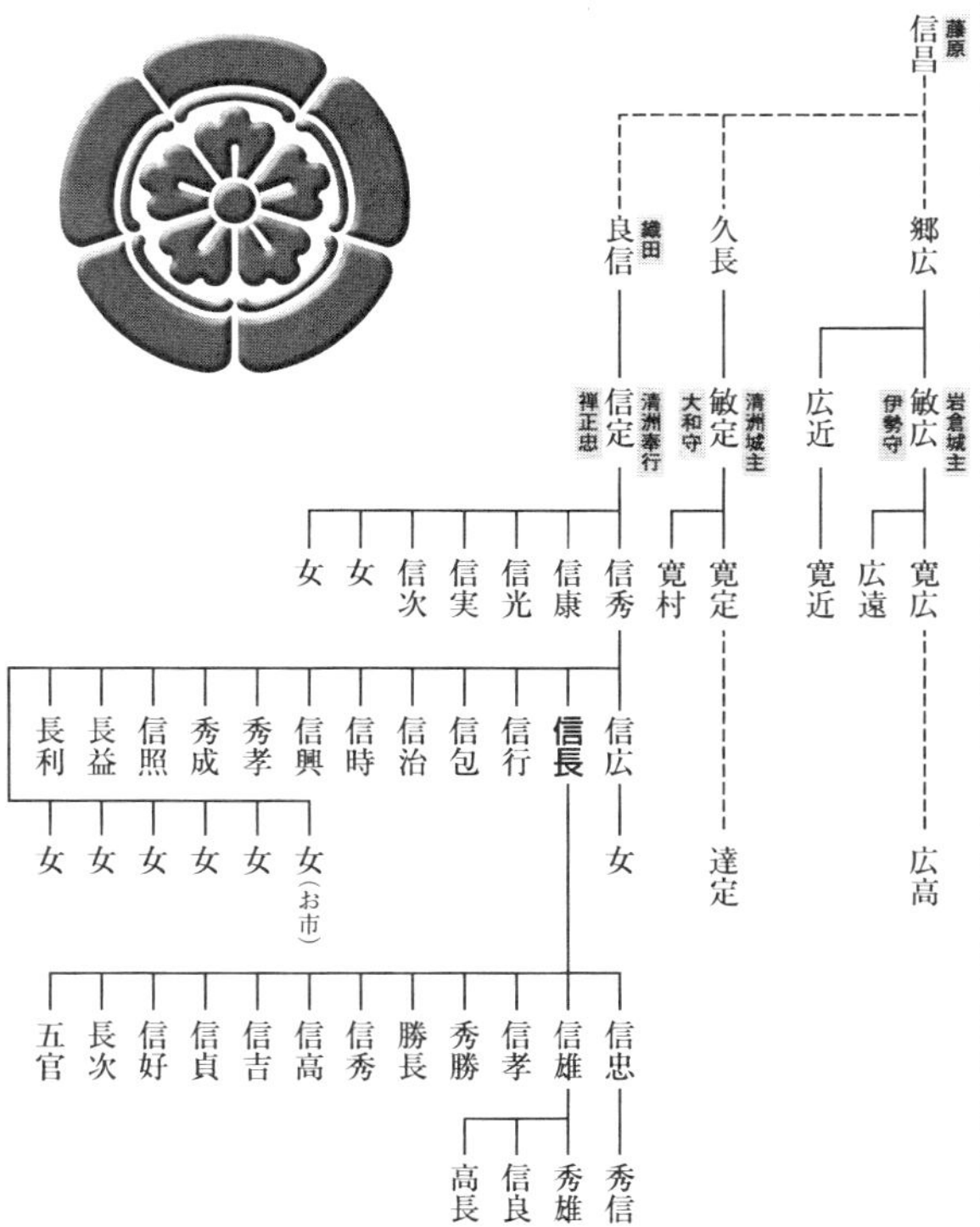

信長には他に12女あり、
それぞれ他家に嫁いでいる。

尾張の中でも家柄としては陪臣《ばいしん》といわれる微小な存在であった。

ところが、信長の父信秀の代になると、家柄は低いが、実力という点からすれば守護の斯波家や、守護代の大和守家、伊勢守家よりもはるかに強い勢いをもつようになる。

そのわけは、下剋上《げこくじょう》という一語に尽きるが、その時代風潮に巧みに乗った信秀の武勇と戦略眼によるところが大きい。織田家の右筆《ゆうひつ》、すなわち書記であった太田《おおた》牛一《ぎゅういち》が著わした『信長公記《しんちょうこうき》』によると、信秀は世人から「取りわけ器用《きよう》の仁《じん》」と評されていたようであるが、彼を下剋上の舞台に押し上げる基盤をつくった人物がいる。父の信定である。

信定はやはり父の良信《すけのぶ》が居住した勝幡《しょばた》城を中心にして、じわりじわりと支配地の拡大を狙っていた。信定が目をつけたのが、勝幡から西三キロにある津島《つしま》である。なぜ津島を狙ったかといえば、そこが物資が集まり、銭《ぜに》が流通する交易地であったからだ。

当時の津島を概略して説明すると、木曾《きそ》川支流の佐屋《さや》川と天王《てんのう》川の河口にあって、古くから中部日本の交易の要港であった。津島から伊勢（三重県）の桑名《くわな》まで海上十二キロである。志摩《しま》・知多・三河などの伊勢湾をのぞむ国々から海上交易が盛んになされていた。また木曾川沿いの美濃《みの》・飛驒《ひだ》・木曾の国々からも物資が川を伝って送られてくる。当時では、最大級の港町の一つとして数えられていた。

現在では繁栄をきわめた港町の面影は薄くはなっているが、それでも牛頭《ごず》天王社（現・津島神社）の大祭となる天王祭り（津島祭り）は、壮大な山車《だし》を船に乗せる絢爛《けんらん》たるもので、かつてこの地が海運によって、いかに繁昌していたかをうかがわせるものがある。ちなみに、駿河《するが》（静岡県）島田の出身で今川氏と京都との間の情報役であった連歌師《れんがし》の柴屋軒宗長《さいおくけんそうちょう》は、

「この津、南北美濃尾張の河ひとつにて（伊勢湾に）落ちて、港の広さ五、六町、寺々家々数千軒」（『宗長手記』）

と津島の繁栄ぶりを記している。今川義元《いまがわよしもと》が上洛《じょうらく》をめざして尾張に侵攻し、信長に討ち取られることはのちに詳しく述べるが、義元の上洛作戦は、その途中の戦略構想がまったく見当たらないことから、彼はこの津島をふくむ尾張を征服することが第一の目的で、上洛は尾張を領国化してのちの目標であったとみてよい。

なぜかといえば、今川義元が尾張侵攻に際して調略《ちょうりゃく》らしきことをしたのは、尾張荷《に》ノ江《え》に勢力をもつ服部左京助《はっとりさきょうのすけ》という人物だけである。服部左京助は一向宗《いっこうしゅう》の僧らとともに義元の動きに呼応《こおう》して、「武者舟千艘《むしゃぶねせんそう》」をもって伊勢湾内を航行、信

長の動きを牽制《けんせい》している（『信長公記』巻首）。彼が勢力を張る荷ノ江は、津島と伊勢長島の間にあって、熱心な一向宗門徒《もんと》からなる海運が盛んな港であった。のちにこの勢力は、長島の一向一揆として信長の前に立ちはだかることになるのである。利害という点において、津島と荷ノ江は対立していた。その荷ノ江衆が信長に反抗したということは、義元の戦略目標と彼らの利害が一致したからにほかならない。

そのため義元は、尾張を征して、津島を支配することによって、伊勢・志摩への侵攻の前線基地として、上洛への足場を築こうとしたとみてよい。それほど津島は、経済性もふくめた戦略拠点であった。

信長の祖父信定は、しばしば津島に兵を送って威嚇《いかく》したが、津島衆は泉州《せんしゅう》（大阪府）堺《さかい》の会合衆《えごうしゅう》と同じく独自の自治防衛がなされていたようで、ことごとく弾正忠家の意図をくじいた。

ところが大永《だいえい》四年（一五二四）、ついに津島は信定の野望の前に屈した。信長が生まれる十年ほど前のことになる。信定は兵力にものをいわせながら、津島の一部を焼き払い、力による支配をにおわせる一方で、自分の娘を津島を代表する富商の大橋清兵衛《おおはしせいべえ》に妻《めあわ》せるという条件を出した。全面支配ではなく、縁戚《えんせき》同盟という戦略である。

津島衆は、ここにきて信定に屈した。とはいえ信定は、津島衆を完全な支配下においても、商業活動まで規制したわけではない。そんなことをすれば、独立自尊の気風をもつ津島衆の活動を制限してしまい、かえって利益を損なってしまう。津島衆にはこれまでどおり自由に交易をやらせ、弾正忠家はその防衛の任務にあたる。いってみれば、用心棒の代償として、交易によってもたらされる利益の一部を運上《うんじょう》金《きん》として巻き上げるというのが狙《ねら》いである。

以後、津島からあがる用心棒代の運上金は、矢銭《やせん》という名目となり、弾正忠家の軍資金にプールされる。弾正忠家が守護代の織田大和守家や伊勢守家に比肩《ひけん》し、さらにそれをはるかにしのぐ軍事力をもつようになるのは、ひとえに信定が行なったこの津島支配にあったといってよい。

市場支配を狙った父信秀の実力

こうした信定《のぶさだ》の戦略眼と手法は、子の信秀《のぶひで》にも受け継がれる。信秀が狙ったのは、勝幡《しょばた》城から東六キロにある萱津《かやつ》である。信定が西の津島を征して木曾《きそ》川まで弾《だん》正《じょうのちゅう》忠家の勢力を伸張させたのに対して、信秀は反対方向の拡張をはかった。

萱津は、甚目《じもく》寺の門前町で、尾張随一の市《いち》が鎌倉時代から開かれていたところである。そこでは絹や米・雑穀などを銭に換える定期市が立っていた。津島が交易港であったのに対し、ここは内陸の物資が集まる交易市場である。

しかも萱津から北四キロに守護の斯波《しば》家を奉じる大和守《やまとのかみ》家の清洲《きよす》城があり、東七キロの地点には、駿河《するが》（静岡県）の今川氏親《いまがわうじちか》の子氏豊《うじとよ》がいる那古《なご》野《や》城がある。萱津を支配することは、そこからあがる矢銭《やせん》はもとより、今川氏の那古野城への戦略的な拠点となる。

信秀は、父信定が津島衆にやったように、この萱津も同じ戦略手法を用いたであろうことは、甚目寺周辺を支配していた豪族土田《つちだ》政久《まさひさ》の娘を妻に迎えていることからもわかろうというもの。もっとも、この土田氏から信定も妻を娶《めと》っているので、二代にわたって萱津の市場を虎視《こし》眈眈《たんたん》と狙っていたといえよう。

この土田政久の娘から生まれたのが、信長である。近年発見された前野家文書の『武功夜話《ぶこうやわ》』によれば、

「織田上総介《かずさのすけ》藤原信長、御生母は美濃《みの》国可児《かに》郡村の住人、土田氏の女なり」（『武功夜話』巻二）

とある。信定も可児郡の土田《どだ》氏から妻を迎えたとされる。美濃からの侵入を防ぐための織田家の政略が、そこにあったとみられているが、岩倉城の伊勢守《いせのかみ》家や清洲

▲織田信秀木像（万松寺蔵）

城の大和守家を飛び越えて、弾正忠家がいきなり美濃可児郡の勢力と結びつく必然性は、この当時の状況では考えられない。信秀が美濃の斎藤道三《さいとうどうさん》と干戈《かんか》を交えるようになるのは、信長十四歳の天文《てんぶん》十六年（一五四七）ころからで、それまで彼の戦略目標はつねに東方の三河《みかわ》にあった。

こうした政治地勢学をふまえた戦略状況を考えてみると、やはり古説どおりに信秀の妻土田氏は、甚目寺の土田政久の娘というのが順当のようである。もちろん『武功夜話』の記録を否定するわけではないが、少なくともこの件については『武功夜話』の筆を執《と》った前野（吉田）雄善《かつまさ》・雄翟《かつかね》が信長と前野家の関係をことさら印象づけようとしたと見受けられる。この点については、信長の正室となる生駒家宗《いこまいえむね》の娘吉野《きつの》（吉乃）との関係からのちにふれる機会があろう。

『甲陽軍鑑《こうようぐんかん》』という甲斐《かい》の武田家の事績をまとめた書がある。これは江戸初期に集成されたもので、『武功夜話』と同じく史料価値に多少の問題はあるが、そこに次のような一節がある。

「信長公、幼少の時、治黙寺《じもくじ》へ手習《てならい》にあがり、手跡《しゅせき》を習わずして、江の鮒《ふな》を釣り、蕗《ふき》の葉に膾《なます》を作り、或《あるい》は朋友《ほうゆう》の食う物を奪って食い……」

ここに出てくる治黙寺は甚目寺のことである。信長がここで手習いを習ったということは、母親の実家がこの辺りにあったことを暗示している。母親の実家で養育されるというのは、当時では普通に行なわれていたことである。しかも、土田氏の娘が信秀の正室となっていることからみると、土田氏の勢力が信秀を支える大きな柱になっていたとみてよい。なぜなら、戦国武将の正室の地位は、その実家の勢力によって決定されていたからである。

信長が異母兄の信広《のぶひろ》を押しのけて、弾正忠家の嫡男《ちゃくなん》とされたのも、信長の母親の実家の力が信広のそれより強かったからである。そのため、やはり『武功夜話』が伝える美濃可児郡の土田氏との戦略性のある接点は希薄ということになろう。

いずれにしても信秀は、甚目寺、萱津の市場を支配することで、やはり矢銭といった名目で軍資金を集めることができた。こうした市場支配は、信長にも受け継がれる。堺《さかい》や大津の交易都市の支配がそうである。

「港と市《いち》を支配すれば、貨幣が手に入る。貨幣は軍事力になり、軍事力はさらに貨幣を生む」

こう信長は明言したわけではないが、これが彼の戦略の根底にあったといってよい。その思考には信定・信秀から受け継いだ戦略的遺伝子めいたものがある。

織田家が朝廷へ巨額を献上した意図

さて、信秀《のぶひで》は、市場から揚がる財力を背景にして、二つの戦略を連動して推し進める。その一つは那古野《なごや》城の今川氏豊《いまがわうじとよ》を追い払い、守護代の大和守《やまとのかみ》家が所領する尾張下四郡を名実ともに自分のものにすることである。

それには今川勢力を尾張東部から一掃《いっそう》し、いっきに三河の矢作《やはぎ》川まで後退させることである。信秀がいくたびか安祥《あんじょう》城（安城市）に侵攻したことでも、その意図は明らかである。しかも、その出兵は織田一族の総意ということで進められることによって、信秀は織田一族の中で押しも押されもせぬ実力者にのし上がっていく。

もう一つの戦略は、そうした今川勢力を後退させ、織田一党の重鎮《じゅうちん》にのし上がるために、彼の主君である大和守家や守護斯波《しば》氏の意向とはかかわりなく、京都の朝廷に接近するということである。

信長八歳の天文《てんぶん》十年（一五四一）には、貧窮にあえぐ朝廷にかわって、伊勢神宮の外宮仮殿《げぐうかりどの》の造営費を信秀は気前よく一人で負担している。この朝賞《ちょうしょう》として、後《ご》奈良《なら》天皇から三河守《みかわのかみ》に任ぜられている。信秀は朝廷へ財政援助をすることで、弾《だん》正忠《じょうのちゅう》から三河守へ官位を得たのである。

この国司受領《こくしずりよう》は、やはり飾り物に近いものであったが、これに武力という実力を伴わせれば、三河守は三河を支配する正当な名目となる。すなわち、「三河守を拝任《はいにん》したからには、三河の領土はオレのものだ」という大義名分が立つ。三河の領土に並々ならぬ関心をもって、幾度も侵攻していた信秀は、この国司受領によって、さらに勢いづいたことはいうまでもない。

信秀はまた土御門内裏《つちみかどだいり》の修理費として、銭四千貫《かん》（四百万文《もん》）という巨額の銭貨を献上した。信長十一歳のときである。駿河《するが》守護の今川義元《いまがわよしもと》が銭五万疋《びき》（五十万文）を献じたのに比べれば、八倍という巨費である。朝廷はこのお礼に、たまたま関東に赴《おもむ》く連歌師《れんがし》の谷宗牧《たにそうぼく》を勅使《ちよくし》代理として、後奈良天皇の宸筆《しんぴつ》となる女房奉書《にようぼうほうしよ》を信秀に下し、その忠節ぶりを誉めたたえている（谷宗牧『東国紀行《とうごくきこう》』）。

信秀はダイレクトに朝廷に接近することで、尾張での地位を高め、三河への侵攻を正当化しようとした。朝廷さえも驚愕《きようがく》し、「干天《かんてん》の慈雨《じう》」とばかりに喜んだ信秀の莫大な献金は、いうまでもなく信定・信秀二代にわたる交易市場の支配によって得られたものである。こうした市場支配の戦略と、天皇という飾り物に近い存在にもかかわらず、それでも権威という面で日本の求心力をもつ皇家への接近は、彼らの血を引く信長に存分に受け継がれていく。

信長の「非情」は母親の愛情不足に非ず

信長が受け継いだ〝戦略的遺伝子〟とは？

もう一つ、信長が父信秀《のぶひで》から受け継いだ戦略的遺伝子がある。それは他の戦国武将のように居城に固執《こしつ》せずに、戦略上、必要とあれば城を次々に取り替えていったことである。

まず信秀は、今川氏豊《いまがわうじとよ》のいる那古野《なごや》城に奇襲をかけて、乗っ取りに成功した。この作戦は〝俄攻め《にわかぜめ》〟といわれるものである。しばしば那古野城で開かれた連歌《れんが》の会に招かれていた信秀は、あるとき危篤《きとく》に陥ったと偽《いつわ》って自分の家臣たちを那古野城に招《しょう》じ入れた。そして、時を合わせて、城内と城外から火を放ち、浮き足立った氏豊を追い出してしまったのである。

この〝俄攻め〟の戦法は、少し形を変えて信長もやっている。弟の信行《のぶゆき》を殺害するとき、危篤と称して信行を招き、これを殺している。こうした戦法が姑息《こそく》な手段と思われるようになるのは、体制が確立した江戸期に入ってからのことで、戦国時代はどのような手段を用いようとも、「勝ちは勝ち」という論理が圧倒的に支持されていた。

信秀は那古野城を手に入れると、すかさず勝幡《しょばた》城からここに居城を移す。その位置は、今日の名古屋城二の丸にあたる。那古野城の奪取は、天文《てんぶん》元年（一五三二）という説がある。が、この年、信秀は守護代の大和守達勝《やまとのかみみちかつ》や清洲《きよす》三奉行の一人織田藤左衛門《とうざえもん》らと戦い、和睦《わぼく》した年である。しかも翌天文二年七月に京都から当代屈指の文人として知られる山科言継《やましなときつぐ》と、蹴鞠《けまり》と和歌の宗家《そうけ》となる飛鳥井雅綱《あすかいまさつな》を勝幡城に招き、今川氏豊と思われる那古野城主で十二歳になる今川竹王丸《たけおうまる》をやはり勝幡城に招いている。このとき竹王丸は飛鳥井雅綱の蹴鞠の門弟になっている（山科言継『言継卿記』）。

信長は、天文三年五月に那古野城で生まれたとする見解が有力であるが、もしそうであるとすれば、信秀の那古野城奪取は、京下りの公卿《くぎょう》を招いた蹴鞠の会の直後のことになる。公卿という権威を使いながら、竹王丸を籠絡《ろうらく》しようという狙いが信秀にあったとみてよい。

信秀はこの公卿らを伴って、昨年、和睦した守護代の織田達勝のいる清洲城に赴《おもむ》き、さらに三奉行の藤左衛門のいる小田井《おだい》（織田井）城にも行っている。公卿を引き回しながら、守護代らの機嫌をとり結び、那古野城乗っ取りの黙認をとりつけていったものであろう。

信秀は、那古野城で生まれた信長に吉法師《きっぽうし》という幼名をつけ、林佐渡守《はやしさどのかみ》（秀貞《ひでさだ》）、平手中務丞《ひらてなかつかさのじょう》（政秀《まさひで》）、青山与三右衛門《あおやまよさえもん》、内藤勝介《ないとうかつすけ》の老臣四人を信長の傅役《もりやく》（養育役）に任名し、あわせて那古野城を守らせた。信秀は奪取したばかりの那古野城より南の古渡《ふるわたり》に城を築いて、そこに移った。今の名古屋市中区にある東本願寺別院が、古渡城址《じょうし》である。

生まれたばかりの赤子《あかご》を城主において、みずから熱田《あつた》神宮から三河にいたる要《よう》衝《しょう》の地に城を構えたわけである。この古渡城への移動こそ、信秀には戦略上の緊急性があった。

三河の松平清康《まつだいらきよやす》が蠢動《しゅんどう》しはじめていたからだ。松平氏は、はじめ安祥《あんじょう》城を居城にしていたが、清康の代になると矢作《やはぎ》川を越えて、岡崎城を本拠とした。今川氏豊が那古野城から追われて、今川の勢力がちょっと後退したスキを衝《つ》いて、三河の盟主にのし上がろうとしていたのである。

それまで保たれていた力の均衡が崩れかかったとき、その緩衝《かんしょう》地帯にすかさず食い込む。これは攻めの力学である。清康は三河の豪族たちを糾合《きゅうごう》して、この力学を用いる。信秀とても同じである。彼は古渡城を三河攻略の拠点とすることで、尾張の織田一族を糾合し、やがてはその指揮権を握ろうとした。

ところが、松平清康のほうは、実力をはるかに超える戦略構想をいだいた。美濃の豪族と組んで尾張を挟撃《きょうげき》しようと企てたのだ。この合従《がっしょう》戦略は決して間違ったものではない。だが、清康の足元が固まっていなかった。松平の一族の中には、織田一族と縁戚《えんせき》となる者が多くいるため、一万の兵力をとりまとめて出兵したものの、どうも足並みがそろわない。

尾張に近接する美濃衆と手を結ぶという狙いはよかったものの、家臣への統制が徹底していなかったことが、清康の命とりになった。天文四年（一五三五）十二月、清康は清洲城へわずか五キロの守山《もりやま》に軍勢を進めたものの、そこで些細な行きちがいから家臣の阿部弥七郎《あべやしちろう》という者に斬殺《ざんさつ》されてしまう。謀叛《むほん》の疑いがかけられていると勘ちがいした弥七郎が、清康の陣中の慌《あわ》ただしさを見て、「われらを討つつもりか」ととりちがえて、清康を抜き打ちに斬り殺したのだ。

織田の烏合衆八千人の失敗

この機会を見逃す信秀ではない。三河・美濃衆の侵攻で結束を強めた織田一族をとりまとめて、すかさず矢作川を越え、岡崎城下に乱入した。

守勢にまわった松平勢は、わずかに八百人。しかも大将はいない。これに対し、信秀の軍勢はおよそ八千人。野戦《やせん》では敵の三倍の兵力があれば、ゆとりをもって勝てるというのが兵法の常識である。信秀勢はそれをはるかに上回る十倍の兵力がある。岡崎城はおろか、三河が尾張勢に蹂躙《じゅうりん》されるのは時間の問題かと思われた。

ところが、信秀のもとに集まった八千人は、織田一族の寄せ集めである。「烏合《うごう》の衆」といってよい。軍功をあせるあまり、てんでんばらばらに松平勢を攻めた結果、地の利を得る松平勢に翻弄《ほんろう》されて、ついに井田野《いたの》において敗れ去ってしまった。

これに懲《こ》りた信秀は、これ以後は弾正忠《だんじようのちゆう》家を中枢とした軍兵をもって、執拗《しつよう》に西三河に侵入を企てる。信長七歳の天文九年六月、ついに安祥《あんじよう》城を攻略した。

矢作川をはさんで岡崎城と対峙《たいじ》するこの城には、長男の信広《のぶひろ》が配された。ここにおいて信秀の勢力は、尾張織田氏の総意という名目はあったものの、実質においてはいっきに三河の矢作川まで拡大した。勝幡《しよばた》城・那古野《なごや》城・古渡《ふるわたり》城、そして安祥城という戦略ラインがきれいにそろったのである。

この伸張ぶりに不快感をみせたのが、駿河《するが》・遠江《とおとうみ》の守護になったばかりの今川《いまがわ》義元《よしもと》である。弟と戦って今川家の相続を勝ち取った義元は、権力の求心力をさらに高めるため、甲斐《かい》（山梨県）守護の武田信虎《たけだのぶとら》の娘をもらって同盟を結び、相模《さがみ》（神奈川県）の北条氏綱《ほうじょううじつな》を牽制《けんせい》する一方で、三河への侵攻を策した。

義元は松平氏を助けるという名目で、軍師となる太原雪斎《たいげんせっさい》（崇孚《すうふ》）なる禅僧に、西三河から尾張勢力の一掃を命じた。もちろん信秀を西三河から放逐《ほうちく》することで、三河全土をわがものとする野望があったことはいうまでもない。

いずれにしても、このときから松平家は、信秀に屈するか、さもなければ今川に助けを求めるか二者択一の道しかなかった。清康の跡を継いだ広忠《ひろただ》は、後者を選んだ結果、やがて今川の一部将の地位に転じてしまう。弱小者に待ち受ける宿命である。

話を少し先に進める。この広忠も父清康と同様、岩松八弥《いわまつはちや》という家臣に腹を突き刺されて殺されている。表向きは病死ということになっているが、義元の軍師・太原雪斎がうしろから糸を引いていたもので、暗殺されたとみてよい。

なぜなら、広忠の死を待ちかまえていたかのように、すかさず大原雪斎は朝比奈《あさひな》泰能《やすよし》と鵜殿長持《うどのながもち》に岡崎城を接収させ、今川軍を駐屯《ちゅうとん》させたばかりか、松平氏の重臣から妻子を人質にとって、それを駿府《すんぷ》（静岡市）に送り込んでいるからである。三河は今川の領国に組み入れられたのであった。

この広忠の子が竹千代《たけちよ》で、のちの徳川家康《とくがわいえやす》である。家康にとって、祖父や父のように家臣に殺されぬためにいかにしたらよいか、ということがいちばん重いテーマとなる。その課題を克服したとき、彼の率いる三河軍団は最強を誇るようになるのだが、それにはまだまだ長い歳月がかかる。

乳母による養育は常識だった

信長の幼年から元服《げんぷく》にかけて、彼を取り巻く環境は、すべて父の軍事戦略の中につつまれ、彩《いろど》られていた。

よく信長という人物を表わすのに〝非情〟という性格があげられる。情《なさ》けというものがない、温かな人間味が感じられない、というものだ。その原因は、母親の愛情が注がれなかった、というのがこれまでの大方の見方である。

信秀は、信長が生まれると乳母《めのと》をつけ、平手政秀《ひらてまさひで》ら重臣たちを傅役《もりやく》として、那古《なご》野《や》城においた。信秀は妻の土田御前《つちだごぜん》とともに勝幡《しょばた》城から古渡《ふるわたり》城に移り、二年後に信行《のぶゆき》が生まれている。信長は幼いときから、父や母の温かい愛情を受けることなく成長していった。

信行が生まれると土田御前は、手元において育てた信行を溺愛するようになる。

母の愛情を独占することのなかった信長は、いつしか屈折した感情をもつようになり、偏愛されていた信行に憎しみを意識の下でいだくようになる。これが兄弟対立をもたらす原因となったといわれている。

また、信長が〝うつけ〟といわれるほど、その時代の世間感覚からしても、眉をひそめるような挙動をしたのも、母の愛情不足であったという。満たされることのなかった愛の渇望が、成長するにつれて凍《こお》りつき、人を人とも思わぬ冷酷な心に転化し、やがて空前絶後といわれる虐殺さえも平然と繰り返すようになったというものだ。

信長の非情な性格は、母親の愛の欠落によるという、こうした見方は妙な説得力をもつが、私はこれに対して、多少異議を申し立てたい。

母親への愛と憎しみが、子どもの性格を決めたというのは、きわめて近代心理学的なとらえ方で、信長の時代心理を理解するものにはならない。そうしたフロイト流の心理学的なとらえ方で、この時代をとらえれば、少なくとも天皇や公卿《くぎょう》、将軍、守護大名といった上層社会を形成する男たちは、すべて信長的な性格にならざるを得ないことになる。

というのも、男の子は実の母親から離されて、乳母に育てられるのが平安時代からつづく上流社会の常識であったからだ。その常識が戦国時代になると、各地の守護大名や豪族たちにも浸透していった。信秀が信長を生母から離して乳母をつけたのは、彼の上流社会への上昇志向を示すものではあるが、決して特異な養育法ではなかったのである。ちなみに歴代天皇には、すべて乳母がつけられていたが、それがなくなったのは現在の皇后陛下のときからである。信長を描く小説の多くが、このフロイト流の認識で信長の性格をとらえているが、それはむしろ、信長の実像とその時代感覚を見逃してしまうことになっているといえよう。

　信長の性格を決定づけたものは、やはり信秀であり、信長が育った状況にあるといえる。

美濃の蝮、斎藤道三という人物

　信長十一歳の天文《てんぶん》十三年（一五四四）九月、信秀《のぶひで》は西三河の制圧を画策する一方、美濃へも触手を伸ばす。

　美濃《みの》では斎藤利政《さいとうとしまさ》、のちの道三《どうさん》が守護土岐政頼《ときまさより》を追放、実権を掌握しつつあった。道三は京都・大山崎《おおやまざき》の油商人から成り上がったといわれ、一代で美濃の国盗《くにと》りをしたとみられてきた。だが、父の長井新左衛門《ながいしんざえもん》が油商人から土岐氏に仕官して地歩を築き、子の道三が父の野望を受け継いでいたのである（『六角承禎条書《ろっかくじょうていじょうしょ》』『江濃記《ごうのうき》』）。美濃の国盗りは、道三とその父の二代がかりでなし得たもので、これまでいわれていた道三の生涯は見直す必要があろう。

ともあれ道三は、土岐頼芸《よりあき》と組んで政頼を追放、政頼は越前守護の朝倉孝景《あさくらたかかげ》を頼って落ち延びて、復帰を策す。朝倉氏と尾張の織田氏は、それぞれの利害から同盟を結び、美濃の道三を挟撃することで合意がなされた。

信秀はこの挟撃作戦の中枢となり、岩倉《いわくら》城にいる織田伊勢守《いせのかみ》家の広近《ひろちか》を参陣させている。信秀の指導力は、尾張上四郡の兵を動員させるほど強くなっていたのである。

道三は、揖斐谷《いびだに》から西美濃に侵攻する朝倉勢と、木曾《きそ》川を越えて稲葉山《いなばやま》城下の井《い》ノ口《くち》をめざす信秀勢との両面戦を迫られ、窮地に陥った。しかも大垣近郊の赤坂で朝倉勢によって大敗した。

これと呼応する信秀は、木曾川を越えて一気に稲葉山城に進撃。城下を焼き払って城に迫った。勝利は目前にあった。そこにスキが生じた。反撃の機会をうかがっていた道三は、織田勢の攻撃がゆるんだ一瞬を衝《つ》いて、猛烈な攻撃を加えた。不意を衝かれた織田勢は、態勢を立て直すこともできず崩れた。信秀はわずかの兵に守られて、ようやく木曾川までたどりついたというから、まさに完敗である。

織田勢の敗退を見た朝倉勢は、そのまま越前に引き揚げ、道三との間に土岐政頼を美濃に復帰させるという政治的結着をはかった。そのため信秀は政略・軍略ともに道三に敗れたのである。

父の背中に見た「武将の出処進退」

この敗北が十一歳の信長に、どのように影響したかはわからない。ただ、父親の出処進退のやり方を学んでいたであろうことは確かである。

まず、両面作戦という軍事戦略である。信秀《のぶひで》は三河に兵を進める一方、美濃にも出兵している。これは以前、三河と美濃が連合したことがあるので、その分断をはかるために、双方に出兵したものである。周囲の敵を分断し、これを撃破する。今回それは失敗したが、信秀はこののちも執拗《しつよう》なまでに三河への侵攻と、美濃の道三《どうさん》へ戦いを仕掛けている。

「一ケ月は美濃へ御働き、また翌月は三河の国へ御出勢」

と『信長公記《しんちょうこうき》』がいうように、信秀の果敢な作戦行動は、信長に影響をおよぼしている。こうした信秀の両面作戦は、信長が得意とするもので、彼はもっとスケールの大きい多面作戦まで戦略化する。

また、信秀がかろうじて道三の攻撃から逃れて死地を脱し、単身になっても帰陣したことは、

「大将が討死ねば、全軍は潰滅《かいめつ》し再起できない」という戦略理論を信長に教えている。信長が越前の朝倉氏を討つべく若狭《わかさ》に兵を進めたとき、近江《おうみ》の浅井長政《あざいながまさ》が信長の退路を封じようと決起した。このとき信長は単身死地を脱し、京都に逃れている。

「大将が生き延びれば、再起はある」

これが信長の考えであるが、兵力が損傷しても、指揮官が生き延びれば必ず再起できるという信念めいたものも、やはり信秀の行動から学び取ったものである。

しかも、大将の器《うつわ》はどうあるべきか、ということも父の背中から体得している。信秀が美濃から逃げ帰った直後、連歌師《れんがし》の谷宗牧《たにそうぼく》が朝廷の代理として土御門内裏《つちみかどだいり》の修理費献上のお礼を述べにやってきた。宗牧は京で信秀の敗戦を聞いていたので、どんなに信秀が落胆しているかと思って面会したのだが、彼は敗軍の気色《けしき》などまったく見せずに、

「濃州の儀《ぎ》、一度本意に達する事も侍《はべ》らば、重ねて（内裏《だいり》）御修理の儀ども、仰《おお》せ下され候《そうろう》ように、ない〳〵申し上ぐべし」（『東国紀行《とうごくきこう》』）

と、さらに内裏へ献金する用意があるといったので、宗牧はその武勇を頼もしく感じたというのである。

虚栄を張ったといえば、それまでであるが、武将にとっては、この虚栄も大切な戦略である。武田信玄《たけだしんげん》も信州・戸石城《といしじょう》で村上義清《むらかみよしきよ》と戦って初めて敗退したときなどは、その敗因を部下に求めず、むしろ酒を振舞い、田楽《でんがく》の興行を催してなぐさめ、みずからもこれを楽しんで、敗軍の気色をまったく顔に出していない。大将の落胆は、士気におよぼす影響が大きいからである。

信長も若狭《わかさ》や石山本願寺《いしやまほんがんじ》、あるいは伊勢長島《ながしま》でしばしば敗退しているが、決して敗けたという気色はみせていない。むしろ冷静沈着に次の戦略を練り上げるや、獅子《しし》が吼《ほ》えるように将兵を鼓舞《こぶ》して汚名の返上をはかっている。

「敗けていても、敗色を見せるな」

というのが、苦境に立ったときの信長の信条である。

このように信長にとって、母親の愛情というよりは、父親の姿そのものが彼の性格を決定づけていたとみるべきである。「子は父親の背中を見て育つ」というが、信長が信秀の背中にみたものは、勝つためには非情な行為さえもいとわない武将という姿であった。

織田一族という内なる敵と戦う十六歳の胸中

信長の初陣は戦見物だった

信長は十三歳の天文《てんぶん》十五年（一五四六）、那古野《なごや》城から父のいる古渡《ふるわたり》城に出向いて、元服《げんぷく》を行なった。吉法師《きっぽうし》の幼名にかわって、三郎信長の名が与えられ、一人前の男となった。

それまで信長は、傅役《もりやく》の平手政秀《ひらてまさひで》らから武将としての心得を教えられ、兵法などの軍学を授けられていたが、どうも机に向かう学問は肌になじまなかったようである。学問よりは体を動かすほうが性分に合っていたようで、水練《すいれん》や相撲を好み、暇があれば少年たちを集めて竹槍で模擬《もぎ》合戦をやっている。

知識を得るよりも、まず行動、というのが信長の性格で、これは生涯変わることはなかった。この点にもやはり信秀《のぶひで》の感化がある。

元服した翌年、信長は三河の吉良大浜《きらおおはま》に初陣《ういじん》した。吉良は今川氏に属しており、三河を征したい信秀にとっては前線となる。

ところが、信長の初陣はまったく儀式的なもので、戦略的な要素はなかった。吉良大浜から離れた地点に陣を張り、兵を放って村々に放火させるだけというもの。信長は紅筋《くれないすじ》の頭巾《ずきん》、羽織《はおり》、馬鎧《うまよろい》という派手な若武者に仕立てられて出陣したものの、大将とは名ばかりの戦《いくさ》見物である。戦場の空気を体感するには、ほど遠い初陣である。形式を重んじる傅役の重臣たちと信長の間に、微妙な対立感情が生まれたのは、この初陣からであったろう。

村々に火を放った信長勢は、敵の追撃をかわすために、その夜は野営し、翌日には早々に那古野に帰陣した。この初陣の前後のこと。今川義元《いまがわよしもと》のもとに人質として送られる松平竹千代《まつだいらたけちよ》が、田原城主の戸田康光《とだやすみつ》に奪われて、尾張の信秀のもとに送られている。竹千代はこのとき六歳で、那古野城下の万松寺《ばんしょうじ》で二年の間、人質生活を過ごす。このとき信長が竹千代、のちの徳川家康《とくがわいえやす》に会ったという史料はない。

しかし、家康は桶狭間《おけはざま》の合戦以降、もちろん戦略的とはいえ同盟を結び、信長が死ぬまで、まるで弟が兄に尽くすかのように柔順に従っていたことを考えると、この人質時代に信長に何らかの親近感、あるいは憧れめいたものをいだき、それが終生変わらぬ協力態勢を支える心理的な背景になっていた、と思えなくもない。

元服して初陣を飾ったものの、信長はまだ少年である。信秀は信長の成長を心待

▲織田信長初陣図（柘植修氏蔵）

▲那古野城跡（名古屋城内）

ちする一方、前にもまして三河と美濃への両面作戦を展開する。

ところが、この作戦は以前のようにうまくいかなかった。信秀の伸張ぶりに今川義元や斎藤道三《さいとうどうさん》が反攻の態度をより明らかにしてきたからである。そればかりか尾張の織田一族の中にも、信秀の伸張ぶりに反発する者が現われてきた。

信長が初陣を飾った年の十一月、信秀が美濃大垣に出陣中のときのこと。清洲城主の織田信友《のぶとも》の重臣坂井大膳《さかいだいぜん》らが、信秀の不在を狙って古渡城を攻め、城下に放火した。この反乱は、急遽《きゆうきよ》帰陣した信秀によって制圧されたが、信秀の尾張における求心力を弱めることになった。

翌天文十七年には、お互いに譲歩して和睦《わぼく》し、この反乱は一件落着した。このときの和睦の条件は不明だが、やがて信秀は古渡城を破却《はきやく》していることから、それも条件の一つであったろうか。古渡城を棄《す》てた信秀は、新たに末森《すえもり》城（名古屋市千種《ちぐさ》区）を造り、そこに移る。

古渡城の戦略的位置づけが三河に対するものであったのに対し、新しい末森城は三河と美濃の両方向を睨《にら》む位置にある。しかも、近くの守山《もりやま》城には弟の信光を配した。織田一族の横やりで古渡城を失ったと思われるものの、信秀はそれに屈したようなポーズをとりながら、両面作戦だけはしっかりと追求していた。

十五歳の後継候補の〝婚約〟の謎

だが、信秀《のぶひで》の戦略が根底から覆《くつがえ》される事態がおこった。天文《てんぶん》十七年（一五四八）三月、今川義元《いまがわよしもと》が太原雪斎《たいげんせっさい》を総大将とし、副将に朝比奈泰能《あさひなやすよし》、搦手《からめて》の大将に朝比奈泰秀《やすひで》、岡部元信《おかべもとのぶ》を配し、松平広忠《まつだいらひろただ》の三河勢も加えて、西三河へ侵攻してきたのである。

信秀は四千の兵を率いて安祥城《あんじょう》に入り、岡崎城外の小豆坂《あずきざか》において遭遇戦となった。坂の上という絶好な位置にいた今川軍は、一気に小豆坂を駆け下り、信秀勢を撃破した。この敗戦で安祥城は岡崎への侵攻の前線基地という性格から、尾張防衛の最前線に変わった。この時点で、信秀の三河攻略はもはや不可能になったといってよい。

こうした今川の脅威に加えて、斎藤道三《さいとうどうさん》と敵対し、さらに清洲《きよす》城や岩倉《いわくら》城の織田一族の反乱の火種をかかえている。両面作戦はいまや両面からの敵に包囲され、しかも内部にも敵をもつ状態になったのである。

この状況を打開するために、信秀は思い切った戦略の変更を行なう。斎藤道三との和睦《わぼく》である。道三も和睦を望む状況にあった。彼は自分が擁立《ようりつ》した守護の土岐頼《ときより》芸を用済みとばかりに追放し、美濃国主となっていた。しかし、国内には反対する勢力も多く、道三の立場は安定しているとはいいがたい。

お互いにマイナス要因をかかえる者が、手を結ぶことで立場を好転させる。これが政治同盟の効果である。この同盟には、信長の傅役《もりやく》となる平手政秀《ひらてまさひで》と津島《つしま》の住人、堀田道空《ほったどうくう》なる者と、西美濃三人衆といわれる者たちが相談し、双方が足しげく往来した結果、信長と道三の娘帰蝶《きちょう》の婚約が成立した。天文十七年（一五四八）暮れのこと。信長十五歳であった。

このとき、すぐに帰蝶は信長と結婚したとされるが、実際に彼女が信長のもとに嫁《とつ》いだのは、七年後の弘治《こうじ》二年（一五五六）三月、信長二十二歳のときである（『武功夜話《ぶこうやわ》』巻一）。もちろん信長が道三と初めて聖徳寺《しょうとくじ》で会見した有名な出来事から三年後のことで、道三が子の義龍《よしたつ》に殺されるなんと一カ月前に嫁入りがなされていたのである。

七年という婚約期間は、長いように思われるが、じつは婚約が成立した翌年の天文十八年（一五四九）三月三日、信秀が急逝《きゅうせい》していたからである。信秀の死によって、尾張の織田一族は求心力を失ってバラバラの状態になった。道三としては、信長に娘をやって美濃・尾張同盟を結ぶメリットは希薄となった。とはいえ、婚約を解消する理由はない。信秀亡きあと、尾張がどのような勢力にまとまるかを見極める意味からも、とりあえず尾張との友好関係を保っていたほうがよいという判断があったようだ。

信長と帰蝶（信長に嫁して美濃の一字をとって濃姫《のうひめ》と呼ばれる）の婚約が成った翌年の天文《てんぶん》十八年三月三日、信秀は四十二歳で没した。野望半ばの死である。死因は「疫癘《えきれい》」といわれるもので、悪性の流行病《はやりやまい》にかかったとされている。

さまざまな治療や祈禱《きとう》がなされたものの、その甲斐なく信秀は急逝した。『信長公記』は、信秀の葬儀はすぐに万松寺《ばんしょうじ》で執《と》り行なわれたような書き方をしている。しかも悲しみにくれる信行《のぶゆき》や重臣の列席の葬儀中、刀を注連縄《しめなわ》でしばり、髪を頭上で巻き上げた例のうつけの姿で現われた信長が、仏前に進み出るや、いきなり抹香《まっこう》をつかんで投げつけたという話が書かれている。これは小説や映画でよく知られている若き信長の姿である。

ところが『武功夜話』では、すぐには葬儀が行なわれず、三回忌にあたる天文二十年の三月三日に行なわれたと書いている。しかも、これは信秀の遺言であったというのだ。

『信長公記』は、信秀の死後に万松寺を建立、そこで葬儀が営まれたとしていることから、やはり葬儀はすぐには行なわれなかったとみてよい。そのため、帰蝶との婚約期間を考え合わせると、『武功夜話』のほうが正確に記述しているとみざるを得ない。

いずれにせよ、なぜ信秀の葬儀が二年も延期されなければならなかったのであろうか。考えられることは、信秀の跡を継ぐ者の認定に、さまざまな意見があって収拾がつかなかったことがあげられる。たとえば信秀の死から八カ月後、信長が尾張・熱田《あつた》八カ村に「藤原信長」と署名した制札を下しているが、これをもって信長が信秀の後継者となっていたとみるのは、少し早計すぎよう。

たしかに、信長は十六歳とはいえ、その時点では信秀の後継候補の第一位であったかもしれないが、確定していたわけではない。三河の安祥城を守る異母兄の信広《のぶひろ》がいる。末森《すえもり》城には弟の信行がいる。さらに守山《もりやま》城には叔父《おじ》の信光《のぶみつ》や信次《のぶつぐ》がいる。彼らはいずれも、織田弾正《だんじようのちゆう》忠家の後継者たり得る者たちであった。

信長と傅役の平手政秀との隠された暗闘

しかし、それ以上に弾正《だんじようのちゆう》忠家はもとより、織田一族の内部で、押しも押されもせぬ実権をもつようになった人物がいる。信長の傅役《もりやく》である平手政秀《ひらてまさひで》である。そもそも政秀は、弾正忠家では一、二を争う実力者で、尾張・志賀《しが》城の領主でもあった。彼は信長の後見人として那古野《なごや》城に入るや、その実力をさらに強めた。信秀《のぶひで》の代理として朝廷との交渉をしたり、斎藤道三《さいとうどうさん》との間で尾張・美濃同盟をまとめ上げたのも彼である。

その実力をもって信秀の亡きあと、より実権を掌握していったのが政秀である。政秀がいかに実権を握っていたかを知る戦いがある。安祥城《あんじょう》をめぐる攻防戦である。

信秀が没したことを知った今川義元《いまがわよしもと》は、太原雪斎《たいげんせっさい》に安祥城の攻略を命じた。天文《てんぶん》十八年（一五四九）十一月のことである。信長が熱田《あつた》八カ村に制札を発したのも、今川の攻略を防ぐためであった。雪斎を総大将とする七千の今川軍は、岡崎城で軍備をそろえ、矢作川《やはぎ》を越えて安祥城に侵攻、これを完全に包囲した。

このときの先鋒《せんぽう》は、もちろん三河の松平氏である。近接した敵国を攻める場合、長年敵対していた勢力が先鋒をつとめるか、寝返ってきた者が最前線に立つというのが戦国の常道である。主君となる松平広忠《まつだいらひろただ》は、この年の三月、家臣の岩松八弥《いわまつはちや》なる者に殺されている。広忠の嫡男竹千代《ちゃくなんたけちよ》は尾張に人質となっており、主君と仰ぐ者がいない三河衆は、いやが応でも今川勢の一翼に組み入れられた。最前線に立って功績を上げることが三河衆の存在をかろうじて誇示するものとなる。ちなみに、信秀も広忠と同じ三月に急逝《きゅうせい》していることを考えると、この両雄の死には何か因果関係がありそうである。

いずれにせよ、安祥城が包囲されるや、平手政秀はみずから尾張勢を率いて出陣。信秀の長男となる信広《のぶひろ》の救援に向かった。だが、包囲された安祥城に近づくことはできず、城は政秀の目の前で落とされ、信広は生け捕《と》られてしまった。

雪斎は平手政秀に書簡を送り、信広と織田方に囚《とら》えられている竹千代との人質交換を申し入れた。政秀はこれを受け入れた。雪斎が義元の全権委任を受けていたのに対し、政秀もまた織田方の指揮権を握っていたことが、この人質交換という高等戦略の決定の中に読みとることができる。だが若い信長は、自分の意向をさしおいて雪斎と取り引きした政秀に対して、不快感をいだいた。それがやがて爆発するときがやってくる。

大うつけ者、信長参上す

平手《ひらて》政秀《まさひで》の実権は、信長が一人前の武将として育つまでというものであったろうが、一度、権力を握ると、そこにさまざまなものが付加され、いやがうえにも実力は拡大されていく。

信秀《のぶひで》の三回忌に営まれた葬儀は、まさにそれを明らかにしてくれるものであった。万松寺《ばんしょうじ》で執《と》り行なわれた葬儀は、国の内外の僧三百人余りが参列する盛大なものであった。もちろん信長も平手政秀はじめ林秀貞《はやしひでさだ》、青山与三右衛門《あおやまよさえもん》、内藤勝《ないとうかつ》介《すけ》らの那古野《なごや》城の家老とともに、例のうつけ姿で列席し、弟の信行《のぶゆき》も家臣を従えて参列していた。信行の家臣には柴田権六勝家《しばたごんろくかついえ》、佐久間大学信盛《さくまだいがくのぶもり》らがつき従っている。

葬儀はまさに信長派と信行派が対立する構図を見せた。信長が葬儀の場にふさわしくない異様な姿で参列し、あまつさえ抹香《まっこう》を仏前に投げつけたという異常な振舞いに比べて、弟の信行は作法どおりに肩衣《かたぎぬ》に袴《はかま》をはき、威儀を正して列席している。

参会者は信長を「例の大うつけよ」と眉をひそめ、織田弾正忠《だんじょうのちゅう》家を継ぐべき人物は信行だ、という声が高まった、というのが『信長公記《しんちょうこうき》』を書いた太田牛一《おおたぎゅういち》の見方である。しかも抹香を投げつけるという信長の奇行は、壮途《そうと》半ばで倒れた父への哀惜の気持ちの裏返しであるとか、信行派への面当《つらあ》てで、弾正忠家を継ぐのは自分だという意志表明であったとも理解されている。

しかし、私の見方は違う。信長にとって、父信秀の跡を襲うことは自明のことであった。いくら信行に信望が集まっていたとしても、「嫡男《ちゃくなん》はこのオレだ」という自意識は強烈にもっていたのが信長である。そんな信長がなぜ、うつけの風体《ふうてい》をして、葬儀を台なしにするような奇行に走ったのであろうか。

それは、この葬儀を取り仕切った者に対する当てつけ以外には考えられない。その人物こそ平手政秀である。なぜなら、信長の力をもってしても、信秀の亡恩をもってしても、僧三百人余りを集めることは到底できるものではない。そこには、やはり今川氏と手を打ち、斎藤道三《さいとうどうさん》と同盟を築き上げた政秀の実力によって、盛大な葬儀が営まれたと考えるのが正しい。信長はそのことが腹立たしかったのである。

早くも試された内部への統率力

信秀《のぶひで》は内部組織を統率するために、つねに敵を外部に求めて戦った。これに対して信長のスタートは、内部に対する統率力をいかに発揮するかという、じつに重たいテーマからはじまる。

信長の敵は、内部にあった。それは織田一族や弾正忠《だんじょうのちゅう》家の叔父《おじ》たちではない。まして二歳年下の信行《のぶゆき》でもない。彼の当面の敵は、自分を育ててくれた平手政秀《ひらてまさひで》であった。

政秀は、これまで粗暴な信長の態度を叱り、時にはなだめながら、一人前の武将に育て上げようと必死につとめた忠臣とみられてきた。『信長公記《しんちょうこうき》』でも政秀は信長の不行跡を悔《く》み、「これでは守り立ててきた甲斐もない。わしはもう生きていても仕方がない」と、腹を切って果てたとしている。

また、小瀬甫庵《おぜほあん》によって江戸初期に書かれた『信長記《しんちょうき》』になると、政秀の死は諫死《かんし》とされ、信長に宛てた諫書まで創作されるようになる。信長のうつけぶりを強調するには、政秀の死が格好の材料となったというわけである。

私はこうした諫死説はとらない。『信長公記』は、政秀の自決を絶望死のように伝える一方で、二人の間にきわめて険悪《けんあく》な緊張関係があったことにもふれている。

政秀の長男に五郎右衛門なる者がいた。彼は名馬をもっていたのだが、信長はその馬がほしくなって、「ゆずれ」と迫った。五郎右衛門は「わしも武者のはしくれ。馬を手放すわけにはまいりません」と断った。信長はこれを恨み、平手一族との間にしだいに溝が深まった。かくして「主従不和となった」と太田牛一《おおたぎゅういち》は伝える。

信長という男は、合戦に役立つものであれば、何でもほしがった。馬もその例にもれず、よき駿馬《しゅんめ》、名馬とみれば手に入れた。晩年に近いことになるが、京都で馬《うま》揃《ぞろ》えを行なったとき、諸国の名馬の品評会もかねていた。そこで信長の目にとまったのが、山内一豊《やまのうちかずとよ》の馬である。一豊は「名馬を飾り立てて京にまいれ」という命令を受けるが、馬を買うカネがない。そのとき一豊の妻松《まつ》（一説では千代《ちよ》）がヘソクリを出して、夫のために名馬を求めさせた。その馬が信長の目にとまって以来、トントン拍子に出世、秀吉・家康と仕えて土佐二十四万石の大名となる。

このときの一豊の馬はその後どうなったか、記録にはないが、おそらく信長の馬として買い上げられたと思われる。いずれにしても信長は、矢や刀といった武具はもちろん鉄砲にいたるまで、そのものがもつ機能の優秀さを貪欲なまで追求し、欲した。この貪欲さが、信長という人間を支える最大の武器である。

平手一族との不和は、五郎右衛門のもつ馬がキッカケとなって一気に表面に現われた。信長は政秀を憎んだ。傅役《もりやく》づらして、自分を操ろうとする政秀の存在がうとましくなった。

その一方、斎藤道三《さいとうどうさん》の娘を嫁に迎えるというときに、侍女の中条に手をつけて懐妊させている。あわてた政秀は、中条を養女として、妊娠していることを承知のうえで、埴原常安《はいばらじょうあん》に嫁《とつ》がせている。道三への体面を気兼ねした政秀の仕置《しおき》である。生まれたのは男子で、信長はこれを乙殿《おつどの》と名づけた（『武功夜話《ぶこうやわ》』）というから、政秀がすすめる道三との政略結婚には内心気が進まなかったことがわかろうというものだ。

信長と傅役の平手政秀の対立と抹殺

さらに政秀《まさひで》との対立は、戦術面において現われていたとみることができる。政秀は信長より四十歳も年長で、その戦術は小笠原流兵法にのっとった古式ゆかしいものであったろう。対する信長は、「いかに勝つか」という勝ちの戦術を重視した。それまで槍は三間（約五・五メートル）のものというのが常道であった。それを信長は三間半（約六・四メートル）に伸ばして、敵の攻撃力を超えるものを考えている。

鉄砲においてもそうである。政秀の思考の中には、鉄砲を戦場に用いるという発想はなかったにちがいない。ちょうど足利《あしかが》十二代将軍義晴《よしはる》が初めて鉄砲を献上されたとき、合戦開始を告げる合図の道具としてしか考えられなかったように、政秀もまた古い発想から抜けることはできなかった。

これに対して信長は、すでに橋本一巴《はしもといっぱ》なる鉄砲指南を召しかかえて、鉄砲の実戦性を稽古《けいこ》にとり入れている。

こうした考え方のちがいや、政秀の権勢の膨張に対して、信長は敢然と立ち向かった。政秀の長男が所有する馬のとり合いなどは、ほんの口実にすぎなかったとみてよい。

「弾正忠家をオレのものにするには、獅子身中《しししんちゅう》の虫となる政秀を潰《つぶ》すことだ」

平手政秀からの権力奪還――。これが信長がまず行なった内部組織への戦略である。この結果、政秀は詰め腹を切るように信長に追いつめられていったというのが真相である。時に政秀六十二歳、信長二十歳の天文《てんぶん》二十二年（一五五三）閏《うるう》一月十三日のことである。

ところが、政秀を死に追いやって弾正忠家の実権を握ったとしても、周囲の政治状況は変わったわけではない。むしろ依然として三河には今川勢がさらに根を張り、美濃では道三が着々と領国支配を固めている。

そのため、やはり政秀がとった美濃との和平戦略をとることが、信長には残された選択であった。政秀を死なせた直後の四月、信長は道三の招きに応じて、富田《とだ》の聖徳寺《しょうとくじ》へ会見に赴《おもむ》く。

さらに道三との関係を保つために、その仲介役であった平手政秀の死を丁重に扱う必要があった。かくて建立《こんりゅう》されたのが、政秀を葬《とむら》う政秀寺《せいしゅうじ》であった。

いよいよ、このあたりから信長は、内と外に向かって十分に気を配りながら、強烈な自己主張を発揮するようになる。

第二章

布陣の鉄則

——若き信長の謎と桶狭間の合戦の真相

〝うつけ〟信長が弄した勝つための戦略

信長の政略と斎藤道三の計算

信長と斎藤道三《さいとうどうさん》の会見は、天文《てんぶん》二十二年（一五五三）四月に尾張と美濃の国境《くにざかい》近くの尾張中島郡富田《とだ》の聖徳寺《しようとくじ》において行なわれた。平手政秀《ひらてまさひで》が死んだ三カ月後のことである。

この会見は、これまでは道三の娘帰蝶《きちよう》がすでに信長と結婚しており、道三が婿《むこ》の信長の人となりをわが目で確かめようとセッティングされたものであるといわれてきた。が、この通説は、またしても事実ではない。

帰蝶が信長に嫁《とつ》いだのは、この会見から三年のちのことである。婚約はつづいていたものの、それは反故《ほご》の状態にあった。というのも、信長との婚約が成立していたにもかかわらず、したたかな道三は帰蝶を一度他家に嫁にやっていたようだ。『美濃諸国記』では、帰蝶を「鷺山殿《さぎやまどの》」と呼んでいる。女性につけられる殿の呼称は、有力者に嫁いだ先の居住する館につけられるものであることから、帰蝶も結婚して鷺山殿と呼ばれていたものと考えてよい。

　では、なぜこの時期に、信長と道三は会見したのであろうか。信長サイドから考えられることは、それまで道三との交渉役であった平手政秀の死によっても、美濃との関係は変更はないと言明するためである。さらに、関係を強化するために、帰蝶との結婚を信長から求めようとしたものと考えてよい。

「政秀は、わしのうつけに愛想づかしして諫死《かんし》し果てたもの。わしも政秀の死で目が覚めもうした。政秀がすすめた帰蝶との婚姻、すみやかに実現したい。それが政秀の弔《とむら》いとなろう」

　これが家臣および道三に向けた信長の見解であったにちがいない。信長は政略結婚をすることで、道三とダイレクトに同盟を結び、尾張国内での地位を一挙に高めようと考えた。

　一方、道三はといえば、尾張が信長のもとでまとまるかどうか、その人物を自分の目で確かめてみようと考えたにちがいない。うつけ者と評判高い信長と手を結ぶメリットとデメリットを判断しようというわけである。そればかりではない。信長にスキがあれば、途中で討ってしまい、尾張を混乱に陥れる意図があったにちがいない。会見に先立って、道三がひそかに信長の一行を隠れて目撃していたということは、襲撃のチャンスをうかがっていたとみてよい。

信長も道三の手の内はわかっていたとみえ、富田・聖徳寺までの道中、先駆けを走らせて道三の動きをしきりに偵察させている。そればかりか、供をする家臣に、例の三間半の槍を五百本、弓と鉄砲合わせて五百挺をもたせるという完全武装で行進している。

「油断するな。道三にあなどられるな。尾張の実力を美濃の奴らにみせつけてやれ」

このときの信長の心中を表わせば、こういうことになろう。

富田・聖徳寺会談の真相とは？

ところで信長の風体《ふうてい》はといえば、父信秀《のぶひで》の葬儀のときのような異形《いぎょう》ぶりであるが、そのうつけぶりには注目すべきことが二つある。腰のまわりにヒョウタンを八個ほどつけている意味はよくわからないが、火燧《ひうち》袋もブラ下げている。火燧袋は火縄銃の点火に欠かせないものである。このとき信長が鉄砲をどのくらい所持していたかはわからないが、おそらく彼の周囲を鉄砲を操る親衛隊が取り巻いていたにちがいない。

もう一点は虎《とら》の皮と豹《ひょう》の皮を縫い合わせた半袴《はんばかま》を着ていたということだ。もちろん虎も豹も日本には生息していない。当時の李氏朝鮮《りしちょうせん》か、あるいは明《みん》国からも

▲**斎藤道三画像**（常在寺蔵）

たらされたものであろう。信長は人の目を驚かす異形好みの趣味があるが、朝鮮や中国との交易ルートが尾張まで延びており、彼がそれにいち早く目をつけていたことが、この虎や豹の皮の入手からうかがえる。

こうした異形の風体《ふうてい》でやってきながら、いざ道三《どうさん》と会見するときは、武家の正装に変身して臨んだ。先刻、道三がひそかに目撃したうつけぶりとは、うって変わった信長の立居振舞いに、道三は度胆《どぎも》を抜かれた。信長の演出勝ちというのが、これまでの見方である。

が、道三が本当に度胆を抜かれたのは、完全武装の行進を目撃したからである。これを見て、さすがの道三も美濃勢の装備の見劣りを感じ取ったというのが真相である。会見後、信長を見送りに出た道三は、尾張勢に比べて美濃勢のもつ槍が短いことをまざまざと知り、急に不機嫌になったと『信長公記《しんちょうこうき》』がいっているのは、自軍の装備の見劣りを感じて不快になったからにほかならない。

この聖徳寺会見は、道三が婿としての信長の人物を評価するために設定された、きわめて儀礼的なものだとみられてきた。しかし繰り返していうように、信長はまだ道三の娘とは結婚していない。つまり姻戚《いんせき》同盟は結ぶにいたっていなかった。そのため、この会見の政治的意味は、もっと別のところに求めなければいけない。

「帰蝶との婚姻は、すでに約束されていたこと。すみやかに挙式したい」

信長は、この会見で道三に対して、婚約の履行《りこう》を求めた。そのことによって、道三との同盟の意志を明らかにした。道三と同盟関係を結ぶことで、信長は尾張国内での発言力を強めることになる。しかも、道三が尾張の他の勢力と結ぶことを防ぐことにもなる。

会見はたんに「湯漬《ゆづけ》」を食べて、盃《さかずき》を交わしただけのものでは決してなかった。装備もさることながら、道三は信長のこうした申し入れの政治戦略を敏感に受けとめて、その政略性に舌を巻いたというのが本当のところだ。

道三は信長の申し入れに対して、黙認するにとどまった。信長にとっての成果は、道三の黙認をとりつけたことである。「道三さえ動かなければ、尾張一国は自分の力でまとめてみせる」という自信はある。道三を局外中立の立場において、しかもいずれは姻戚同盟を結ぶという方向性を打ち出すことで、思う存分、尾張の統一に力を注ぐことができる。

もちろん信長は、こうした意図を道三に明かしたりはしない。信長が尾張をまとめることは、道三にとっては脅威になることである。そこで道三を説得するに際しては、「三河に定着し、尾張に牙をむく今川義元《いまがわよしもと》への共同戦線を組みたい」という提案がなされたものとみてよい。つまり、信長と道三の同盟は、あくまで対今川戦略の中に位置づけられていたのである。

“うつけ”の正体は意外なものだった！

聖徳寺《しょうとくじ》会見の翌天文《てんぶん》二十三年（一五五四）一月、今川勢が織田方の最前線となる知多《ちた》の緒川《おがわ》城を攻めたとき、信長は那古屋《なごや》城から出陣し、逆に今川方の村木《むらき》砦を攻め落とした。このとき信長は、道三《どうさん》に援軍を頼んでいる。道三はこれに快く応じ、安藤守就《あんどうもりなり》に千人の兵をあずけて、尾張に送った。

信長はこの援軍をなんと那古野城の防衛にあてると、手勢のすべてを率いて村木砦に出陣したのである。道三という潜在的な敵に城をまかせて出撃したことは、二人の信頼関係が強まっていたこともあるが、共通の敵としての今川義元《いまがわよしもと》への対策が二人の同盟の基軸になっていたことを如実に示している。

ともあれ道三が、信長の政略性にすっかり脱帽したのが聖徳寺会見であった。会見後、猪子《いのこ》兵介《ひょうすけ》なる家臣が、「いやはや、やはり信長はどう見ても、たわけ者ですな」といったところ、道三は、「されば無念なことであるが、わが子どもは、そのたわけの門外に馬をつないで、家来になりさがってしまうことであろう」

信長をとりまく勢力図
天文初期〜天正10年頃
越後
上杉氏
能登
越中
上野
一向一揆衆
加賀
飛騨
信濃
越前
一乗谷
朝倉氏
武蔵
美濃
甲府
武田氏
浅井氏
斎藤氏
甲斐
北条氏
若狭
小谷
岐阜
相模
安土
近江
尾張
駿河
丹波
三好氏
京都
織田氏
徳川氏
今川氏
六角氏
岡崎
三河
駿府
遠江
伊豆
山城
摂津
伊賀
石山
伊勢
浜松
松永氏
北畠氏
本願寺
大和
紀伊

と嘆息したというのは、この辺の事情を踏まえてのことである。

余談になるが、『信長公記《しんちょうこうき》』の太田《おおた》牛一《ぎゅういち》は、信長の人柄を表わすのに「うつけ」（空《うつ》け）と「たわけ」（戯《たわ》け）を使い分けている。「うつけ」は中身がカラッぽとか、ボンヤリしている、間抜け、バカを意味するが、これは尾張の人から見た信長のイメージである。一方、「たわけ」は、ふざけること、おどけたわむれること、バカ者という意味もあるが、さらに、みだりに通婚するという意味がある。この「たわけ」は美濃の人々が見た信長の評価として太田牛一は書いているが、じつは、「たわけ」には、さらに親と子の近親相姦《そうかん》や馬・牛・鶏との獣姦の習性を表わすという意味ももつ。

「うつけ」も「たわけ」も、どうしようもないバカ者と理解することもできるが、美濃の人はさらに信長に対して淫行や母親相姦か獣姦の嗜好があったようにとらえていたことがわかる。これは、いまでも関東では「バカ」といわれるより「アホウ」といわれるほうが傷つき、関西ではその逆という言語習慣のちがいのようなものともいえば、それまでである。だが、そうした偏執的《マニアック》性癖が信長になかったと断言できる史料がないのも事実である。

しかも、帰蝶と婚約状態にありながら、信長はしきりに他の女たちと交わり、精力的に子どもをもうけていることをみると、道三の家来たちの目には、みだらな通婚という「たわけ」た信長の姿がリアルに映っていたのかもしれない。

「大義名分と謀略」の天才児・信長

道三《どうさん》と暗黙の同盟をとりつけた信長は、今川方の尾張侵略を共同戦線でくい止めると、すかさず国内の統一に向けて策動を開始した。

天文《てんぶん》二十三年（一五五四）、信長二十一歳の夏、尾張の混乱はピークをむかえた。七月十二日のこと、清洲《きよす》城にいる尾張守護職の斯波義統《しばよしむね》が、守護代の織田大和守《やまとのかみ》家を継ぐ信友《のぶとも》とその家老の坂井大膳《さかいだいぜん》に暗殺された。義統は清洲城の一角に守護館を与えられ、子の義銀《よしかね》とともに形だけの守護職に祀《まつ》り上げられていた。この義統・義銀父子の存在に目をつけたのが、信長である。

信長は主家にあたる大和守家の信友の地位にとって代わるために、義統に接近した。斯波家の再興のために、協力して信友を討つというのが接触の口実である。義統はこれに心を動かされた。

ところが信友もさる者、義統の不穏な動きを早くも察知した。子の義銀が主だった家臣を連れて川狩りに出かけたスキを衝《つ》き、守護館を攻めて、義統を自害に追い込んだのである。異変を知った義銀は、那古野城の信長のもとに逃げ込んだ。

信長が義銀を助けたのはもちろんである。彼を持ち駒にして信友を攻めて、清洲城を手に入れるためである。義銀を擁《よう》して守護斯波家を再興するつもりなど、まったくない。あくまで尾張統一のために、義銀を利用するだけである。これは、のちに足利《あしかが》将軍義昭《よしあき》を戴《いただ》いて、天下盗《と》りに乗り出す手法とまったく同じである。

大義名分を得たら、それを最大に利用し尽くし、利用価値がなくなったら、これを潰《つぶ》すというのが政略の一つである。そのため、実力はないが、伝統的な権威がある者を一時戴いて、旧勢力の結集をはかる。だが、あくまで指導権は掌握して、旧勢力の組み合わせと、新勢力の組み替えをはかりながら、勢力の完全支配を成しとげる。その過程で伝統的権威者は、まったくの飾り物に祀《まつ》り上げる。

表向きは、権力の二重構造であるが、実態は実力者の一元支配が貫徹される。これが、日本的な権力支配構造の典型である。信長はこの手法に天才的な才能を発揮した。天才的といえば聞こえはよいが、そのやり口は他の戦国大名と同じように、じつに陰惨な策謀に満ちていた。

斯波義銀という駒を手にした信長は、清洲城の信友を討つ大義名分も手にした。しかし、清洲城は五条川の水を採《と》り入れた要塞で、攻め落とすには多くの兵力と多大な犠牲が予想された。必ず勝てるという合戦しかしないのが、武将の常道である。しかも、犠牲を最小限に押さえて勝つことが要求された。犠牲をかえりみずに戦うということは、武将として無能の証《あかし》とされた。

そこで多く採用されたのが、謀略である。謀略という戦術をうまく使いこなせない武将もまた、無能の烙印《らくいん》を押される。

清洲城の信友は、信長に対抗するために、信長の叔父《おじ》である守山《もりやま》城主の信光《のぶみつ》に同盟を申し入れた。条件は、信長を討ったあかつきには、弾正忠《だんじようのちゆう》家の領地を与えるというもの。

信友の動きを知った信長は、「尾張下四郡を折半して分有する」という条件を叔父の信光に提示する。しかも、信友に従うそぶりをみせて清洲城に入り、信長に呼応して城内から兵を挙げるという密約までとり結ぶことに成功した。敵が第三の勢力と同盟を結ぶ条件よりも、はるかにウマ味のある条件で寝返りをさせる、しかも敵には、この密約を察知させない。信長の天才的な駆け引きの巧《たく》みさである。

信光は清洲城の防衛を頼まれると、信長との密約を隠して入城した。天文二十四年（一五五五）四月十九日のことである。翌日、信光は清洲城内で兵を挙げ、信長は城外から攻め立てた。あまりにも不意のことで、信友はこれを防ぐことができず、自害して果てた。織田大和守家はここに滅亡する。

清洲城は信長を新しい城主に迎えた。もちろん保護していた斯波義銀を奉じて入城したのであるが、これは体面をつくろっただけの話で、ノドから手が出るほど欲していた清洲城を乗っ取ったのである。それまで信長がいた那古屋《なごや》城には信光が入り、守山城は信光の弟信次《のぶつぐ》が城主となって、ここに弾正忠家による尾張下四郡の完全支配がなされたのである。

弟の信行勢力との暗闘

ところが、信長の策謀は、勝利に向かって次々と碁盤に石を打つように執拗なまでに展開される。まず信光を亡き者にして那古野城を取り戻し、下四郡を自分のものにしようと陰謀をめぐらせた。

この計略をひそかに進めているとき、不測の事態が発生した。信長が可愛がっていた弟の秀孝《ひでたか》が、守山城主になったばかりの信次の家臣洲賀才蔵《すがさいぞう》なる者に射殺《いころ》されたのである。この事件はまったく不慮の事故であったが、信次は信長の仕返しを恐れて、守山城をすてて逃亡してしまった。

殺された秀孝は十五、六歳、色白の美形であった。信次が松川という川で網をうって魚を獲《と》っていたところに、秀孝は一人騎馬で通りがかった。おそらく川に馬を乗り入れたのであろう。川狩りを邪魔された信次の家来が腹いせに矢を射ったところ、これが命中、秀孝は落馬して絶命した。

これを知った信長は、清洲城から取るものもとりあえず単身駆けつけたというから、秀孝は信長の実の弟であったと思われる。ところが、秀孝の死の事情を知った信長は、

「われらが弟が従者も連れずに下僕《げぼく》のように馬一騎で駆け回ることなど、愚か者の所行。たとえ生きていたとしても、決して秀孝を許すことはない」

といって清洲に引き返している。そういう信長も一騎がけで飛び出してきたのだから、弟を愚か者と決めつけるのは筋ちがいであるが、秀孝に寄せる期待が大きかっただけに、そんな強がりで無念さを吐《は》き出したのである。

信長が愚か者と決めつけたのは秀孝だけではない。信長を恐れて守山城をすてて逃亡した信次でもない。じつは、もう一人の実の弟である信行《のぶゆき》が、この事件でとった行動に極めて不快感をいだいた。

信行は秀孝が殺されたと知るや、末森《すえもり》城から兵を率いて守山に押しかけ、火を放って城下をことごとく焼き払った。これは信長と連携した行動ではなく、まったく

信行独自の判断である。もちろん信行は、守山城を支配下におきたかったからだ。

これに対して信長は手勢を守山に送った。守山城は信長と信行の実の兄弟の草刈り場となった。二人の対立は、一触即発かとみられたが、老臣の佐久間信盛《さくまのぶもり》が間に入って、二人の異母兄弟にあたる安房守信時《あわのかみのぶとき》を守山城におくことで双方は手を打つ。

この事件をきっかけに、信長と信行の兄弟の溝が埋めることのできない対立へと進んでいくには、さほど長い時間はかからなかった。

さて、話を少し前に戻す。

信長の叔父信光は、清洲城の大和守家を滅ぼした功績で那古屋《なごや》城主となったが、弟の信次が守山城から逃亡してからというもの、弾正忠家から浮き上がっていた。あまつさえ主家を殺したことから、一族や家臣からも冷やかに思われていたようである。

那古野城に入って、わずか半年後の十一月二十六日、信光は家来の坂井孫八郎《さかいまごはちろう》という者に殺されてしまう。信光が主家の信友と誓詞《せいし》を交わして同盟したにもかかわらず、それを破って殺したことに天罰が下ったのだと『信長公記《しんちょうこうき》』は寸評している。が、それは表向きのこと。信長が裏で手を回して、信光を亡き者にしたというのが真相である。

信長をめぐる帰蝶と、もう一人の女性

清洲《きよす》城の乗っ取り、そして那古屋《なごや》城の奪取と、天文《てんぶん》二十四年（一五五五）は信長の謀略がことごとく成功した。その手法は二十二歳の若者とは思えぬほど老獪《ろうかい》である。

この年は十月二十三日に弘治《こうじ》と改元されるが、信長にとっては思いがけない大きな出来事が起こった年でもある。斎藤道三《さいとうどうさん》の娘帰蝶《きちよう》が輿入《こしい》れしてきたのである。その時期はわからないが、『武功夜話《ぶこうやわ》』は「弘治乙卯年吉日の事」と伝えていることから、改元後の十一月から十二月までの二カ月の間であったろう。

帰蝶の輿入れは、道三の立場の変化で急に決まり、あわただしく執《と》り行なわれた。すでに婚約していたとはいえ、あまりにも長い年月であったため、信長のほうはあわてふためいたようである。

もちろん帰蝶が尾張にくることは、道三と同盟を強めるためには喜ばしいことである。双手《もろて》を上げて帰蝶を迎えたいところであるが、気がかりなことがいくつかあった。

なぜ道三が、この時期になって帰蝶の輿入れを認めたのかという疑念がまずおこる。道三としては、しだいに地力をつけ尾張を固めつつある信長と連帯を深める必要があった。道三は子の義龍《よしたつ》との不和が決定的なものとなり、彼の求心力が弱まり

つつあったからだ。

不和の原因は、ひとえに腹黒い道三が招いたものである。道三は美濃守護の土岐《とき》頼芸《よりあき》を追って国主となったが、その頼芸が寵愛《ちょうあい》した一色《いっしき》右京大夫《うきょうたゆう》の娘深芳野《みよしの》を奪っていた。その深芳野が産んだのが義龍である。

義龍は頼芸の落《おと》し胤《だね》だという噂がいつしか流れるようになる。本当は義龍は道三の子であるのだが、その噂を道三は黙認する態度をとった。義龍を頼芸の子としておけば、美濃の国人衆《こくじん》は義龍のもとにまとまり、道三としてはかえって統治がやりやすくなる。そんな思惑が道三にあった。

ところが、当の義龍は、この噂を真《ま》に受けた。自分は名門土岐家の血を引く者だと思い込んだのである。そう思うと義龍にとっては、道三が親どころか、実父の仇《かたき》に見えてくる。しかも道三は、自分よりも弟の孫四郎《まごしろう》（母は明智光継《あけちみつつぐ》の娘小見《おみ》。帰蝶は実姉になる）や喜平次《きへいじ》（母は深芳野）のほうを可愛がっている。これに加えて、道三は自分にではなく孫四郎に家督を譲るという風聞がしきりに入ってくる。

ここに至って義龍は、ついに土岐家再興を決意した。彼は道三と弟たちを討つことをひそかに計画した。その手始めに病気と偽《いつわ》って弟たちを呼びよせ、これを殺したのである。弘治元年（一五五五）の十一月のこと。

▲**斎藤義龍画像**（常在寺蔵）

この事態にあわてたのが道三である。兵を集める一方、帰蝶を信長のもとに送り、同盟をより強化し、いざというときに援軍を頼める態勢にもっていったのである。

かくして、帰蝶の嫁入りが実現したのであるが、信長のほうでも、あまりにも急な輿入れに戸惑いがあった。それというのも信長は、そのとき吉野《きつの》（吉乃）という若い女性とねんごろとなって、深く愛するようになっていたからだ。

吉野《きつの》は、尾張丹羽《にわ》郡稲木庄郡《こおり》村に住む生駒家長《いこまいえなが》の妹である。信長はすでに中条なる侍女に手をつけて、乙殿《おつどの》という男子をもうけ、さらに原田（塙《はなわ》）直政《なおまさ》の妹に信正《のぶまさ》を産ませている。ほかにも女出入りはあったが、それに加えて吉野である。信長はとくに、この吉野を愛した。

吉野は土田弥平治《どだやへいじ》に嫁《とつ》いでいたが、どうも信長はこれを奪い取ったようだ。『武功夜話《ぶこうやわ》』では土田弥平治は、弘治二年九月の美濃・明智の長山《ながやま》城を攻めた際に討死にしたとされ、若くして夫を亡くした吉野（初名は於頼《おより》）は生家の生駒家に戻って、そこに出入りしていた信長に見初《みそ》められたとする。

帰蝶が信長のもとに嫁入りしたとき、吉野の存在が道三の耳に入れば、この縁談はこわれると思った生駒家長は、妹を丹羽郡井上庄の井上屋敷にひそかに移し、これを隠したと、同じ『武功夜話』は伝える。帰蝶の嫁入りは、弘治元年の暮れということであるから、吉野が後家になったあとに信長が目をかけたというのは矛盾する。野合《やごう》という当時の性風俗から目をそむけて、江戸初期の儒教的な倫理で信長をとらえようとした『武功夜話』編者の思惑《おもわく》がある。

また土田弥平治は、美濃可児《かに》郡の土田村の出で、生駒家もこれと縁戚にあり、しかも信長の生母も同じ土田氏の娘であるとするのも、生駒家と前野家を中心とした家系史観でまとめられたような感がある。

いずれにしても、吉野は時に十八歳で、信長がことのほか執心する女となり、二人の間に信忠《のぶただ》、信雄《のぶかつ》、五徳《ごとく》の三人の子をもうけることになる。もちろん正室は帰蝶であるが、彼女は父の道三が死に、美濃が信長と敵対するようになると、その存在価値はなくなり、かわって吉野が嫡男《ちゃくなん》を産んだということもあって正室の地位につくようになる。

諜報役の木下藤吉郎との出会い

すでに述べたように、正室の地位はその実家の実力に比例するものである。吉野《きつの》が正室となり、産んだ子が嫡男とされたのも、彼女の実家、すなわち生駒《いこま》家が清洲《きよす》城主信長を支える、極めて有力な力をもっていたからである。

生駒家は、灰と油の販売を家業として富み栄えていた。「金銀多く蔵し、家屋敷は広大、土居《どい》掘割をめぐらし」「堅固《けんご》なる土居内に土蔵三棟立ち並び」、あたかも城のようであったと、『武功夜話《ぶこうやわ》』は生駒家の繁昌ぶりを表わしている。その経済活動は尾張はもとより、美濃・三河・飛驒と広く展開し、家人や若党《わかとう》、それに牢人《ろうにん》たちが数多く出入りしていた。

その中には木曾《きそ》川流域を根じろにする川並《かわなみ》衆といわれた小土豪の蜂須賀小六正勝《はちすかころくまさかつ》や前野将右衛門長康《まえのしょうえもんながやす》らもおり、木下藤吉郎秀吉《きのしたとうきちろうひでよし》もまた生駒家に寄食《きしょく》していた一人である。

生駒家には各地の行商人がしきりに出入りしていたが、彼らはある特性をもっていた。領国の境界を自由に越えて商売ができ、さまざまな情報が得られた。つまり行商人は、透波《すっぱ》とか乱波《らっぱ》といわれた諜報・謀略機関にもなり得たのである。さらに、敵情の偵察や後方攪乱《かくらん》のために、透波たちが商人に扮装して潜入することも大いに行なわれていた。

ちなみに、秀吉は信長に仕える前に、じつに三十数種類の職業を転々とした。炭焼き・鍛冶《かじ》・紙漉《かみす》きといった製造業から、大工・桶屋《おけや》・紺屋《こうや》などの職工人、さらに蛤《はまぐり》売り・葱《ねぎ》売り・針売り・糸売りといった行商人もやっている。その間、浜松・

頭陀寺《ずだじ》城主となる松下加兵衛《まつしたかへえ》（長則《ながのり》）に一時仕えたこともあるが、信長に出会う前までは、生駒家に出入りする行商人であったようだ。

この生駒家は、商人であると同時に、各地の情報が一手に入り、しかも謀略的に逆情報が流せる諜報機関でもあった。そこに寄食する秀吉もまた、そうした諜報の役目をしていたと思われる。しかも彼らのもたらす情報は、かなり精度が高かったのであろう。信長はそんな秀吉に目をつけるようになる。やはり、信長が生駒家に目をつけたのは、吉野に惚《ほ》れたからだけではない。諜報機関としての生駒家に戦略的な意味を見出し、そこに出入りしているうちに吉野をものにすることで、生駒家の諜報組織をそっくり手に入れようとしたのである。先に信長が吉野を奪い取ったと書いたのは、この点にある。

信長は吉野を愛することで、生駒家の富と組織を手にした。それは、ちょうど祖父の信定《のぶさだ》が津島《つしま》を、父の信秀《のぶひで》が萱津《かやつ》を手に入れたのと同じ手法である。そして道三の娘帰蝶を迎えるにあたって、吉野を生駒家から井上屋敷に移して、その存在を隠そうとした。これは、帰蝶の嫁入りをスムーズにさせる思惑もあったが、生駒家の諜報組織の多くが美濃をターゲットにしていたことを言外に示しているのだ。帰蝶を迎えて、道三との同盟がしっかりと確立されるまでは、生駒家および吉野と信長の関係は隠しておく必要があった。だが、その秘匿《ひとく》は長くはなかった。むしろ、あっけなく公然化された。

斎藤道三の無念の死と内乱の中で

帰蝶《きちょう》が信長のもとに嫁《とつ》いで、半年も経たないうちに、道三《どうさん》が息子の義龍《よしたつ》に攻められて、横死《おうし》した。時に道三は六十余歳。奇《く》しくも信長が初めて対面した日からちょうど三年目の弘治《こうじ》二年（一五五六）四月二十日のことであった。

信長は道三を応援すべく、木曾《きそ》川と飛驒《ひだ》川を越え、大良の戸島東蔵坊に陣を構えた。だが、多くの美濃衆の支援を得た義龍の前に道三が滅び去ると、すかさず尾張に帰陣している。このとき岩倉《いわくら》城の織田伊勢守《いせのかみ》家の信安《のぶやす》が義龍と手を組み、清洲《きよす》城近くの村を放火して回った。

信長は道三という同盟者を失ったばかりか、斎藤義龍・織田信安による反信長同盟を相手にしなければならなくなる。これに勢いづいたのが、弾正忠《だんじょうのちゅう》家の反信長派である。彼らは信長を亡き者にして、弟の信行《のぶゆき》を担ごうと動き出した。

まず動いたのが、信行の家老となる林《はやし》美作守《みまさかのかみ》と柴田《しばた》勝家《かついえ》である。彼らは美作守の兄である林《はやし》佐渡守《さどのかみ》秀貞《ひでさだ》をたきつけて、信長の暗殺を計画した。林秀貞は、織田信光《のぶみつ》にかわって那古屋《なごや》城代に任じられていた人物。秀貞はその気になったものの、信長によって城代となった手前がある。那古野城にやってきた信長を討つことだけは、どうしてもできない。

信長は生来、その性格は明るく、五体より陽気が立ちのぼるようで、生気にあふれていた（『武功夜話《ぶこうやわ》』巻二）と、周囲から思われていた人物である。その生気は林秀貞を圧倒したのである。しかも、ひとたび声を発するや、雷鳴のごとく他を圧する威力があったというから、姑息《こそく》なはかりごとをめぐらす者などは、彼の姿を見るだけで萎縮《いしゅく》してしまう。

林美作守と柴田勝家なども、信行を擁立して信長に刃《やいば》を向けたものの、彼の陽気と大喝《たいかつ》に軍勢をまとめることができず、敗退してしまう。

信長の五体から陽気が漂《ただよ》い、雷鳴のような声を出すときは、彼が四面楚歌《しめんそか》に陥《おちい》ったり、劣勢を挽回しようと敢然と行動したときである。窮地に立たされたとき、生き生きと体に生気をみなぎらせる。敵が彼を包囲すればするほど、面白いほど気力が充実してくる。

「苦境に立ったときこそ、本当の生き甲斐というものぞ」

若き信長の心は、そんな気力に満ちていたのである。

組織論の鉄則に忠実な〃内部粛清〃

本当の敵は血族の中にあり

いまや信長の四周は、敵ばかりである。美濃の斎藤義龍《さいとうよしたつ》、三河に根を張る今川義元《いまがわよしもと》、尾張国内では岩倉《いわくら》城の織田伊勢守《いせのかみ》家の信安《のぶやす》・信賢《のぶかた》父子、さらに末森《すえもり》城の弟信行《のぶゆき》、庶兄の信広《のぶひろ》も信長を狙って暗躍している。そればかりか、四隣敵だらけになって信長を見限る家臣が出てきた。今川氏に対する最前線にいた鳴海《なるみ》城主の山口教継《やまぐちのりつぐ》・教吉《のりよし》父子は今川義元に通じ、笠寺《かさでら》城主の戸部新左衛門《とべしんざえもん》もまた動揺の色を隠していない。

信長は四隣の敵に対して、まず身内で自分の脅威となる者から叩きつぶし、組織の求心力を高めた。父の信秀《のぶひで》が外に敵を求めて組織の結束力を強めたのに対し、信長はまず内部の敵の粛清にとりかかった。これは父子の性格のちがいというよりは、おかれた状況の差異である。信長の内部粛清は、「足元を脅《おびや》かす者をまず叩け」という戦略の鉄則にそったものである。

信長が四周の敵の中で標的にしたのが、弟の信行と庶兄の信広であった。しかし、下手に動くわけにはいかない。彼らが、どの勢力と結びついているかを注意深く見極める必要があるからだ。

信長にとって幸いなことに、信行派は美濃とも岩倉の織田伊勢守家とも連携している様子はない。これに対し信広と伊勢守家は、どうも美濃とひそかに連絡しているようだ。まず叩くとすれば、背後に勢力のない信行派である。

信長の〝陽気〟にふれた林秀貞《はやしひでさだ》が暗殺をためらった二日後、すなわち弘治《こうじ》二年（一五五六）五月二十八日、信行は兄の打倒に踏みきった。信長の所領を横領しはじめたのである。信長はこれにじっと耐えた。そして信行の背後に他の勢力がないとみるや、ついに兵を発してこれを破った。八月二十四日の小田井《おだい》（稲生《いなお》）の合戦である。この戦いには吉野《きつの》の実家となる生駒《いこま》家の一党も参戦している。

信長は敗走する信行勢を追って末森城に迫り、町を焼き、城を裸にした。一気に攻め落とさなかったのは、母の土田御前《つちだごぜん》のとりなしがあったからだといわれるが、まだ四隣に敵をかかえる信長としては、ここで無理に城攻めして犠牲者をふやしたくないというのが本音である。

信行に詫《わ》びを入れさせ、兄としての貫禄を保つ。そして柴田勝家《しばたかついえ》や林秀貞に再び逆意をもたせないためにも、ここは寛大な処置で済ませたい。この作戦は功を奏した。信長の威光は一族の中で高まったのである。

信長の前に屈伏した兄弟たち

これに反発したのが、庶兄の信広である。彼は安祥《あんじょう》城主でありながら、今川方に捕らえられ、松平竹千代《まつだいらたけちよ》(家康《いえやす》)と人質交換で尾張に戻ってからというもの、陽の目をみなかった。それどころか異母弟の信長が、着々と地歩を固めている。

この機に信長を倒さねば、永久に陽の目を見ることはない。そう考えた信広は、美濃の斎藤義龍と組んで、謀叛《むほん》を計画する。信行の事件が片づいた二カ月後のことである。

計画は、まず義龍が尾張の国境《くにざかい》に兵を出して、信長をおびき出す。信広はそのスキを衝《つ》いて清洲《きよす》城を奪い、さらに信長を背後から挟み撃ちにするというもの。絵に描いたような内応による謀叛計画である。

信長は、こうした謀叛を予期していた。が、だれが内応するか。信行か、岩倉城の信安・信賢父子か、それとも斎藤氏と今川氏との同盟が成ったか。これを見定めるためにも、信長はみずから国境に出兵した。ところが物見《ものみ》の報告では、美濃勢が

▲復元された清洲城を望む

▲清洲城址に立つ織田信長の銅像

いつになくうきうきしているという。勝利を確信する動きである。これは内応者は身近な者で、信長の留守を狙って清洲城を奪取する計画があると察した。

清洲城下の防備は、ことのほか厳重にせよとの命令が下されたのはいうまでもない。このため信広は兵を挙げたものの、清洲城に近づくことができず、計画は封じられた。信広は信長の前に膝を屈し、忠誠を誓わせられることになる。

信広は、この事件ののちは信長の手足となる。信長の名代《みようだい》として、足利義昭《あしかがよしあき》との和平交渉にあたり、さらに伊勢長島《ながしま》の一向一揆《いっこういっき》の討伐にも加わり、天正《てんしょう》二年(一五七四)七月に長島での篠橋《しのはし》城攻めに参加、そこで戦死する。

『君主論』で名高いイタリアの政治思想家マキャベリ(一四六九〜一五二七)は、その著書の中で、「一度、裏切った者は、これを許すな」といっている。マキャベリの政治哲学には、君主という者はどんな手段を用いても権力を確保すべきだ、という非情ともいえる考え方が流れている。そのため、信長はマキャベリストだ、とよくいわれるが、それは信長をよく知らない人の評論である。信長は戦国武将の中でも忍耐強い人であった。一度自分を裏切った者であっても、忠誠を誓い、協力を惜しまなければ、これを許した。この信広もそうであるし、信行にしてもそうだ。

ところが帰順したにもかかわらず、再び裏切った者には容赦はしない。「仏《ほとけ》の顔も三度まで」というが、信長の〝仏の顔〟は大体二度である。これを暴君だとか、マキャベリストだ、というのは的はずれなとらえ方である。松永久秀《まつながひさひで》は二度信長を裏切ったものの、信長はこれを許し、三度目にはとうとう堪忍袋の緒《お》を切って攻め殺した。これが同族の場合になると、組織の結束力を高めるために、再びの裏切りは許されない。信行の場合がそれにあたる。

弟信行の謀殺と遺族への温情

信行《のぶゆき》は人格円満で礼儀正しく、端整、聡明であるというのが、衆目の一致するところである。とはいえ、これは何を考えているのか、何を仕出かすかわからないうつけ者の兄と比べてのことである。家臣にしてみれば、信長に比べると、とりつきやすい、うまく御《ぎょ》しやすいということで、たいていの者は信行に好感をもった。

そのため信長の傅役《もりやく》であった林秀貞《はやしひでさだ》でさえ、信長にイヤ気がさして信行派に変わり、信長に反旗をひるがえしたほどである。かといって信行に尾張を治める力量があるかどうかという点になると、それはまた別である。

信行は、鷹や百舌《もず》を育てることにかけては、名手といわれるほどの腕前であった。鳥を飼育する人に悪人はいないといわれるが、信行は養鳥の趣味に熱中し、あまり軍略的な才覚には恵まれなかったようである。

人畜無害、というのが信行に対する評価である。そのため重臣たちの多くが好感をいだいた。すでに信長に叛旗《はんき》をひるがえして敗北し、詫びを入れたにもかかわらず、またぞろ家臣にあおられた信行は、信長打倒へと動き出した。信行は竜泉寺《りゅうせんじ》に新城を築き、岩倉《いわくら》城主の織田信安《のぶやす》・信賢《のぶかた》父子と連携を深めて、虎視眈々《こしたんたん》と信長のスキをうかがった。

今回の謀叛《むほん》を遂行した中心人物は、津々木蔵人《つづきくろうど》という若衆である。信行は津々木を厚遇し、それまで支えていた柴田勝家《しばたかついえ》を軽視するようになった。これが信行の首をしめる結果となった。

柴田勝家は、信行の謀叛計画を信長に密告したのである。重臣といえども主人を裏切るということは勝家に限らず、この時代では日常茶飯事《さはんじ》だったのである。主人が引き立ててくれなければ敵につくというのが、いわば常識であった。しかも信行が大将としての器《うつわ》でないとすれば、潮が引くように見限るというのが下剋上《げこくじょう》で公認された処世である。

勝家の密告で、弟の謀叛を知った信長は、今度は作戦を変えた。斎藤義龍《さいとうよしたつ》が弟たちを殺した例にならった。すなわち「信長重病となる」という噂を流すや、清洲《きよす》城に息をひそめたのである。そのうち「危篤《きとく》に陥《おちい》った」という噂が流れる。見舞いの客が続々と城に駆けつけたのはいうまでもない。

土田御前《つちだごぜん》は、信行に見舞いに行くよう勧めた。柴田勝家も信長の謀略を知りながら、信長が亡くなれば尾張は信行のもの、このさい兄を見舞っておけば跡目のけじめがはっきりするなどといって勧めた。病気を理由におびきよせて謀殺《ぼうさつ》するのではないかと疑っていた信行も、ついに折れた。そこに信行の脆弱《ぜいじゃく》さが現われている。

弘治《こうじ》四年（一五五八）が永禄《えいろく》と改元した年の十一月二日、清洲城に兄を見舞った信行は、北櫓《やぐら》に通されると、そこで馬廻《うままわり》衆の川尻秀隆《かわじりひでたか》らによって斬殺《ざんさつ》された。信長より二歳若かったから享年は二十三である。

信行の一子信澄《のぶずみ》は、柴田勝家が養育し、元服《げんぷく》後は津田と称して、明智光秀《あけちみつひで》の娘を妻に迎えた。信長は信澄を一族として厚遇したが、本能寺《ほんのうじ》の変《へん》で光秀の女婿《じょせい》であったために大坂で織田信孝《のぶたか》、丹羽長秀《にわながひで》らによって殺害されている。また信行の妻（善《ぜん》応院《おういん》）は池田恒興《いけだつねおき》がもらい受け、のちに姫路城主となる池田輝政《てるまさ》を産んでいる。

父と子、兄弟の反目は、まことに非情なものであるが、それは信長だけが残忍であったというのではない。武田信玄《たけだしんげん》は父を追放し、子を殺している。義に厚いといわれる上杉謙信《うえすぎけんしん》もまた兄を追放し、今川義元《いまがわよしもと》も弟を殺している。一族の長《おさ》となる者にとって、血族は最初の敵であるということだ。

信長は弟を殺したということだけではないにしても、その性格は残忍非情であったといわれるが、決してそんなことはない。むしろ残された遺族に対しては、つねに温情をかけて、これを保護しようとした。青年期の信長は、他の武将たちに比べれば、極めて恩情的であったとさえいえるのである。

「必ず勝てる」作戦を追求した信長

ともあれ、ノド元に突きささっていた小骨を痛みをもって取り除いた信長にとって、尾張国内で敵対する勢力は、岩倉《いわくら》城の織田信安《のぶやす》・信賢《のぶかた》父子だけとなった。この父子も反目し合っており、信行《のぶゆき》が誘殺《ゆうさつ》された同じころ、信安は子の信賢に追われた。

一族をまとめ上げた信長の勢力に対して、岩倉城の信賢は劣勢である。彼は必然的に美濃の斎藤義龍《さいとうよしたつ》と同盟した。信賢は、形式上は尾張守護代である。ところが信長は、やはり形式のうえでは尾張守護となる斯波義銀《しばよしかね》をしっかりと手元においている。もちろん守護を奉じるというのは、建て前である。この建て前が有形無形の効果があるときは、これを存分に利用する。のちに足利義昭《あしかがよしあき》なども、この手法で信長に利用され尽くされるのであるが、混沌《こんとん》とした政治状況では、こうした建て前としての権威がある程度の求心力となる。

信賢が信長を攻撃することは、すなわち信長が擁する尾張守護を攻めることになり、守護代としての信賢には大義名分はなくなる。こうした建て前論の前に尾張衆の多くは、一気に信長へとなびいた。権威という駒の使い方に関して、信長は父親ゆずりの才能を発揮したのである。

永禄《えいろく》元年（一五五八）五月、岩倉領に侵入した信長は、浮野《うきの》で岩倉勢を撃破した。討死は千二百余人というから、信賢は半数近い兵力を失った。このとき岩倉から北五キロ、浮野から東三キロにある生駒《いこま》家とそこに集まる土豪《どごう》たち（実態は野武士の集団であるが）は信長に味方し、斎藤義龍が尾張に出陣することを妨害した。

翌永禄二年一月、信長は再び岩倉城に攻め寄せ、城下を焼き払って城を厳しく包囲した。一気に城を攻め落とすという暴挙は、信長は決してやらない。犠牲が多いからである。犠牲者が出れば、その遺族の生活を補償しなければならない。その経済的負担は、次への作戦展開の足を引っ張ることになる。信長が「必ず勝てる」という作戦のもとで野戦を好んだのは、ここに理由がある。

岩倉城の包囲作戦は三カ月におよんだ。その間、鉄砲や火矢を用いて籠城《ろうじょう》兵をおびえさせ、味方の士気を高め、ここが落ちれば尾張は信長のものという印象を内外に植えつける。しかも、このとき信長は何を思ったのか、突如としてまったく予期しない行動をとった。

わずか八十人の御供衆《おともしゆう》を伴って、京都に行ったのだ。岩倉城を完全に包囲しているとはいえ、臨戦態勢であることに変わりはない。戦場から大将が離れることなど、兵法では考えられない。が、常識では考えられないことをやるのが信長だ。彼はすでに次の戦略展開に向かっていたのである。

信長はよく人の意表を衝《つ》く行動をとる。織田家の右筆《ゆうひつ》であった太田《おおた》牛一《ぎゆういち》も『信長公記《しんちようこうき》』の中で、信長の突然の行動にいつも戸惑って、にわかにとか、突如といった表現で表わして、いかにも独断専行を好み、人の虚を衝く行動ばかりしていたように書いている。だが、信長の行動は、つねに熟考を重ね、その利害得失を十二分に考えた末のものである。

天皇の権威と堺へのすり寄りの謎

京都にのぼったのも、たんなる思いつきからではない。目的は大きく二つあった。一つは、足利将軍義輝《よしてる》に謁見《えつけん》して、岩倉城を屠《ほふ》ったあと尾張一国の正当な領主として公認を得ることである。むろん清洲《きよす》城に斯波義銀《しばよしかね》を保護しているので、守護職の拝命など受けようという狙いはない。ただ尾張の織田上総介《かずさのすけ》信長の存在を将軍が黙認してくれればよい。すでに将軍に力はなく、形式的な存在である。形骸《けいがい》化しているが、信長はそれなりの権威を利用することにかけては嗅覚がすぐれていた。

このころ信長は上総介を自称していた。これは父信秀《のぶひで》が朝廷に奏請《そうせい》して正式に官位を受けたものとは反対に、まったく勝手に自称していたものである。しかも、この上洛《じょうらく》では幕府には祗候《しこう》したものの朝廷には何の挨拶もしていない。形式的な地位の利用にかけて才覚のある信長はこの時期、天皇および朝廷の権威など眼中になかったのである。

信長が天皇という権威を認識し、それを利用しはじめたのは、美濃を征服する一年前の永禄九年（一五六六）九月のことで、尾張守の名を朝廷からもらっている。尾張は現実に信長が支配している領地であるから、実質を伴った国主《こくしゅ》として朝廷から認められたことになる。これ以降、彼は将軍義昭の実権を剝奪《はくだつ》するために、天皇の権威にすり寄り、利用することになる。が、それはとりもなおさず武力では征服することのできない天皇の権威というブラックホールに引き込まれ、翻弄《ほんろう》されることを予感させるものであった。

上洛のもう一つの目的は、京都のみならず奈良と堺《さかい》をまわって、畿内《きない》の政治・経済情勢をしっかり把握することにあった。とくに堺は、瀬戸内海を通じて四国、中国、九州との交易港として栄え、会合衆《えごう》とも納屋衆《なや》ともいわれる商人が支配する町で、合戦には不可欠となりつつあった鉄砲が生産され、火薬が集まる町でもある。

この上洛にあたって信長は、津島《つしま》の商人たちを一行の中に加えて連れていき、彼らを通して堺商人と直接的な交易のパイプを築こうとしたものとみてよい。太田《おおた》牛一《ぎゅういち》は『信長公記《しんちょうこうき》』の中で、信長のこの行動をまるで物見遊山《ものみゆさん》のように書いているが、じつは京都では政治的な権威づけの目的があり、堺においては鉄砲を津島衆を通じて購入するという経済的、軍事的な狙いがあったと考えてよい。

信長の上洛の二カ月ほどのち、越後（新潟）の上杉謙信《うえすぎけんしん》も京都に出向いて将軍義輝に謁見している。このとき謙信は、将軍に会えただけで感激して帰国している。彼は律義な性分で、古い権威をありがたく押し戴《いただ》いただけで、堺には足を踏み入れていない。この意識の差が、信長と謙信の力の差となる。

信長が京から戻ると、岩倉城の攻撃に力を注ぎ、信賢《のぶかた》は力尽きて降伏、追放された。かくて岩倉織田氏は滅亡し、父信秀の死から八年、ついに尾張は信長によって統一された。だが、知多《ちた》郡には今川氏の勢力が伸張し、海西《かいさい》郡は一向宗《いっこうしゅう》徒《と》が根を張ったままである。この勢力は、やがて牙をむいて信長に襲いかかってくる。

桶狭間の合戦は〝奇襲に非ず〟

今川義元の野望は上洛でなく尾張支配だった！

ようやく尾張をまとめ上げた信長の前に、今度は長年敵対しつづけてきた今川義《いまがわよし》元《もと》が牙をむいて襲いかかる気配を見せはじめた。

義元はすでに松平元康《まつだいらもとやす》（家康《いえやす》）を今川軍の一部将として押さえ込んで、三河を支配下においている。この三河支配を盤石《ばんじゃく》なものとするために、永禄《えいろく》三年（一五六〇）五月八日、朝廷から三河守《みかわのかみ》に任ぜられている。三河守の叙任《じょにん》は、すでに守護となる駿河・遠江《とおとうみ》につづいて、名目的ではあるが三河国主の正当性を得たことになる。

この叙任を受けた義元は、帰属をめぐって対立する尾張国境《くにざかい》に出陣し、その一帯から尾張勢力の一掃をはかる。これが桶狭間《おけはざま》の合戦の直接的な原因である。

これまで義元は天下に覇《は》を唱えるために、上洛の軍を起こして信長と戦ったというのが通説である。だが、これは江戸初期に書かれた『信長記《しんちょうき》』によるもので、儒学者であった作者の小瀬甫庵《おぜほあん》の創作である。事実は、尾張との国境を確定するための出兵である。先述したように義元には上洛《じょうらく》に向けた何の戦略も認めることができないからである。彼が手を組んだのは木曾《きそ》川沿いの一向宗徒《いっこうしゅうと》たちである。彼らを後方攪乱《かくらん》の部隊として、もし信長が清洲《きよす》城か那古屋《なごや》城にでも籠城《ろうじょう》すれば、その一帯を混乱状態に陥れて、今川軍を尾張に迎え入れるというのが、義元が想定した唯一の戦略であった。

これに対して信長は、ただ手をこまねいて今川軍の尾張国境への侵入を見ていたわけではない。彼がいちばん恐れていたのは、義元が美濃の斎藤義龍《さいとうよしたつ》と結ぶことであった。義元はすでに甲斐の武田信玄《たけだしんげん》、相模の北条氏康《ほうじょううじやす》と相互不可侵の同盟を結んでいる。その政略力をもってすれば、美濃の斎藤氏や伊勢の北畠氏、神戸《かんべ》氏とも同盟を画策し、信長を完全に包囲することも十分に考えられた。

「わしなら、遠大な包囲網をつくったうえで侵攻する」

信長は義元の戦略を見て、そう思ったにちがいない。それは信長がいちばん恐れていた戦略であった。

だが、武田・北条との三国同盟をまとめ上げた智将の太原雪斎《たいげんせっさい》はすでに死亡しており、そうした大局的な戦略をまとめられる人物が義元のまわりには一人としていなかった。そのことが、信長に幸いした。

「美濃の動きに気を配りながら、今川軍だけを相手にすればよい」

信長の愁眉はわずかながら開いた。義元からの調略で鳴海《なるみ》城の山口教継《やまぐちのりつぐ》は、信長を見限っている。また笠寺《かさでら》城の戸部新左衛門《とべしんざえもん》も今川方についた。信長はこの鳴海城を取り巻くように丹下《たんげ》砦、善照寺《ぜんしょうじ》砦、中嶋《なかじま》砦を築き、また笠寺城には山崎《やまざき》砦を、さらに今川方の大高《おおたか》城には丸根《まるね》砦、鷲津《わしづ》砦を構えて、鳴海城を孤立させる作戦を立てていた。

　このことから義元軍の目標は、織田方の各砦を撃破して、鳴海城を救い、大高城との交通を確保し、大高城・鳴海城・笠寺城の前線を補強することにあった。そのため、

「まず今川軍は丸根砦と鷲津砦を攻めたのち、中嶋砦に侵攻して鳴海城と笠寺城を応援するであろう」

　と信長は予測した。

　主戦場は、鳴海城と善照寺砦と中嶋砦の三地点を結ぶ、およそ一キロ四方の中にあるとみるのは、戦略の常道である。義元もそう考え、信長もまた主戦場をそこに想定したのは、当然のことであった。

「百に一つの勝算あり」に賭ける

合戦は出会い頭《がしら》に偶然に戦火が開かれると思っている人が多いが、決してそうではない。たしかに出会い頭の遭遇戦もあるが、できるだけこれを避けようとしたのが戦国の武将たちである。勝てると判断できる条件が整っていないからである。そのため、お互いに地形や天候を調べ、さらに兵力の差を勘案したうえで、勝てると双方が考えた地点において交戦が開始される。

もちろん相手の態勢が整わないうちに先制攻撃をすることが、勝機をつかむことになるのはいうまでもない。臨戦態勢をとっていない敵に対して、不意に襲いかかることを奇襲作戦というならば、信長と義元《よしもと》の対決は信長による一方的な奇襲というわけにはいかない。

通説では、信長は今川軍に気づかれないように迂回《うかい》作戦をとって、不意を衝《つ》いて義元本陣を奇襲し、成功したといわれている。

ところが、じつは、この桶狭間《おけはざま》の合戦では、信長は迂回・奇襲戦法はとっていなかったのである。

では、主戦場を鳴海《なるみ》・善照寺《ぜんしょうじ》・中嶋《なかじま》の三角地点に想定した信長は、どのような作戦を遂行したのであろうか。

『武功夜話《ぶこうやわ》』によると、今川軍の動きがしきりに生駒屋敷に伝えられていたが、信長は踊りに夢中で、危機が迫っていることなど眼中にないありさまであった。見かねた生駒家長《いこまいえなが》は、三河に細作《さいさく》（密偵《みってい》）として送り込んでいた蜂須賀正勝《はちすかまさかつ》と前野長康《まえのながやす》らを信長に会わせて、敵情報告をさせた。このとき信長は、

「駿・遠・三の総勢三万有余、我が手の者五千ばかり。この人数をもって相分《あいわ》け、国境《くにざかい》に布陣、野陣に駆け回しても百に一つの勝算はあるか」

とかなり悲観的な見解を述べてはいるが、国境において対戦することは、すでに信長の頭の中にあった。この国境線が破られれば、今川軍はわずか半日で清洲《きよす》城に殺到するであろうから、籠城《ろうじょう》などはまったく意味のないことだといっている。

「備えず構えず、機をはかって応変。すなわち間合いこそ肝要《かんよう》なり」

信長は、鳴海城周辺の国境で自由に動き回り、今川軍のスキをみて衝《つ》く、という作戦を考えていた。今川の先鋒を臨機応変に突き崩す。これが彼の第一目標である。この作戦では、義元の首を討ち取ることなどは、目標設定されてはいない。もちろん義元の首を取ることは最終の目標ではあったが、それはあくまでも今川軍の先鋒隊の動きしだいであった。

今川の先鋒は数段の構えで中嶋砦に襲いかかるであろうが、そのときの義元の本陣の位置が問題である。おそらく中嶋砦、善照寺砦が俯瞰《ふかん》できる位置、すなわち桶狭間山あたりの小高い稜線《りょうせん》に本陣をおいて、総指揮所とするにちがいない。そのときまで丸根《まるね》砦と鷲津《わしづ》砦がもちこたえられていれば、今川の先鋒は分散しながら、各砦を攻撃することになって、前線の構えは幾分手薄になろう。

今川の先鋒の動きに応じ、手薄になった所を突きながら、義元本陣を急襲することも不可能なことではない。とはいえ、それは「天与の機なり」と信長がいうように、まったくの運しだいである。しかし、偶然といえる運に、一分《いちぶ》の勝機でも開けるものがあるとすれば、その勝機に賭ける。信長は、そういう人物である。

そのため蜂須賀正勝と前野長康ら野武士たちに義元の進軍行路の鎌倉道を探らせる一方、義元が本陣をおいた地点を梁田鬼九郎政綱《やなだおにくろうまさつな》父子らに逐一報告させることを命じている。これが『武功夜話』から読み取れる戦前の信長の作戦である。

これは生駒屋敷に集まる者たちへの秘密指令であるが、なぜか信長は清洲城の家臣たちには、こうした作戦を胸に秘してだれにも打ち明けてはいない。

もちろん重臣たちは、中嶋砦周辺が主戦場になることは常識としてわかっている。この点は問題ないのであるが、義元が沓掛《くつかけ》に入り、その先鋒となる松平元康《まつだいらもとやす》

▲今川義元木像（臨済寺蔵）

（家康）が大高城に兵糧を入れ、しかも丸根砦、鷲津砦を攻めようとしているにもかかわらず、信長は出陣の日時も布陣の構想も指示しない。

明日は必ず合戦がおこるというのにもかかわらず、信長は軍議は一切せずに重臣たちを家に帰らせている。彼らは口々に、「運の末には智恵の鏡も曇るとは、このことなり」(『信長公記《しんちょうこうき》』巻首)と嘲笑したという。

信長の考えはこうである。あらかじめ善照寺砦、中嶋砦に布陣すれば、一時は今川軍を防げるかもしれない。しかし、敵の兵力はおよそ六倍である。籠城と同じように、やがて自軍は疲れ果てて敗れ去ってしまうであろう。

布陣は各砦の守将たちにまかせて、それぞれ善戦を期待する。その間に本隊は今川の先鋒に対して臨機応変に対戦しながら、手薄な所から義元本陣を突き破る。もし本陣が捕捉できなければ本隊を遊軍と化して、あくまでも義元を追尾する。それが成功しなければ、「天与の機は我れになし」である。

「太刀の下は地獄よ、生死は一定《いちじょう》の定め事、この期《ご》に及び迷い相《あい》なし」(『武功夜話』巻二)

本隊を布陣させて今川軍に対峙《たいじ》させるという兵法の常道を考える重臣たちには、本隊を遊軍化するという信長の考えは理解できるところではなかった。信長もまた、無理に彼らを説得するようなことはしない。

「我れ一人になっても治部少輔《じぶのしょう》（義元）に立ち向かうなり」

「退《の》くも地獄、籠《こも》るも地獄。ただ攻めるに百に一つの勝算あり」

という信長の決意の前に、重臣や家臣たちは、ただ運という一点の光を求めて信長と生死をともにするしかなかった。

信長の軽佻の妙が〝風〟をおこす

永禄《えいろく》三年（一五六〇）五月十九日の早朝、予想したように今川方は鷲津《わしづ》砦と丸根《まるね》砦に攻撃をかけた。

この知らせを受けた信長は、決然と起き上がり、幸若舞《こうわかまい》の『敦盛《あつもり》』の一節、

「人間五十年、下天《げてん》の内をくらぶれば、夢幻《まぼろし》の如くなり、一度生《ひとたびしょう》を得て滅《めっ》せぬ者のあるべきか」

と舞いながら謡《うた》うや、「螺《ほら》を吹け、具足《ぐそく》をよこせ」といい、立って飯を食いながら出陣を号令した。『信長公記《しんちょうこうき》』の有名な場面である。信長の謡曲と踊り好きは、このときはじまったものではなく、彼は暇さえあれば踊りに興じていた。

若いころ津島《つしま》で盆踊りが行なわれたときなどは、天女《てんにょ》に扮して小《こ》鼓《つづみ》を打ちながら

女踊りに興じ、生駒屋敷においても踊り興じたさまが報告されている。また尾張出身の天沢《てんたく》という天台《てんだい》僧が武田信玄《たけだしんげん》の問いに答えて、信長は舞いと小歌が唯一の趣味で、なかでも『敦盛』がいちばん好きで、よく吟じながら舞い、小歌では「死のうは一定《いちじよう》、しのび草《ぐさ》には、何をしようぞ、一定語りおこすよの」というのが口癖だったと語っている。

こうした歌は諦めに似た仏教的な無常観というよりは、そこに自分を賭けるという実存的な自己投企の思想が信長に強く流れていたことを教えてくれる。

舞い終わるや、いきなり行動をおこすというのも、その思想の延長である。九年後のことになるが、三好《みよし》三人衆が将軍となった足利義昭《あしかがよしあき》のいた京都六条の本圀寺《ほんこくじ》を攻めたとき、岐阜城でその知らせを受けた信長は、正月の祝いをやめて大雪にもかかわらず、すぐに出陣を命令。みずからはただ一騎にて岐阜から京都まで馬を乗りつぶして、三日かかるところを二日で駆けつけている。

かつて弟の秀孝《ひでたか》が単身馬に乗っているところを射殺《いころ》されたとき、知らせを受けた信長は一騎で駆け出していたことがあった。ところが、秀孝の死因を聞いて「馬一騎で駆け回ることなど、狂気の沙汰《さた》だ」といった当の本人が、前後を考えずに飛び出している。信長の行動には、こうした軽薄なところがしばしばある。臨機応変というのが彼の身上《しんじょう》ではあるが、軽佻《けいちょう》も彼の持ち味であり、そこにはやはり、どうすることもできない性格の浮薄《ふはく》さがある。

しかし、そうした突飛《とっぴ》な行動は、ある種の風をおこす。緊急な状態にただオロオロする者たちにとって、明確な行動指針が与えられるからだ。その一筋の風は、つむじ風となり、やがて風圧を伴う大きな嵐となる。嵐の目となるのは、もちろん信長である。信長は一吹の風から嵐をおこすことにかけて、その行動は計算ずくというよりは、直感的である。咄嗟《とっさ》の進退の行動では、ヒラメキの天才といってよい。

前に進む信長の〝攻めの哲学〟

信長が清洲《きよす》城を単騎飛び出したのが、午前七時すぎのこと。熱田《あつた》までの十二キロを一気に駆けて、源太夫殿宮の前に着いたのは、午前八時ごろ。そこで清洲から駆けつける兵を集めている。このとき丸根《まるね》砦と鷲津《わしづ》砦は今川軍の攻撃を受けて、しきりに煙が上がっているのが目撃されている。

熱田から丹下《たんげ》砦に入り、さらに兵をまとめた信長は、今川方の鳴海《なるみ》城から数百メートルしか離れていない善照寺《ぜんしょうじ》砦に入る。

午前十時ごろ、佐久間《さくま》盛重《もりしげ》以下七百が守る丸根砦は、松平元康《まつだいらもとやす》（家康）二千五百の前に、ついに侵攻され、砦は火炎につつまれる。一方、織田玄蕃《おだげんば》以下四百の守兵がいる鷲津砦も、朝比奈泰朝《あさひなやすとも》二千の軍勢によって、砦の門が奪われ、火をかけられ、生き残った者は近くの中嶋《なかじま》砦に向かって敗走した。

信長が丸根砦・鷲津砦の陥落を知ったのは、善照寺砦に入ってからである。善照寺砦は今川方の鳴海城と丘つづきにあり、前線の砦のうちもっとも大きい。信長がこの砦に入ったとき、兵力はおよそ三千余人。この中には、熱田出身の佐々政次《さっさまさつぐ》と熱田大宮司《だいぐうじ》の一族となる千秋季忠《せんしゅうすえただ》ら三百がいた。

善照寺砦が破られるようなことがあれば、熱田は敵の軍靴《ぐんか》に踏み荒らされることは明らかだ。そんな場合、敵にいちばん近い地理にある勢力が、先陣をかけることが常道であった。佐々政次らは当然そう思って、信長の指令のないまま、今川軍の先鋒《せんぽう》に突入、佐々、千秋をはじめ五十人が討死にして敗退してしまう。

信長は使者を出して、佐々らを引き揚げさせようとしたが、圧倒する兵力の前に佐々らは敗北。信長は大いに怒ったが、この敗北は今川方の油断を生じさせる思わぬ結果になった。そのため佐々らの行動は、奇襲を成功させるために信長が命じた陽動作戦であったと、のちにみられるようになる。

佐々らを突撃させて、敵の注意を引きつけている間に、信長本隊が義元を襲うという綿密な作戦であったというわけである。だが、これは佐々ら熱田衆と前野一族を中心とした柏井衆の抜け駆けである。そのため、彼らはこの合戦後、清洲城で戦勝の嘉儀《かぎ》を申し上げるのも外聞が悪く、嘲笑されるのではないかと沈痛し、下座にへりくだっていたという。しかも彼らは、すぐさま三河の梅坪で松平元康に対する防衛を命じられている。彼らにとって抜け駆けして敗北したことは、戦勝気分どころか、大きなツケがまわされることになる。

ちなみに松平元康と死力を尽くして戦って汚名を返上したのが、佐々政次の弟の成政《なりまさ》で、彼は信長幕下の黒母衣衆《くろほろしゆう》の筆頭となり、やがて部将の一人として成長する。

佐々らの敗戦を見た信長は、善照寺砦を出て進撃を開始、中嶋砦までは本隊を進めようとした。先鋒が崩れ去ると、本隊を後退させて守りを固めるものである。しかし、後退しても死しかないと見極める信長には、そんな常道など眼中にはない。

さらに敵の前線に深く進撃する。劣勢であっても決して攻めることは諦めない。

「前に向かって進めば、勝機というものは必ずある」

信長の攻めの哲学である。

こうした信長の積極策に対して、さまざまな勝因の背景が考えられたのが、のちのことである。小兵の信長が大軍の今川義元に勝ったのには、緻密な計画があったというものだ。佐々政次らの行動も、その計画の一翼であり、善照寺砦にすべての旗指物《はたさしもの》をおいて、信長本隊がここにいるようにみせかけて、奇襲作戦に備えたというのも、のちに考えられたものである。

従来いわれている迂回《うかい》奇襲策も、やはり後世につくられたもので、劣勢の信長が義元に勝ったのは、ひとえにこの作戦にあったとみている。常識では考えられない奇跡的な勝利には、なんらかの戦略があったとみるのは、勝利したという結果から物事をとらえようとするものである。

善照寺砦から敵が展開している前線に進撃した信長の行動と、それを迎える義元の行動を忠実に再現してみると、このようになる。

前線指揮を放棄した今川義元の失敗

まず、義元《よしもと》の行動を追ってみよう。

十九日朝、義元は沓掛《くつかけ》を出立《しゅったつ》。敵の動きが一望できる桶狭間《おけはざま》山に向かって行軍をつづけた。桶狭間山は海抜六五メートルの丘陵である。そこから敵方の中嶋《なかじま》砦と善照寺《ぜんしょうじ》砦の様子が手にとるようにわかる。前夜、この桶狭間山周辺に先遣《せんけん》部隊が野営している。彼らが前線に出撃したあと、義元の本陣がおかれる手はずになっていた。

　この日は朝から異常なほど暑かったことは、『武功夜話《ぶこうやわ》』にもうかがえる。蜂須《はちす》賀小六正勝《かころくまさかつ》をはじめとする蜂須賀党十八人は、近隣の村長《むらおさ》や僧、神主らとともに義元を出迎えるため、酒、勝栗《かちぐり》、昆布など目出たい品々を街道わきに並べていた。あまりの暑さに耐えかねて、それらの品々を一町ばかり先の松林に移したとある。

　蜂須賀らの任務は、義元本隊の通過を確認して、信長に知らせることであった。彼らは、農民になりすまして、義元を出迎えたとあるが、おそらく、「機会があれば義元を暗殺せよ」という密命が下されていたと考えてよい。一分《いちぶ》の可能性でもあれば、それを貪欲《どんよく》に追求するのが信長のやり方である。だが、行軍中とはいえ義元を取り囲む本隊の警戒は厳しく、蜂須賀一党はただ村長らとともに道ばたで頭を下げつづけ、献上品を差し出すしかなかった。

　もっとも彼らは、信長に忠誠を誓い、それを死守しようなどという考えは毛頭なかった。近隣の村長らと同様に、義元が信長を打ち破れば、そのまま義元に従い、もし信長が勝てばそのまま信長に従うという二股をかけていたのである。そのため義元を殺すなどという暴挙はできるだけ避けたい。しかし義元本隊が通過し、桶狭間山一帯に予定どおりに本陣をおいたことを確かめるや、梁田政綱《やなだまさつな》らの細作《さいさく》に命じて、義元の位置を信長に通報している。どっちに大勢が傾いてもよいようにするのが、彼ら弱小土豪《どごう》の知恵であった。このとき、のちに秀吉となる木下藤吉郎《きのしたとうきちろう》が、どのような役回りをしていたかは不明である。おそらく諜者として義元本隊を追尾していたものか。

さて、義元は炎天下の行軍にあえぎながら、午前十一時すぎ、桶狭間山の北方で窪地が広がる松原で休息を命じた。予定どおりの行動である。戦後、蜂須賀一党が自分たちが献上した品々を飲食するために、義元本隊の進軍が止まり、小休止から昼食、さらに雨によって足止めをくらい、これが信長の勝利につながったと自慢しているが、まったくの見当ちがいである。

義元本隊の桶狭間山での休止は予定されたもので、その小高い丘陵に本陣がおかれるはずであった。ところが義元は、ここで決定的なミスを犯した。あまりの暑さのために、休息を命じたのはよいが、五千人といわれる本隊が勝手ばらばらに窪地に展開して休止したのである。

統率のない休息ほど無防備なものはない。本来であれば、桶狭間山の丘陵一帯に兵員を展開させ、臨戦態勢をとらせるべきであった。しかも、みずから山頂にのぼって本陣をおき、眼下の信長軍の動きをしっかりと把握すべきである。一度だけ義

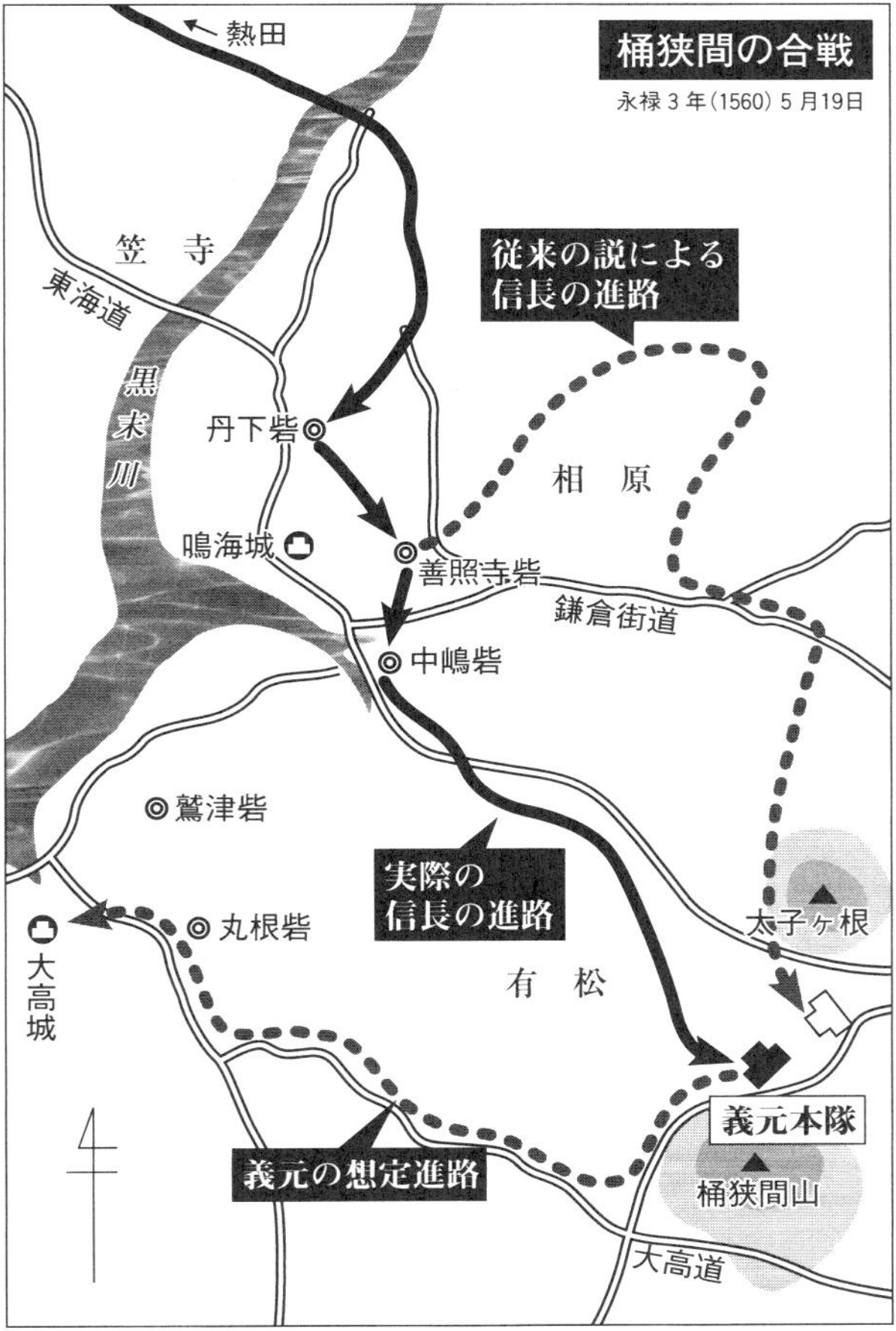

桶狭間の合戦
永禄３年（1560）５月19日
熱田
笠　寺
東海道
黒末川
丹下砦
鳴海城
善照寺砦
中嶋砦
鎌倉街道
相　原
従来の説による
信長の進路
鷲津砦
丸根砦
大高城
実際の
信長の進路
有　松
太子ヶ根
義元本隊
桶狭間山
義元の想定進路
大高道

元は、山頂にのぼって、自軍が佐々《さっさ》ら五百人の敵を潰滅《かいめつ》させた戦闘を眺めている。「わが軍の前には天魔・鬼神もない」と豪語したあと、山を下って窪地に戻り、謡《うたい》をうたっている。

義元は戦場での根本的なセオリーを怠った。これは暑さのせいばかりではない。桶狭間山に着いたとき、丸根砦と鷲津砦が落ちたという知らせが届けられていた。この緒戦の勝利に、すっかり喜んでしまったことも戦場での緊張感をゆるめた。

彼がいた所から小山を越えて、わずか三キロの地点にある中嶋砦の周辺では、戦闘が繰り返されており、しかも敵の本隊が中嶋砦周辺に結集しつつある。それにもかかわらず義元は、戦勝を祝って謡を三番うたっている。まったくの油断である。さらに油断に油をそそいだのが、善照寺砦周辺の戦いで討死にした佐々政次、千《せん》秋《しゆう》季忠《すえただ》らの首実検《くびじつけん》を行なったことである。戦闘の最中で、しかも最前線での首実検である。これは士気を鼓舞《こぶ》するという点から、やられなかったことはないが、これに加えて酒宴がはじまり、将兵たちには昼食がとらされたのである。

義元、時に四十二歳。髪に香《こう》をたきしめ、歯には鉄漿《おはぐろ》をつけ、顔に化粧する武将である。彼は京下りの母寿桂尼《じゆけいに》（権大納言《ごんだいなごん》中御門宣胤《なかみかどのぶたね》の娘）の強い感化のもとで、京都の公家《くげ》の風流な生活に憧れていた。その風流趣向が戦場においてもいかんなく示されたのである。

　義元はまた異様に胴が長く、脚が短かったために馬に乗るとバランスがとれなかった。そのため塗輿《ぬりごし》をつねに供させていたのだが、この体型が戦場での動きを鈍くした。海抜わずか六五メートルの桶狭間山に、背後の窪地からのぼれば三〇メートルほどであるが、そこに一度のぼって、主戦場を眺望するのみで、そこに腰を据えて指揮を執るどころか、佐々政次らが先鋒隊に攻撃するのを見物しただけで、二度と桶狭間山にのぼって総指揮を執ることはなかった。

真正面から挑んで「死地を狙え！」の命令

　正午すぎ、まだ酒宴が行なわれている最中、西南から広がった黒雲が義元の本陣一帯をおおうや、立木が倒れるほどのすさまじい暴風雨となった。義元の旗本衆は木立を求めて散り、驟雨《しゆうう》の通りすぎるのを待った。

　一方、信長の動きは、善照寺《ぜんしようじ》砦から中嶋《なかじま》砦に進軍するにつれて、にわかに激しさを増した。この進軍の途中、梁田政綱《やなだまさつな》から「義元本陣は桶狭間《おけはざま》山にあり。義元は後方の窪地にて休息中」という報告がもたらされた。この情報にふれて信長は、すかさず攻撃目標を一点に定める。それは桶狭間山下の義元の首である。中嶋砦はいまや敵兵に囲まれている。いわば、逃げ場のない〝死地〟である。この砦は川の合流点にあって、付近ではもっとも低い所である。しかも中嶋砦から約二キロ先の丘陵には、義元の本隊がいて、その間は文字どおりの前線である。

重臣たちは中嶋砦への進軍を必死になって止めた。そのあたり一帯が深田《ふけ》といわれる湿原地帯で、動きが自由にとれないからだ。なかには信長の馬の轡《くつわ》をとって押しとどめる者もいたが、信長は、

「死地であるからこそ、敵は油断している」

と頑《がん》として聞き入れないばかりか、重臣たちを振り切って中嶋砦に進軍する。その数はおよそ二千騎。

信長は中嶋砦に入ることなく、さらに桶狭間山南陵に向かって馬を進める。このときも重臣たちは、無謀な行動だとして、すがりつくように信長を押しとどめようとした。だが、信長の目は桶狭間山の頂上に向けられている。わずか二キロ先にある丘陵地を一気に駆けのぼれば、敵の大将がいる。少兵力が大兵力に勝つとすれば、大将の首一点にその全兵力を向ける。勝機はこの一点集中しかない。

信長はこのとき、重臣はじめ兵卒に号令する。

「わが眼前に展開する武者どもは、朝からの砦攻めで疲れ切っている。わが方は少

数ながらも新手《あらて》ぞ。小軍なりとも決して大軍を恐れることはない。運は天にあり。この戦《いくさ》に勝てば家の面目、末代の高名になるぞ。ただただ励め！」

こう鼓舞《こぶ》したばかりか、敵の先鋒の攻め方も下知《げち》している。

「敵が仕掛けてきたら、ただちに引き、敵が引き揚げたら押し返せ。もみ合いの中から敵のスキを衝《つ》いて、一気に追い崩せ。首は切り取らず、捨て置きにせよ」

という細かい指示も与えた。個人の手柄より、戦いに勝つことを最優先させたのである。ところが、この下知は、合戦の常識から外れたものであったため徹底されない。桶狭間山にとりついたとき、前田利家《まえだとしいえ》や毛利秀隆《もうりひでたか》ら七、八人は、信長の命令に反して首を持ち帰って手柄とした。すると信長は、この戦いの手柄は首の数とは関係ないことを、各々にいい聞かせている。

敵ともみ合いながら、山際《ぎわ》まで寄せ上げる。そのために敵の首の数など、問題とすべきではない。めざすは桶狭間山にあるはずの義元本陣である。そこを突き上げれば、天にある運は微笑みかけるかもしれない。

もともと信長は敵の先鋒に一撃を加えて、そのまま兵を引くつもりであったようだ。ところが梁田政綱らの報告で、義元は桶狭間山に本陣を構え、そこにいるという。中嶋砦から指呼《しこ》の間である。信長は敵の先鋒をもみ散らしながら、ゆるやかな丘陵を駆け上がり、一気に本陣を襲撃する作戦に切り替えた。「備えず構えず、機をはかって応変。すなわち間合いこそ肝要《かんよう》なり」という持論を実行したのだ。

この桶狭間の合戦は、信長が敵の目をかわしながら、迂回《うかい》して奇襲をしたものだ、といわれる。小瀬甫庵《おぜほあん》は『信長記』巻第一の上で、信長は「敵勢の後《うしろ》の山に至りて、推《お》し回すべし」といったと書いている。このことが迂回策だと考えられたのであろう。この迂回奇襲策を踏まえて作成されたのが、明治三十五年の旧日本帝国陸軍参謀本部の「桶狭間戦図」である。

これによると信長軍は、善照寺砦《ぜんしょうじ》から中嶋砦《なかじま》には向かわず、相原《あいはら》から鎌倉街道を抜けて太子ヶ根《たいしね》に至り、田楽狭間《でんがくはざま》で休息する義元本陣を襲ったとされている。小兵力が大兵力に勝つには、ひそかに迂回し、奇襲をかける以外には考えられないという発想から、小瀬甫庵の説がそのまま採用されたのである。

桶狭間の合戦は奇襲作戦の勝利だとした陸軍参謀本部は、そのころロシアとの戦争を想定していた。ロシアとの開戦には、日本の多くの人が敗ける恐怖心をいだいていた。大国を相手にしては勝てないのではないか、という世論がそれである。

この世論に対して、作戦によっては劣勢であっても必ず勝つことができる、ということを証明するために採用されたのが、この桶狭間戦であった。歴史の一コマが

▲**桶狭間古戦場**

▲**今川義元本陣跡**（桶狭間古戦場近くの高徳院境内）

国民世論を納得させるために改変されたのである。しかも、この改ざんはしだいに国民意識に根づいて、やがて太平洋戦争開戦時のシンガポール奇襲作戦や、真珠湾奇襲攻撃への理論的な背景となっていく。だが、桶狭間の合戦においては、迂回と奇襲はなかったのである。

善照寺砦から相原を通り、鎌倉街道を横切って桶狭間山の丘陵である太子ヶ根に至る迂回路は、およそ六キロ。隠密行動をとったとすると、約二時間の行程となる。こんなに時間をかけていたのでは、いくら悠長な義元であっても昼食はとっくに終わり、臨戦態勢を固めていたにちがいない。いや、大高《おおたか》城に向かって本陣を移動させていたとも考えられる。

しかも迂回路の途中には、鎌倉街道があり、そこは『武功夜話《ぶこうやわ》』に出てくる蜂須《はちす》賀《か》一党の報告にあるように、すでに今川軍によって支配されていたのである。つまり、今川軍は、中嶋砦と善照寺砦をぐるりと取り囲む態勢をとっていたのである。

そのため、やはり信長軍がひそかに迂回したという説は成り立ちようがない。信長は中嶋砦周辺に展開する今川軍の先鋒隊に真正面から戦いを挑んだのである。そこは湿地帯であったため、敵も油断する〝死地〟であった。その〝死地〟で敵ともみ合いながら、桶狭間山の山際までとりついた。この直線コースだと、山頂まで一時間弱でたどりつける。

しかも、このとき幸運の女神が信長に微笑みかけたのだ。突然、沛然《はいぜん》たる豪雨が降りしきり、風は山々の木を揺るがせ、山際にとりついた信長軍の行動を二、三十分ほど秘匿《ひとく》したのである。

二時間の戦いで今川軍は潰滅した

信長軍が山頂に達したとき、豪雨は追尾する今川軍に降り注いでいた。だが、義元本陣一帯は、すでに青空がのぞきはじめていた。山頂に兵をまとめるや、信長は槍をとって、

「熱田大明神《あつただいみょうじん》の助けぞ。すわ、かかれ！」

大音声《だいおんじょう》をあげるやいなや、義元本陣めがけて突進した。

一方、義元本陣では、午後一時ごろ戦勝の酒宴が豪雨のため中断された。激しい水煙で四囲の山々や味方の軍勢の姿さえもかき消されるほどであった。

やがて雷鳴がやみ、空が晴れかかってきた。そのとき、背後の桶狭間《おけはざま》山から黒い塊《かたまり》が一団となって本陣めがけて駆け下りてくる。その先頭は信長軍に追われる今川方の先鋒であったが、彼らは「敵襲！」と叫ぶ間もなく、本陣になだれ込んだ。

それを追いかけて信長軍が突入。今川勢はあわてふためき、崩れ出した。旗指物《はたさしもの》や弓槍はおろか、義元の乗る塗輿《ぬりごし》まで放り出して逃げ散る。旗本三百騎といわれる親衛隊が円陣をつくって義元を囲むが、それがかえって義元の位置を知らせることになる。浮き足立つ今川勢は、みるみる切り崩され、義元のまわりは、ついに五十騎ばかり。スキを衝《つ》いて信長方の服部小平太《はっとりこへいた》と毛利新介《もうりしんすけ》は、義元めがけて走り寄り、斬りかかる。小平太は義元のふるう刀で膝を斬られたが、毛利新介がすかさず義元を組み伏せ、首を落とした。

「大将の首、討ち取ったり！」

新介の勝ち名乗りに今川の闘志はたちまち潰《つい》え、クモの子を散らすように、われ先にと逃げ出した。

信長は、義元の首を丁重に扱い、供養《くよう》したのち駿河《するが》に送り届けていた。勝利者の余裕というよりは、「怨親平等《おんしん》」という死ねば敵味方の区別なく、その霊を弔《とむら》うという中世の精神風土を受け継いでいたのであった。

この桶狭間での合戦は二時間で終わった。今川方の討ち取られた首は、およそ二千。信長の勝利であった。だが、それは薄氷を踏むような勝利であったのである。

第三章

同盟の実体

――「天下布武」に託された野望と謎

強力な常備軍設立と戦国常道の合従連衡

美濃攻略の七年間で信長が学んだもの

今川義元《いまがわよしもと》を破った直後、信長は父信秀《のぶひで》と同じような二面作戦を展開する。西三河の占領と、美濃への侵攻である。結論を先にいえば、その二面作戦は失敗するが、その過程で信長は思わぬ戦略的効果を手にする。

まず三河の状況は、今川氏の隷属《れいぞく》から脱皮しようとして岡崎城に入った松平元康《まつだいらもとやす》（家康《いえやす》）が、信長との対決の姿勢をみせた。元康は岡崎から今川勢が引き揚げたのを確認すると、空《あ》き城となる岡崎城に入った。十三年目にして、ようやく念願の復帰が叶《かな》ったのである。元康は十九歳になっていた。

元康が当面する課題は、信長勢による西三河支配を打破して国境《くにざかい》を確定することと、今川の残存勢力を一掃し、三河土着の土豪《どごう》たちの台頭を押さえることにあった。これは元康を支える岡崎衆の力だけでできることではない。

一方、信長は義元を破った勢いをかりて、桶狭間《おけはざま》の合戦直後の六月と八月の二度にわたって美濃に侵攻、斎藤義龍《さいとうよしたつ》に戦いを挑んだ。だが、義龍を支える美濃衆の結束は固く、その力はあなどりがたい。

翌永禄《えいろく》四年（一五六一）五月十一日、義龍が急死し、子の龍興《たつおき》が跡を継いだと知るや、信長はすかさず木曾川《きそ》を越えて西美濃に侵入、わずか十日ほどで氏家直元《うじいえなおもと》（卜全《ぼくぜん》）が守る大垣城を除いて、西美濃一帯のほとんどを征した。

義龍は父道三を攻め殺して美濃領主となるや、つねに信長をおびやかした。その義龍が脳卒中で突然倒れ、三十五歳の生涯を閉じた。跡を継いだ龍興は元服《げんぷく》したばかりの十四歳である。そんな龍興に一国を統治する才覚はないと思われたのも当然である。

美濃征服も時間の問題だと思われたが、ここから美濃衆の反攻は激しく、信長は幾度となく兵を進めるが、そのたびごとに押し戻される。簡単に美濃が手に入ると思った信長であるが、彼が美濃を支配できるまでには、桶狭間の合戦から、じつに七年もの歳月を費やすことになる。

今川義元を倒した信長は、すかさず天下を射程にとらえた戦略を組んだとされているが、それには少し無理があると思う。このときの信長は、中国地方の雄者となる陶晴賢《すえはるかた》を厳島《いつくしま》におびき出して潰滅《かいめつ》させた毛利元就《もうりもとなり》と同じであった。元就が陶晴賢を打ち破ったからといって、天下をうかがう野望をもつにいたったわけではない。そのような状況にはなかった。あくまでも地方の覇権を握ったにすぎないのである。

信長もまた近隣に武勇を高めたものの、それで彼を取り巻く敵国が靡《なび》いたということはない。むしろ増長する信長の力を恐れ、防備を固めた。そのため二十七歳から斎藤氏の稲葉山《いなばやま》城が陥落する三十四歳まで、苦しい局地戦を強いられることになる。

この七年間の信長がとった戦略について、あまり論じられることはないが、美濃を攻めあぐんだこの時期の戦略こそが、のちに天下を狙うさまざまな戦略の原型となる。そこには苦しい戦いの中で、ひと皮ひと皮むけて、勝つために飛躍しようとする本能をむき出したままの信長の姿がみられる。

思いのほか手こずる美濃攻めに、信長はすぐに三河攻略との二面作戦の不利を悟った。「兵力の一点集中こそが、強固な敵を破る」という桶狭間合戦の体験をここに生かす。すなわち美濃を征服することを第一目標として、そこに兵力を集中させる。そのため、三河に派遣する兵を美濃に投入して、局面の打開をはかろうとしたのである。

「天下一統」という大言壮語の宣伝効果

そんなとき、小競《ぜ》り合いを繰り返す三河から、和睦《わぼく》を探る動きがあった。まず尾張と三河の国境《くにざかい》近くにいる土豪《どごう》たちの間から、和睦の声が上がった。その中心となったのが刈谷《かりや》城主の水野信元《みずののぶもと》である。信元ははじめ松平氏に属していたが、やがて織田氏に与《くみ》するようになった土豪である。しかも松平元康《まつだいらもとやす》の生母於大《おだい》の義理の兄にあたる。

こうした双方に縁のある者、もしくは利害がからむ者が仲介に立つのは、手打ちの常識である。権威のある第三者を和睦の仲介者に立てることもあるが、これは双方の利害がからまないだけにスムーズにゆく場合もあるが、状況の変化や利害の調整がうまくいかなければ画餅《がべい》に帰す。

信長がのちに正親町《おおぎまち》天皇を立てて石山本願寺《いしやまほんがんじ》と幾度となく和睦交渉したものの、実を結べなかったのはこれにあたる。

二つの勢力の中で、いずれにも関係している者が、一歩、局外に立って交渉の道を探る。これが戦国交渉術の基本となっている。

信長は水野信元の動きを敏感にとらえた。彼を仲介として松平元康と和睦の交渉を進めた。元康としても、これは渡りに船で、信長勢との対峙《たいじ》がなくなれば、今川残党の追放と三河国内の平定に全力をあげることができる。

かくして両者の思惑が一致して、和睦が成立した。しかし信長は、これをさらに進めて相互不可侵と相互協力という〝同盟〟を提案した。とりあえず対立を解消するだけではなく、お互いに助け合うという軍事同盟の提唱である。

永禄《えいろく》五年（一五六二）正月十五日、元康は清洲《きよす》城に信長を訪ねた。このとき信長は、元康が同盟を快諾してくれたことを大いに喜び、

「この上は両旗をもって天下一統すべし。いまより水魚《すいぎょ》の思いをなし、互いに是《こ》れを救わんこと、いささかも偽《いつわ》り有《あ》るべからず」（木村高敦《きむらたかあつ》編『武徳編年集成《ぶとくへんねんしゅうせい》』一七四〇年）

と起請文《きしょうもん》を書いた。さらに神にかけて約束を誓うという儀式で、起請文を三つにちぎり、信長、元康そして水野信元の三人で、それを茶碗の水に浮かべて飲んだという。

ここに「天下一統」という文字が出ているが、このとき信長がすでに天下を狙っていたとみるのは、やはり早計である。志としてはいだいていたであろうが、元康との同盟の勢いづけとして発言したと考えたほうがよい。この時点での戦略が天下

を押さえるという具体的な方向を示していない以上、それは信長得意の大言壮語とみてよい。むしろ、

「元康は三河から東を切り取り放題、わしは尾張から西を征服する」

と約束したというほうが現実味がある。現実に信長と元康は、このあと東と西に向かって領国を広げていっている。お互いに後顧《こうこ》の憂《うれ》いなく、領国を広げ、協力し合えるものは、これを助け合う。これが「清洲《きよす》同盟」といわれる締約であった。

だが、対等に結ばれた軍事同盟であっても、お互いの力の格差によっては、同盟の比重がちがってくる。勢力にまさる信長は、元康と体面上は対等な同盟を結ぶことによって、実質的には元康を軍事的な従属下におくことに成功したのであった。

清洲城から小牧山城への移転の謎

清洲《きよす》同盟が成った翌永禄《えいろく》六年（一五六三）三月、同盟の保証として、信長は長女の五徳《ごとく》と元康《もとやす》の長男信康《のぶやす》との婚約を認めた。この政略結婚は四年後に実現することになるが、元康は婚約を機に今川氏との断交を鮮明にし、今川義元《いまがわよしもと》から一字をもらっていた元康の名前を、家康と改名した。

時に信長は三十歳、家康は二十二歳。以来、一時、五徳の悋気《りんき》（やきもち）から

信康と生母築山殿《つきやまどの》を殺させたという緊張関係はあったものの、二人の軍事同盟は信長主導のもとで、彼が死ぬまでつづくことになる。

後方を襲われる脅威を取り除き、兵力の分散も防げた信長は、尾張の総兵力を動員して美濃に攻め入り、いっきに稲葉山《いなばやま》城を突こうとする。だが、美濃三人衆といわれる稲葉《いなば》一鉄《いってつ》、氏家卜全《うじいえぼくぜん》、安藤守就《あんどうもりなり》をはじめ、智将として名高い竹中半兵衛重治《たけなかはんべえしげはる》らによって、信長勢はことごとく押し戻された。

正面から美濃を攻めることはむずかしい。信長は数度の美濃攻めの失敗に歯ぎしりしながらも、この事実は認めざるをえなかった。そこで信長は、美濃攻めに段階的な二面作戦を展開する。

一面作戦は、墨俣《すのまた》を征することであり、もう一面は犬山から各務原《かかみがはら》を制圧する。この二方向からジワリジワリと稲葉山城に迫りながら、美濃衆を調略するというもの。攻略目標が一点にあるとき、必ずしも二面に固執《こしつ》することなく、必要に応じて柔軟な多面的な作戦を展開する。これも信長がよく用いる手法である。

彼が戦略拠点として注目した墨俣は、木曽《きそ》川から分かれた堺《さかい》川が長良川に分流する地点にある。水運の要地であるとともに、ここを押さえれば大垣《おおがき》城と稲葉山城とを寸断できる。

すでに信長は、佐々成政《さっさなりまさ》、前野一党に命じて、墨俣に塁《るい》を築かせていたが、美濃勢もここを重視し、しばしば攻撃を加えていた。これをかわすには、ここに城を築く必要がある。塁はすでに完成しているので、問題は資材の搬入である。木曾川上流から資材を流して境川に入れて、墨俣で運び上げる。

一気に城を築くには、この策しかないが、木曾川沿いは、美濃勢に押さえられている。そこで信長は、墨俣を死守して睨《にら》みをきかせる一方、犬山から木曾川沿いの美濃勢力の一掃をはかる。

そのために信長がとった行動は家臣さえも驚くほど大胆なものであった。それは、

「居城を清洲《きよす》城から小牧山《こまきやま》に移し、そこに城を築く」

というものであった。清洲城は三河攻略には必要であったが、美濃攻めには遠くて不便である。小牧山は標高八五メートルの丘陵であるが、尾張平野を一望でき、犬山まで一〇キロ、木曾川までも一〇キロの地点である。

はじめ信長は、犬山城に近い二宮《にのみや》山へ居城を移そうと考えた。犬山城主で信長の従兄弟《いとこ》となる織田信清《のぶきよ》が、支城の小口《おくち》城（於久地《おくち》城）とともに斎藤龍興《さいとうたつおき》に味方し、信長に逆意をもっていたからだ。二宮山は犬山城と小口城を射程に入れる距離にある。

信長は重臣を連れて、二宮山にのぼり、「清洲の家宅をここに引っ越せ」と命じた。そして嶺々や谷あいを指して、「ここはだれの屋敷とする」と細かく区割りまで指示した。ところが、二宮山は城が築けるどころか、居住さえできかねるほど辺《へん》地《ち》で狭隘《きょうあい》である。重臣たちはもとより、これを知った家臣からは猛烈な反対の声が巻きおこった。

家臣の猛反対を涼しげに受け止めていた信長は、「さらば小牧山に城を移す」といい出したのである。小牧山は清洲にも近く、水運もあって建築資材の搬送も容易である。二宮山に移ることに比べれば、小牧山のほうがずっとよい、とばかりに家臣は「噎《どっ》と悦《よろこ》んで」(『信長公記《しんちょうこうき》』巻首)、居城の移転は実現した。

はじめから小牧山に移るといえば、家臣はやはり反対したであろう。小牧山より遠く環境も悪い二宮山を先にもち出したために、小牧山移転はスムーズにいった。この手法により、信長は人心の掌握がうまかったという評価がのちに与えられる。

家康もこの手法をまねた。秀吉が小田原の北条氏を攻めたとき、家康に関八州《かんはっしゅう》へ移れと命じた。秀吉の意向に逆《さか》らえない家康は、これを東北地方に配置がえされるかもしれないという噂にして故意に流した。それを知った家臣は大いに不満をいだいたが、公式の発表では東北よりはるかに近い関八州への配置がえである。家臣は東北へ行くよりは、江戸のほうがましだと喜んで、長年住みなれた三河・駿河を躊躇《ちゅうちょ》することなく離れたのである。

信長の父信秀《のぶひで》も戦略目標に応じて居城を移したが、信長もそれにならった。ところが小牧山城への移転は、もう一つ目的があった。それは兵農分離を確立する意図を秘めていた。

この時代の将兵は、領地に住居を構え、農地を耕しながら、一朝事《いっちょうこと》があれば武装して城に駆けつけていた。いわゆる兵農未分離の状態であったが、信長はこれを必要とするときに全軍が出動できる体制をつくろうとした。

いわゆる常備軍の設置である。このため信長は農耕者はそのままとして、戦闘要員となる家臣と家族、それに補給を受けもつ商人たちの小牧山移転を命じている。

これは、じつは戦国史では画期的な出来事であった。

居城の移転に伴って兵農分離を行ない、専門的な戦闘集団を形成する。越後の上《うえ》杉謙信《すぎけんしん》や甲斐の武田信玄《たけだしんげん》、あるいは相模・小田原の北条氏といった有力な戦国大名でも、これを発想し実行に移した者はいない。彼らは代々の居城にこだわりつづけ、将兵がともに動ける農閑期にしか出動できなかった。これは領国を武力でもって広げようとする彼らには、致命的な足かせになっていたのである。

ともあれ永禄六年、小牧山に城を築き、そこを居城とした信長は、先述した二面、多面の作戦を練り上げて、美濃攻撃にとりかかる。

信長の意を受けた木下藤吉郎の誘降策

ところで、木下藤吉郎《きのしたとうきちろう》（のちの豊臣秀吉《とよとみひでよし》）のはたらきが目覚ましくなるのも、このころからである。藤吉郎は生駒《いこま》屋敷で信長の妻となる吉野《きつの》の口利きで信長に仕えるようになっていた。彼は軽妙な艶《つや》話で吉野を笑わせたり、信長のドジョウ獲《と》りを手伝ったりしているうちに召しかかえられるようになっていた。

だが信長は、藤吉郎のそうした剽軽《ひょうきん》さだけを評価したわけではない。生駒家が信長の諜報機関となっていたことは『武功夜話《ぶこうやわ》』にもしばしば述べられている。藤吉郎は針売りなどの行商人の経験を生かして、敵国の情勢を探ったり、状況によって離合を繰り返す土豪《どごう》たちの去就をつかんで、生駒家長《いえなが》に報告。その情報の的確さと速さに、信長はしだいに藤吉郎を重んじていくようになり、身辺において諜報工作をやらせるようになっていったものと考えられる。

藤吉郎は信長の草履《ぞうり》取りになって忠勤に励み、清洲《きよす》城の割普請《わりぶしん》で石工《いしく》たちを競い合わせて短期間に完成させ、その功で普請《ふしん》奉行になったとか、薪《まき》を倹約させて薪奉行に任命されたというのは、秀吉人気にあやかった小瀬甫庵《おぜほあん》による『甫庵太閤記《たいこうき》』や石田玉山《いしだぎょくざん》の『絵本太閤記』の創作である。

実際の藤吉郎は、のちの徳川将軍直属となる御庭番《おにわばん》（隠密）のようなものとして、生駒屋敷に出入りする透波《すっぱ》などの諜報工作機関の束《たば》ね役となっていたと思われる。信長の命令を従順に守り、その意図がどこにあるか素早く見抜いて、透波たちに指示する藤吉郎の小ざかしいまでの才覚が、しだいに信長に認められていく。

傭兵《ようへい》的な土豪である蜂須賀小六正勝《はちすかころくまさかつ》や前野将右衛門長康《まえのしょうえもんながやす》ら川並《かわなみ》衆の連絡役をしながら、美濃攻略の諜報機関の責任者にのし上がり、やがて蜂須賀らの川並衆をはじめ、河口久助《かわぐちきゅうすけ》、長江半之丞《ながえはんのじょう》、梶田隼人《かじたはやと》といった春日井原の山方《やまかた》衆を糾合して、その長《おさ》になっていくというのが、秀吉の出世の真相である。

信長は斎藤方の諸将を武力で威圧しながら、その一方で彼らの誘降《ゆうこう》を藤吉郎に命じた。

信長が武力による正面攻撃から、誘降策という調略《ちょうりゃく》に転換したのは、斎藤龍興《さいとうたつおき》を守《も》り立てる強力な美濃衆によって、つねに後退させられていたからでもあるが、ある騒動がきっかけになっている。

それは永禄《えいろく》七年（一五六四）二月、龍興の家臣で菩提《ぼだい》山城主の竹中半兵衛重治《たけなかはんべえしげはる》が、わずか十八人の手勢で稲葉山《いなばやま》城を乗っ取り、龍興を城外に追い出したという事件である。竹中半兵衛は、城中にいる弟の見舞いを口実に城に入って決起したもので、その理由は龍興の愚政と、寵臣《ちようしん》の斎藤飛騨守《ひだのかみ》をたしなめるものであった。

半兵衛は、美濃三人衆の一人、安藤守就《あんどうもりなり》の娘婿である。このとき城外に待機する安藤の手勢二千人が城内に引き入れられ、稲葉山城を制圧した。安藤は龍興の重臣、日根野弘就《ひねのひろなり》と反目していたため、彼を追放し斎藤家の実権を握ろうとする狙いがあった。

また半兵衛と安藤は、ひそかに北近江《おうみ》の小谷《おだに》城主である浅井長政《あざいながまさ》（注：浅井氏の出身地である滋賀県北部の旧浅井郡にちなむ。「あさい」とも）を美濃国主に仰ごうという思惑もあったが、この計画は失敗。八月になると稲葉山城を龍興に返した。このとき半兵衛は美濃を退却して、浅井長政のもとに一時身を寄せている。一方、安藤守就は大垣《おおがき》の北にある北方《きたかた》城に戻ったものの、そのころからひそかに浅井と織田の連携を模索するようになる。

調略・誘降策に屈した美濃の土豪たち

いずれにせよ、竹中半兵衛らによる稲葉山城の奪取は、斎藤家の弱体ぶりをさらけ出す結果となった。「美濃衆は外部からの攻撃には結束して反撃するが、内部のまとまりはない」と信長は判断した。

稲葉山城を手に入れるには、美濃の諸将たちを分断し、内応させることが早道である。信長はまず藤吉郎に木曾川沿いの松倉《まつくら》城（岐阜県川島町）城主の坪内利定《つぼうちとしさだ》の誘降を命じた。坪内利定を通して東美濃一帯の斎藤方の武将を味方につけるためである。

こうした交渉は、秘密裡《り》に行なわれることは当然であるが、藤吉郎と懇意で、坪内利定とは縁戚《えんせき》者か重臣となる者を仲立ちにする。寝返りの条件は、それまでの領地を保証し、織田家臣団の地位を与えることが基本となる。そのかわり、それまで味方していた斎藤方を攻めるときには先鋒《せんぽう》となることが要求される。そして斎藤氏を制圧したあかつきには、その領地の拡大が保証される。

これが、調略の基本である。藤吉郎は信長の意向を受けて、この基本線で調略を進め、坪内利定を寝返らせることに成功した。

ところが犬山城の対岸で、木曾川の北岸にある宇留摩《うるま》城（鵜沼《うぬま》城・岐阜県各務原《かかみがはら》市）城主の大沢基康《おおさわもとやす》に誘降《ゆうこう》策をはじめたが、このとき藤吉郎の出した条件と、信長の考えとは多少のズレがあったようだ。そのため藤吉郎は、大沢方に人質として取り籠《こ》められるという一幕もあった。

結局、大沢基康は信長に宇留摩城を明け渡した。この大沢基康の帰順によって、美濃攻略の貴重な足場が築かれた。しかも、この開城によって孤立した犬山城は、信長の猛攻の前に落ちた。城主の織田信清《のぶきよ》は甲斐の武田信玄《たけだしんげん》を頼って逃れている。

ここで信長は、ようやく木曾川南岸沿いすべてを制圧し、尾張全土を支配下においた。ただし、伊勢湾に面し、一向宗徒が支配する蟹江《かにえ》や荷ノ江《にえ》は除かれていた。この蟹江の一向宗徒が、やがて伊勢長島の一向宗徒と組んで、信長の前に立ちはだかることになる。

ともあれ、木曾川沿いの斎藤方の武将たちを誘降に導いた藤吉郎の功績は、大きいものがあった。彼が信長に認められて有力な部将としての地位を得たのは、こうした調略の成果である。永禄七年、藤吉郎二十九歳で織田家中の部将となるが、彼の配下となる者たちは、この調略で手足となってはたらいた川並衆や生駒屋敷で知り合っていた透波《すっぱ》たちであった。

のちに藤吉郎こと秀吉が近江長浜《ながはま》城主となると、譜代《ふだい》の家臣をもっていなかったため、弟の小一郎秀長《こいちろうひでなが》はもとより、生駒屋敷で顔なじみで、やがて配下となる蜂須賀小六、前野長康らの野武士や透波などの諜報員を家臣に取り立てていく。さらに片桐且元《かたぎりかつもと》、脇坂安治《わきさかやすはる》、藤堂高虎《とうどうたかとら》、長束正家《なつかまさいえ》、増田長盛《ましたながもり》、石田三成《いしだみつなり》ら浅井の残党や近江の人材が多く登用されていくが、初期の家臣団の中枢は諜報工作を主にしていた者たちであった。このことからも、部将となる前の秀吉が、どんな役目を信長に命じられ、それに十二分に応えて功績をあげていたかがわかる。

信長はじわじわと木曾川北岸の斎藤方の武将たちを攻撃し、あるいは調略を繰り返す。宇留摩開城につづいて猿啄城《さるはみ》（岐阜県坂祝町）を攻め落とし、堂洞城《どうぼら》（岐阜県美濃加茂市）、関城《せき》（岐阜県関市）にも攻撃と調略を加えながら、着実に東美濃一帯を勢力下においていく。

これが永禄八年までのおおよその経緯《けいい》である。信長にしては、石橋を叩いて渡るような手堅い戦略ぶりである。

仮想敵国との同盟策が信長を飛躍させた

ところが、こうした局地戦を繰り返す一方、信長はじつに大胆な戦略構想を進めた。

「北近江《おうみ》の浅井長政《あざいながまさ》および甲斐の武田信玄《たけだしんげん》との同盟を結ぶ」

ということを策略していたのである。

美濃に接する浅井長政と、諏訪から木曽にまで勢力を伸ばし、やがて美濃にも伸びる可能性のある武田信玄と結べば、美濃は孤立し、攻略が思うままにできる。

このことは同時に、信長が美濃を支配するようになれば、浅井と武田は隣接国となり、潜在的な敵国となる。いわば仮想敵国である隣国の脅威を同盟を結ぶことで、一時的にしろ解消しようというのである。

信長はまず浅井長政との同盟を画策する。すでに浅井氏は斎藤氏と縁戚《えんせき》同盟を交わしていた。長政の父久政《ひさまさ》が、養女を斎藤義龍《さいとうよしたつ》に嫁《とつ》がせていた。この養女は長政の伯母《おば》にあたり、「あふみ（近江）」と呼ばれていた。一説では斎藤龍興《さいとうたつおき》の母となった人であるという。

こうした縁戚関係で浅井氏と斎藤氏は結ばれていたが、長政が久政にかわって浅井家の家督を継ぐと、長政はしきりに美濃に触手を伸ばした。これに応じたのが龍興の寵臣《ちょうしん》となる日根野弘就《ひねのひろなり》である。彼は浅井氏と組んで信長の攻撃に備えるべしと主張、斎藤・浅井同盟を盛んにぶち上げていた。

これに応えるべく長政は、関ヶ原を越えて美濃に兵を進めた。ところが長政の進路にあたる西美濃の武将たちは、これに真向から反対した。美濃三人衆といわれる安藤守就《あんどうもりなり》、稲葉良通《いなばよしみち》（一鉄《いってつ》）、氏家直元《うじいえなおもと》（卜全《ぼくぜん》）である。彼らは浅井との同盟よりも、信長との和睦《わぼく》をひそかに考えていた。信長と結ぶことで、浅井の威圧をかわそうというわけである。

彼ら斎藤家の重臣たちは、龍興を守り立てることより、いかにしたら自分の勢力を保てるかということにばかり気持ちが傾いていた。これはもはや斎藤家臣団の足並みが乱れて、収拾のつかないものになっていることを示す。

これを素早く読みとった信長は、美濃三人衆を飛び越えて、浅井長政と通じた。このとき長政は近江の江南を支配する六角義賢《ろっかくよしかた》（承禎《じょうてい》）・義弼《よしすけ》父子と戦いを繰り返しており、美濃や尾張との摩擦《まさつ》はなんとしてでも避けたいという状態にあった。斎藤氏にかわって信長と結ぶことは、六角氏への新たな牽制《けんせい》にもなる。

ここに信長と長政の利害は、完全に一致した。信長の妹お市《いち》と長政との婚約は、永禄《えいろく》八年（一五六五）に成立した。これを仲立ちしたのが、美濃三人衆の一人、稲葉一鉄である。だが、すぐに結婚にまでいかなかったのは、斎藤道三の娘帰蝶《きちょう》が数年後に信長のもとに輿入《こしい》れしたのと同じで、「お市を嫁がせることを前提にして、お互いに戦わずという不戦同盟がとりあえず結べればよい」という考えからである。

お市が長政のもとに嫁いだのは、信長が美濃を制圧した永禄十年（一五六七）の秋のこと。信長の領地と浅井の領地が隣接してからのことで、それは双方の状況の変化によっては、早晩に破られる運命にあった。

さて、武田信玄との同盟は、仮想敵国としての脅威をいち早く除こうというものである。信玄はすでに成立していた相模の北条氏、駿河の今川氏の三国同盟を背景に、北信濃や上野《こうずけ》（群馬県）で越後の上杉謙信《うえすぎけんしん》と戦っていた。信玄としては、この戦いが手いっぱいで、美濃や尾張まで版図《はんと》を広げる余裕がなかった。

そこへ信長からの同盟申し入れである。信玄は斎藤氏とも縁戚を結んでいたが、隣接国となる信長と結んでおけば、どちらが勝っても一応、友好関係を保つことができる。信玄は信長の申し出を受けた。これも浅井長政と同盟を結んだ同じ永禄八年のことである。

妹婿になる美濃・苗木《なえき》城主遠山友政《とおやまともまさ》の娘を養女として、信玄の嫡男勝頼《ちゃくなんかつより》との結婚がそれである。信長はこの婚儀を行ないながら、信玄の六女松姫《まつひめ》を長男信忠《のぶただ》の正室に迎える手はずも整えていた。信長は信玄を最大の強敵とみなして、ありとあらゆる手段で信玄との不戦同盟を確保したかったのである。

この年から信長の戦略は、局地戦略から大局へと転換していく。稲葉山《いなばやま》城の斎藤龍興を倒したいばかりに採用した同盟戦略であるが、このことが信長の大転機となった。

▲**浅井長政画像**（高野山持明院蔵）

▲**お市の方画像**（高野山持明院蔵）

「将軍義秋で局面は大きく動く」

この永禄《えいろく》八年（一五六五）は、京都において信長の運命を大きく動かすことになる事件が発生していた。

将軍足利義輝《よしてる》が二条の新館《しんやかた》において、三好三人衆といわれる三好長逸《みよしながやす》、三好政康《まさやす》、岩成友通《いわなりともみち》、それに松永弾正久秀《まつながだんじょうひさひで》に攻められ斬殺された。五月十九日のことである。彼らは自分の意のままとなる義栄《よしひで》を将軍にかつぎ上げる一方、義輝の二人の弟の抹殺《まっさつ》をはかった。

まず、相国寺鹿苑院《しょうこくじろくおんいん》の院主であった周暠《しゅうこう》を謀殺《ぼうさつ》し、奈良・興福寺《こうふくじ》の一乗院門跡《いちじょういんもんぜき》になっていた覚慶《かくけい》を捕らえて幽閉《ゆうへい》した。覚慶は、義輝の直臣《じきしん》であった細川藤孝《ほそかわふじたか》（幽斎《ゆうさい》）の手引きで、かろうじて一乗院を脱出、近江甲賀《おうみこうが》郡の和田惟政《わだこれまさ》のもとに逃げ込んだ。

覚慶はさらに近江野洲《やす》郡の矢島（守山町）の少林寺に移り、六角義賢《ろっかくよしかた》（承禎《じょうてい》）の庇護《ひご》を受けるが、義賢の子義弼《よしすけ》が三好方に内通していることを知って、若狭《わかさ》の武田義統《たけだよしむね》のもとに逃れた。

その間、覚慶は還俗《げんぞく》して義秋《よしあき》と改名していたが、武田義統・元次《もとつぐ》父子の内紛に巻き込まれるのを嫌って、越前・一乗谷《いちじょうだに》の朝倉義景《あさくらよしかげ》のもとに永禄九年十一月に赴《おもむ》いている。彼が「放浪公方《くぼう》」といわれたのは、この時期のことである。

この放浪の間、義秋は越後の上杉謙信《うえすぎけんしん》、甲斐の武田信玄《たけだしんげん》にしきりに書状を送って、出兵を求めた。とくに上杉謙信にかける期待は大きく、相模の北条氏康《ほうじょううじやす》とすみやかに和睦《わぼく》して、京に兵をのぼらせるよう勧告している。

だが謙信は、関東管領《かんれい》として、しばしば関東に兵を進め、北条氏や関東の土豪《どごう》と戦う一方、北信濃への進出を企てる信玄とも戦わなければならなかった。すでに四年前の永禄四年九月には、川中島で信玄と四度目の激闘をしたものの結着はみず、関東と信濃への臨戦態勢をとりつづけている。一方、北条氏康と手を結んだ信玄も上野《こうずけ》（群馬）に触手を伸ばして、義秋の要請を受けたくてもできない情勢にあった。

このとき、義秋の出兵要請に素早く応じた者がいた。信長である。義秋は、信長と斎藤龍興《さいとうたつおき》との講和を促《うなが》す書状を送って、ともに出兵して、義秋を擁して上洛《じょうらく》せよと命じた。

これに対し信長は、ただちに快諾して、近江矢島《やじま》にいる義秋に参じたいと返事をした。もちろん斎藤龍興と和議を結べるという考えからではない。

「義秋を立てて足利将軍家を再興する」

という大義名分をふりかざして、美濃衆の動揺を誘って味方に引き入れるためである。すでに北近江の浅井長政《あざいながまさ》と手を結んでいるので、美濃衆を味方につけていっきに稲葉山城《いなばやま》を陥れれば、義秋の要請に応えることができる。

もっとも、このとき義秋は、浅井長政と対立する六角義賢のもとにいるから、信長が長政と手を組んで義秋のもとに駆けつけることには無理がある。それ以上に、信長がせっかくつかんだ大義名分を打ち砕いたのが龍興である。龍興は、信長軍が美濃の国内を通過することを頑《かたく》なに認めようとはしなかった。

この硬直した信長と龍興の冷たい関係は、細川藤孝《ほそかわふじたか》が上使《じょうし》として仲介に赴《おもむ》いたもののの解けることはなかった。なんとしても大義を手にしたい信長は、藤孝に、

「永禄九年閏《うるう》八月二十三日を期して、矢島に参陣する」

と約束した。これを知る龍興は、武田信玄に使いを走らせ、協力して信長を牽制するように要請した。

この動きを知った信長は、縁戚《えんせき》を結んでいたとはいえ信玄がどう動くかわかるまでは、軽々に動くことができない。信玄の出方を注意深く見守ったうえで、「信玄、動かず」を確認するや、閏八月二十九日、大挙して美濃に侵入した。もちろん近江矢島にいる義秋のもとに参陣するためではない。公方の義秋の命令に背《そむ》いて、信長

の参陣をはばんだ龍興を討ったためである。これで大義名分は立派に立つ。

美濃に侵入した信長軍は、長良川《ながら》沿いで龍興軍と会戦するが、その壮途《そうと》にもかかわらず敗退する。美濃衆の底力が、信長の大義名分を上回ったのである。

墨俣城は一夜で築城されたのではなかった！

信長はここで本腰を入れて美濃三人衆の調略《ちょうりゃく》に取りかかり、西美濃侵出の拠点としてあらためて墨俣《すのまた》に注目する。先述したように、すでに信長は美濃攻略にあたって、二面作戦の一環として墨俣に戦略拠点として目をつけていた。

墨俣は木曾川から分かれた境川《さかい》が、長良川《ながら》に合流する地点にある。水運の要地であるが、ここを押さえれば大垣城と稲葉山《いなばやま》城を分断できる。すでに信長は、佐々《さっさ》成政《なりまさ》、前野一党に命じて、ここに塁《るい》を築かせていたが、しばしば美濃勢の攻撃にあって撤退を繰り返している。

長良川会戦で敗退して一カ月後、信長は柴田勝家《しばたかついえ》、佐々成政、丹羽長秀《にわながひで》、森可成《もりよしなり》ら重臣を引き連れ、三千の兵をもって墨俣に陣取った。すでにあった塁に、数日にして櫓《やぐら》を築いた木下藤吉郎《きのしたとうきちろう》を在番《ざいばん》に命じた。

この墨俣城は、木下藤吉郎が一夜にして築いた功績で城主に任ぜられたとされるが、これも史実ではない。彼は川並衆《かわなみ》や山方衆《やまかた》といった水運に明るい野武士や船頭、大工を采配《さいはい》して、木曾川から資材を境川に流し込み、墨俣で引き揚げて簡素な櫓を造り上げた。土塁《どるい》はすでにでき上がっていたので、藤吉郎の仕事は資材の搬入と施工だけである。彼は墨俣築城の功績というより、そうした水運関係者の束《たば》ね役として在番が命じられたというのが真相である。

大垣と稲葉山城下の井ノ口とを分断する墨俣を確保したことは、美濃全体に大きな動揺を生じさせた。まず、西美濃に勢力をもつ美濃三人衆が動揺の色を濃く見せた。信長が近江の浅井長政と謀《はか》って侵出すれば、西美濃は風前の灯となるからだ。

かくして美濃三人衆、すなわち大垣城主氏家直元《うじいえなおもと》（卜全《ぼくぜん》）、北方《きたかた》城主安藤守成《あんどうもりなり》、曾根《そね》城主稲葉良通《いなばよしみち》（一鉄《いってつ》）はしだいに信長に内通し、永禄十年（一五六七）八月にはそろって信長の手に落ちることになる。

信長がこうした一連の美濃攻めで体得したものは、地道な調略よりも浅井や武田と結んだ「遠交近攻《えんこうきんこう》」戦略、すなわち敵となり得る遠国と交誼《こうぎ》を結んで、近接する敵を攻めるというダイナミックな戦略の効果である。彼が局地から大局への戦略展望を描くようになるのは、じつにこの苦闘の七年の経験から得たものである。彼は地味な調略や根回しの効果はもちろん認めていたものの、大局的な視点に立つダイ

▲復元された大垣城

ナミックな戦略こそが、局地の限定戦を勝ちに結びつけるものであるという確信をいだく。この大局戦略に自信をつけさせたのが、足利義秋《あしかがよしあき》の存在であった。

「対立する近隣の諸国が納得し得る大義と名分を立てれば、彼らを服従させる旗手となって君臨できる」

義秋の要請には応えることができなかったが、彼を擁《よう》して動けば局面は一挙に打開され、大きく飛躍できるという手応えをつかんだのである。

信長はあらためて美濃攻略を仕掛ける一方、足利義秋の動向に注目しつづけた。義秋が越前の朝倉義景《あさくらよしかげ》のもとで元服《げんぷく》して義昭と改名したものの、いっこうに義景が兵を動かさないことに焦《じ》れていることを知った信長は、義昭に触手を伸ばす。その手引きをしたのが、信長の妻帰蝶《きちょう》の従兄弟《いとこ》にあたる明智光秀《あけちみつひで》である。

信長はフェミニストだったか？

墨俣《すのまた》城を拠点に美濃の分断を策していた信長のもとに、訃報《ふほう》が届いた。落成した小牧山《こまきやま》城に御台様《みだい》（正室）として迎えられていた吉野《きつの》が死去したのである。

吉野は、奇妙《きみょう》（信忠《のぶただ》）、茶筅丸《ちゃせんまる》（信雄《のぶかつ》）、五徳《ごとく》（徳姫《とくひめ》）の三人をたてつづけに産んだが、五徳を出産してからは病床につくことが多く、生駒《いこま》屋敷で療養する身であった。

信長はそんな吉野を憐れんでいたが、美濃攻めと小牧山城の造営に忙しく、なかなか見舞うことができない。吉野を冷たく見限ったのではない。信長は彼女のために城内に御台という新居を造り、ここに迎えて正室として住まわせることを考えていたのである。信長は吉野を御台に迎え、医師をつけ、薬湯を取り寄せるなどの優しい心配りをしたが、とうとう回復することはなかった。小牧山城に迎え入れられて半年後の永禄《えいろく》九年（一五六六）九月十三日、ちょうど墨俣に資材が搬入され、櫓《やぐら》が築かれたころである。

吉野の享年は二十八。久庵桂昌大祥定尼と諡《おくりな》され、亡骸《なきがら》は生駒屋敷近くの小折村久《きゅう》昌《しょう》寺に葬られた。「久昌寺縁起《えんぎ》」によれば、信長は小牧山城の望楼《ぼうろう》から吉野が葬《ほう》られた久昌寺の方向を眺めては涙したという。

酷薄《こくはく》残忍といわれる信長ではあるが、吉野に限らず女性に対しては、つねに優しかった。ただし、そこに戦略がからむと、彼の女性観は一変する。斎藤道三《さいとうどうさん》の娘帰《き》蝶《ちょう》に対しては、吉野の存在を隠す工作をするほど大切に扱っていたが、道三が死んで彼女の政治的意味がなくなると別れている。

この離別は信長の意向というより、帰蝶の意志であったようだ。道三が戦死した一年後、彼女は父道三の画像を斎藤家の菩提寺《ぼだいじ》となる岐阜・常在寺《じょうざいじ》に寄進している。その画像には、道三の戦没年月日、すなわち「弘治《こうじ》二年四月二十日」と記入されていることから、彼女が父の菩提を弔《とむら》ったものであろう。

おそらく帰蝶は信長と別れて、母の実家となる可児《かに》郡明智《あけち》城の明智一族のもとに赴《おもむ》いたものであろう。彼女は明智光秀《みつひで》とは従兄弟《いとこ》の間柄になるので、光秀が信長の家臣になるとき、なんらかの口添えがあったものか。

帰蝶はその後、京都で余生を過ごし、信長の死と光秀の死をまざまざと見取り、秀吉が天下を治めたのをみて没したようである。こうした帰蝶を自由に生きさせたのも、考えようによっては信長の配慮といえよう。とにかく信長は戦略にからまない限りにおいて、女性には優しく、残忍な性格であったということはできない。

信長はよく政略結婚で、女性をまるで道具のように扱ったといわれる。そのため女性たちは非人間的な扱いを受けて、悲しみの中で生涯を過ごしたと思われている。これは一応、男女同権がなったとされる現代からみた戦国の女性たちの評価であるが、もちろんこうした見方で戦国女性をとらえることは、彼女たちの姿を正しく評価することにはつながらない。

したたかであった戦国の女性たち

ここで戦国女性論を展開する紙幅《しふく》はないが、力と力の男社会にあっても、女性たちは強《したた》かに生活し、たとえ政略結婚であっても結婚生活の中で自分の立場を保ち、子どもが生まれれば、その子を守り立てることに命さえも惜しまない。これが戦国女性の姿であって、そのプロセスに悲しみや苦しみがあったというのは、現代もまったく同じことで、彼女たちが特別に性差別を受けていたというわけではない。

妹のお市《いち》も、娘の五徳《ごとく》も非人間的な扱いを受けたわけではない。二人とものちに不幸な運命に見舞われるが、お市は浅井長政《ながまさ》との間に三女をもうけ、五徳もまた松《まつ》平信康《たいらのぶやす》との間に二女を産んでいる。

彼女たちの夫は、いずれも信長によって殺されているので、もちろん悲嘆を味わったのであるが、夫亡きあとは信長に引き取られて、不自由のない生活を過ごしている。しかも、お市などは信長亡き後は、自分から望むように柴田勝家《しばたかついえ》に嫁《とつ》いでいるのである。

たしかに現代の男と女の社会関係からみれば、戦国の女性たちは自分の意志をもたずに、家長によって政略の具とされていたきらいがある。しかし、それをみずからが甘んじて受け入れていた。しかも強《したた》かに、である。

永禄《えいろく》十年（一五六七）五月、かねてから婚約を交わしていた五徳が、家康の長男信康《のぶやす》のもとに嫁いだ。五徳、信康ともに九歳、幼い者同士である。結婚を急いだのは、もちろん家康との同盟をより強化するためであるが、そこには別にもう一つの思惑があった。

足利義昭《あしかがよしあき》から参陣を求められたものの、美濃を通過することができなかった信長は、浅井長政にお市を嫁がせて縁戚《えんせき》同盟を結ぶという戦略で、なんとしても関ヶ原を抜ける美濃・近江《おうみ》ルートを確保しようとした。だが、前年の閏《うるう》八月に長良川会戦で敗退し、参陣どころではなくなった。

そこで信長は墨俣に橋頭堡《きょうとうほ》を築く一方、伊勢から近江に抜けるルートの確保に乗り出した。北伊勢を制圧して八風《はっぷう》街道と千草《ちぐさ》峠を越える街道、さらには鈴鹿《すずか》峠を経る東海道を押さえる。そのために、これまでまったく手をつけていなかった北伊勢の攻略が戦略上のプログラムにのぼったのである。

この北伊勢からのルートを確保することは、浅井長政のために南近江の六角氏を牽制《けんせい》することになる。しかも伊勢湾を支配することで、信長の財源となる津島《つしま》の交易が拡大できる。そのためには、伊勢湾の東隣にいる家康との同盟がさらに強化されねばならない。

権力の二重構造のスキに乗じた信長の戦略

稲葉山城の攻略と加納の楽市・楽座の謎

かくして永禄《えいろく》十年（一五六七）五月、五徳《ごとく》の輿入《こしい》れがなされた。時を同じくして信長は、近江《おうみ》甲賀郡の出身で、一説では甲賀忍者であったといわれる滝川一益《たきがわかずます》に北伊勢攻略を命じた。彼は左近将監《さこんのしょうげん》といういかめしい官名をもつが、「先駆《さきがけ》は一益、殿《しんがり》も一益」と、その勇猛ぶりがもてはやされた。木下藤吉郎《きのしたとうきちろう》（秀吉）が調略《ちょうりゃく》に巧みであったのに対し、一益は局地戦における神出鬼没なゲリラ的戦法を得意とした。二人はこのころから信長のもとで頭角を現わすが、その手法は水と油で、胸襟《きょうきん》を開き合うことはなかった。

八月一日、ついに美濃三人衆が人質を出して、信長に味方すること、つまり斎藤《さいとう》龍興《たつおき》を見限って信長に協力することを申し出てきた。信長は北伊勢に出馬していたが、この機を逃さず、すぐさま反転して、稲葉山《いなばやま》城の攻撃を命じた。

信長は柴田勝家《しばたかついえ》、佐久間信盛《さくまのぶもり》ら五千余の兵を率いて稲葉山城に迫り、木下藤吉郎を中心とする墨俣《すのまた》守備隊の二千は、城下の井ノ口《いくち》に火をかけまわり、町を焼き払った。信長はすっかり裸城となった稲葉山城の麓《ふもと》一帯に鹿垣《ししがき》をめぐらせて兵糧《ひょうろう》攻めの態勢をとる一方、焼き払ったばかりの城下を再建するために縄張《なわば》りを命じている。

破壊と再建――。これが信長がになった歴史的な使命である。そこに彼の創造力がいかんなく発揮された。稲葉山城の攻略は、その第一歩として記念されるものである。

一方、斎藤龍興の将兵およそ五千は、日根野弘就《ひねのひろなり》の指揮のもとで城を守ってよく戦ったが、ついに力尽きて八月十五日に信長に降伏、龍興は船で長良川を下って、伊勢長島に落ちた。

信長はさんざんに苦しめられた龍興の首を取るどころか、その退去を認めている。しかも主戦派の中心であった日根野弘就ら一族の退散を惜しんで、家臣に迎え入れる工作さえしている。

敵対した者には残忍な仕置で応えるという信長のイメージは、ここでも崩れる。彼はほかの戦国武将と同じく降伏してきた者を受け入れて、自軍の兵力の増強をはかっている。しかも、ことごとく焼かれた城下の井ノ口には、神社や仏閣の再建をすすめ、逃げた住民を引き戻させて、家なき者には木材を与えるなどの善政を行なっている。

新造なった城下は加納《かのう》と呼ばれ、ここに移り住んだ者には、信長の領地を自由に往来することを許し、それまでの借銭《しゃくせん》や借米を帳消しにするという徳政《とくせい》を出し、しかも地子《じし》といわれた税金やそのほかの諸役雑税を免除した。〝楽市《らくいち》〟の創出である。

さらに信長は、商人たちが〝座《ざ》〟をつくって関銭《せきせん》を免除される特権を廃止し、〝座〟に所属しない者を〝市《いち》〟から締め出すという特権も撤廃。いわゆる〝楽座《らくざ》〟を創り出すことで流通の自由化をうながし、経済の活性化をはかった。これはすでに斎藤道三《どうさん》によって行なわれていたことだが、信長はさらに徹底させた。

こうした信長が打ち出した政策に対して、町人たちは「信長公の御仁徳かたじけなき次第」（『武功夜話《ぶこうやわ》』巻四）と、涙を流さんばかりに悦《よろこ》んだという。

「天下布武」宣言の真相とお市の輿入れ

信長は井ノ口《いくち》を岐阜《ぎふ》と改名するや、小牧山《こまきやま》城からここに居城を移した。この転出は、清洲《きよす》城から小牧山に移ったときとは、まるで意味合いがちがっていた。

清洲から小牧山への転出は、美濃攻略という戦略目標だけにしぼられていた。ところが岐阜への移転は、関ヶ原から近江《おうみ》を抜けて京都にいたる拠点として位置づけられた。もちろん、この戦略の先端には、いまは越前の朝倉義景《あさくらよしかげ》のもとに身を寄せている足利義昭《あしかがよしあき》の存在が、信長にはしっかりととらえられている。

「足利義昭を奉《ほう》じ上げて、いっきに京都に進出する」

「天下」ということばが、信長の頭にはっきりとした輪郭となったのは、この美濃を平定したときである。

当時、「天下」という概念は、天下人《てんかびと》といわれる足利将軍であり、伝統的な意味では天皇を指した。いずれも現実には権威はあるものの、権力はない。しかも両者は、京都という日本の中央にいて、初めて天下人といわれる。

信長が将軍となりうる足利義昭を担いで京都にのぼるということは、新しい天下人を創り出すことである。この時点で信長が義昭を楯《たて》にしながら、みずからが天下人になろうという野望をいだいたというのは正確ではない。

だが、彼には、上杉謙信《うえすぎけんしん》とはちがって足利将軍家に対する無条件な忠誠心などというものは、まったくない。むしろ名ばかりのものではあっても、伝統的な権威というものが、いかに人心を動かし、人心をまとめる力があるかという点に注目し

た。その権威を掌中にすることで、武力対立でしか得ることのできない勝利を、武力を用いずに手にする。つまり、

「権威を表面に立てることによって、自分の版図《はんと》を拡大する」

というのが信長の狙いであった。日本社会がつねに容認してきた〝権力の二重構造〟といわれるものを信長も狙ったのである。

それを明確にしたのが、井ノ口を岐阜と改めたことである。よくいわれるように、この地名は中国周《しゅう》の文王《ぶんおう》が岐山《ぎさん》に兵をおこし、ついに天下を平定した故事にちなんでいる。阜は丘という意味で、岐山の山と同義である。これは臨済宗妙心寺《りんざいしゅうみょうしんじ》派の禅僧である沢彦宗恩《たくげんそうおん》が名づけたとされるが、すでにこの地が岐阜陽《ぎふよう》、あるいは岐陽《ぎよう》といわれていたものを沢彦が改めて採用し、信長に提言したものである。

また、「天下布武《てんかふぶ》」という印文《いんぶん》も沢彦が選んだもので、「武力をもって天下を平定する」という信長の抱負を表わすものとなっている。

これらは信長が直接的に天下を狙って、天下人になるという意思表示と受け取られているが、たしかにその意図はあるものの、これはあくまでも信長が得意とするパフォーマンスである。この時点での直接的な狙いは、朝倉義景のもとにいる足利義昭を誘い込むためのアピールであったとみるべきである。

「天下平定をめざす者は、この尾張守信長である」という印象を義昭に植えつけ、ともすれば上杉謙信や武田信玄《たけだしんげん》に頼ろうとする義昭を牽制《けんせい》、自分の存在を大きくみせようとしたのである。

天皇の権威を味方につけた信長の発想

狙いは、それにとどまらない。もっと別の思惑もあった。それは、たとえ義昭がなびいてこなくても、もう一つの伝統的な権威を味方にすることである。

それまで信長は、父信秀《のぶひで》以来、関係のあった天皇の権威など頭から認めていなかった。ところが家康が永禄《えいろく》九年（一五六六）末に朝廷に奏請《そうせい》して、松平から徳川に改姓、しかも三河守に任官した。三河守の官位を受けることで、名実ともに三河の領主であることを宣言したのである。

信長は家康の伝統を利用する手堅さに感心し、天皇という権威の存在に注目した。それまで上総介《かずさのすけ》を勝手に自称していたが、あわてて官位の辞令を求める口宣案《くぜあん》を朝廷に奏請、尾張守に任官した。美濃平定の前後のことである。

信長はさらに岐阜の命名と「天下布武」の印文を朝廷にアピールした。その結果、きわめて重要な意味をもつ大義名分を手にした。正親町《おおぎまち》天皇の綸旨《りんじ》である。

そこには「尾張と美濃両国にある天皇家の領地（御料所《ごりょうしょ》）を回復せよ」と命じてある。つまり、御料所からあがる年貢を以前の如くに納めてほしいと依頼しているわけであるが、それを頼むにあたって朝廷は、天皇のことばとして、

「今度、国々本意に属するの由、もっとも武勇の長上《ちょうじょう》、天道の感応《かんのう》、古今無双の名将なり。いよいよ勝《かち》に乗《じょう》ぜらるべきの条、勿論たり」

信長が尾張・美濃を平定したのは武勇と天の導きである。その両方を備える信長こそは「古今無双の名将」であり、今後ますます勝ち進むようにとたたえている。天皇は信長の戦いを認め、今後の合戦の戦果にも期待していることを表明したのである。

信長の戦いは、天皇という権威によって保証されたのだ。とはいえ、現実的にはこの綸旨《りんじ》をかかげて京都に兵を進めるというわけにはいかない。通路となる近江の浅井長政《あざいながまさ》や六角義賢《ろっかくよしかた》（承禎《じょうてい》）が天皇の威光にひれ伏すことは考えられない。やはり、足利義昭を擁《よう》し、さらに天皇の綸旨をかかげるという二重の名分を立てて近江を通過し、京都に入ることがいちばん無難である。

正親町天皇の綸旨は、永禄十年十一月九日付であるが、このときから信長は、「義昭を擁して上洛《じょうらく》する」という構想を現実のプログラムに組んだ。そのために、

すでにお市《いち》との結婚を条件に同盟を結んでいた浅井長政のもとに、お市を嫁がせた。お市が輿入《こしい》れしたのは、この綸旨を得てからすぐのことである。

明智光秀の〝打算〟を利用した信長

年が明けた永禄《えいろく》十一年（一五六八）の時点で、信長の当面の課題となったのが、いかにして足利義昭《あしかがよしあき》を招き入れるかということである。さらに長年、浅井氏と敵対し、京都を支配する三好三人衆や松永久秀《まつながひさひで》と通じる南近江《おうみ》の六角義賢《ろっかくよしかた》の動きである。

信長はまず、六角義賢の動向に注目した。彼が深いつながりをもつ伊勢の豪族たちを平定しておけば、京都へのルートが確保されるうえに、六角氏への牽制《けんせい》ともなる。かくて信長は、滝川一益《たきがわかずます》がすでに占拠していた楠《くす》城（三重県楠町）、高岡城（鈴鹿市）を足場として、北伊勢に侵攻、神戸友盛《かんべとももり》を降《くだ》し、さらに安濃津《あのつ》（津市）に進撃して長野具藤《ながのともふじ》を追った。

またたく間に北伊勢八郡を手中に収めた信長は、神戸氏に三男の信孝《のぶたか》を送り込み、長野氏には弟の信包《のぶかね》を入れて跡を継がせた。武力を背景に一族を入れて家督を継がせ、神戸氏や長野氏といった名族の家を乗っ取ったのである。

▲**明智光秀画像**（本徳寺蔵）

信長は婚姻《こんいん》による同盟を結ぶために女性を利用したといわれるが、決して女性ばかりが政治の道具になったわけではない。女にかぎらず、男も戦略の一環として利用されていたのである。のちに南伊勢を支配する北畠具教《きたばたけとものり》が降伏してくると、次男の信雄《のぶかつ》を養子として入れ、北畠家をそっくりいただいている。利用できるものは、女、子どもといえども、有効かつ的確に使う。これは非情というよりは、戦国乱世の常識である。この時代には、非情という形容詞は通用しない。それが文字どおり戦国の世の中であったからだ。

北伊勢を平定した信長にとって、残された課題は、いかに早く足利義昭を手の中に誘い込むかである。

このとき一人の男が活躍する。明智光秀《あけちみつひで》である。彼は美濃可児《かに》郡の明智一族である。明智家が斎藤義興《さいとうよしおき》に攻め滅ぼされたとき、越前に逃れ、朝倉義景《あさくらよしかげ》の客分《きやくぶん》となった。鉄砲の扱いに優れていたため、鉄砲寄子《よりこ》（組下）百人をあずかり、五百貫文《もん》の知行《ちぎよう》をもらっていた。

光秀は、一乗谷《いちじようだに》城外の安養寺《あんようじ》に滞在する足利義昭の家臣細川藤孝《ほそかわふじたか》（幽斎《ゆうさい》）と知り合った。客分ということで情報を交換しているうちに、すっかり意気投合した。朝倉氏の客分として生涯を終えるつもりなどない光秀にとって、将軍の座をうかがう義昭の存在はまばゆいばかりに映った。義昭についていれば、運が開けるかもしれない。こうした光秀の打算を笑うことはできない。彼のような変わり身の早い人物は多くいた。

細川藤孝にしてもそうである。義昭に仕えていたが、のちにいつの間にか信長の家臣になり、縁戚《えんせき》であった光秀を見限って秀吉に従い、やがて家康に仕えている。変わり身こそが身上《しんじょう》というのが、乱世の処世術である。

それに比べれば、光秀の打算などは可愛いものである。信長に追放された斎藤龍《たつ》興《おき》が朝倉家に頼って客分になった。明智氏を滅ぼした相手である。光秀と龍興は反目したが、もとより一国を領した龍興にかなわない。彼の居場所がなくなったのだ。

そこで光秀は、信長の妻帰蝶《きちょう》と従兄弟《いとこ》という関係から信長へ連絡をつけることができる。光秀は朝倉家の客分に見切りをつけ、美濃に赴《おもむ》いて、義昭と信長の間を結びつける仲介役となった。両者の希望をうまく結びつければ、自分の株が上がると計算したうえのことである。

もとより大義名分を欲していた信長は、義昭の上洛《じょうらく》の意向に賛成して、兵を進めることを言明する。ただし条件があった。

「義昭公は、まず美濃に御座《ござ》を移してほしい」

というものだ。義昭が朝倉義景のもとにいては、信長の兵を動かそうにも動かせないし、上洛の大将が義景ということになって、信長はその配下になりかねない。

義昭はこの申し出を受けた。すでに二年ほど義景のもとに留まっていたが、義景は一向《いっこう》に上洛する意思をみせないどころか、しきりに兵を挙げるべきだとする義昭の扱いに困惑する様子さえみせていた。そこへ信長が迎え入れるという知らせが光秀から届いた。頼みとした上杉謙信《うえすぎけんしん》も信玄との戦いで上洛の余力はない。そのうえ足利義栄《よしひで》が三好三人衆によって十四代将軍となったと聞くにおよんでは、一刻も早く上洛せねばならない。義昭は、信長の招請《しょうせい》を心の底から喜んだ。

力と権威の合体が戦国時代に風穴を開けた

永禄《えいろく》十一年（一五六八）七月十三日、「今後とも朝倉義景《あさくらよしかげ》を見捨てるようなことはしない」という誓書《せいしょ》をしたためた義昭《よしあき》は、一乗谷《いちじょうだに》を出立《しゅったつ》した。義景は一族の朝倉景恒《かげつね》、前波景定《まえばかげさだ》に命じて、一行を近江《おうみ》の国境《くにざかい》まで見送らせた。国境を接する浅《あざ》井《い》氏とは長年、攻守同盟を結び、その協力関係は根強いものがあった。浅井長政《ながまさ》は信長の妹お市《いち》を迎えたとき、「朝倉家とは代々特別な仲だから、紛争をおこしてくださるな」と条件を出していたほどである。

義昭一行は長政の居城小谷城《おだに》に立ち寄って、饗応《きょうおう》を受けたのち、明智光秀《あけちみつひで》の出迎えを受けて二十二日、美濃西庄の立政寺《りゅうしょうじ》に到着した。二十五日、信長は立政寺に赴《おもむ》いて、義昭と初めて会った。このときの両者の感想は史書で知ることはできないが、信長は銭千貫、太刀《たち》、鎧《よろい》、武具、馬など、おびただしい品々を義昭に献上、手厚くもてなした。朝倉義景のそっけない扱いとはまったく異なる信長の歓待に、義昭はひどく感動した。しかも、

「この上は、片時も御入洛、御急ぎあるべし」（『信長公記《しんちょうこうき》』巻一）

という信長のことばに、いたく心を高ぶらせたことは察するにあまりある。

この二人の出会いが、百年つづいた戦国の時代を改変していくことになる。それは信長の〝力〟と、義昭の〝権威〟の合体が契機となった。力と権威の結びつきは、睨《にら》み合って立ちすくんだままの硬直する状況に新しい風穴《かざあな》をあけ、時代の方向を変えるエネルギーを産む。やがて権威は力の前に屈する運命にあるとはいえ、それを利用しない手はない。

信長の「読み」は見事なまでの効果を産んだ。義昭を擁《よう》して上洛《じょうらく》すると命令を発し、動員をかけたところ、尾張、美濃、北伊勢の信長の領国はもちろんのこと、徳川家康《とくがわいえやす》も一族の松平信一《まつだいらのぶかず》に三河勢を率いさせて参陣、浅井長政もみずから出陣、

その数およそ六万人にふくれ上がった。信長の実力に加えて、義昭を将軍につけるという大義名分が求心力となって、大きなうねりを産んだのだ。

しかも、この上洛に表立って反対できる者はいなかった。上杉謙信《うえすぎけんしん》も朝倉義景も自分の都合で上洛に応じなかったので、妨害できるような理由はない。武田信玄《たけだしんげん》にしてもそうである。信玄は、今川氏の領国であった遠江《とおとうみ》（静岡県）を二分することで家康と講和し、信長の上洛は妨害せずと確約している。

九月七日、上洛の途《と》についた信長は、南近江の六角義賢《ろっかくよしかた》を追い払い、二十六日に義昭を奉《ほう》じて上洛、東寺《とうじ》に本陣をおき、義昭を清水寺《きよみずでら》に入れた。三好三人衆は将軍義栄《よしひで》とともに京都を退き、山城《やましろ》（京都府）や摂津《せっつ》・河内（ともに大阪府）の諸城に拠《よ》って信長に抵抗したが、これもまたたく間に一蹴、大軍にものをいわせた電光石火の行動で、わずか十日ほどで京都を中心にその周辺の国々を支配下においた。

美濃に義昭を迎えてから、わずか二カ月のことである。美濃を攻め取るのに七年近い歳月を費やしたことを思えば、いかに義昭という人物を手にしたことが効力となっていたかを思い知った信長は慄然《りつぜん》とした。

「なんの実力もない義昭を、もし別の武力が支えれば、それは自分にとって強力な敵対する勢力となる」

義昭を武力で支えて上洛した信長には、それが痛感できた。

すべて義昭の動きによって決まる。まず義昭の考えを見極める必要がある。信長は、義昭が十月十八日に十五代将軍職に補されるや、冷静に距離をとって、新将軍の出方をみた。

将軍義昭の権威を無視した信長の意図とは？

義昭が幕政をみるにあたって、まず行なったのが、なんと能の興行である。上洛に尽力した信長をもてなすために、細川氏綱《ほそかわうじつな》の邸《やしき》で興行したのであるが、このときの演目は「弓八幡《ゆみやわた》」を脇能《わきのう》に十三番という長いものであった。この演目をみた信長は驚いた。まだ臨戦態勢が解かれていないのに、悠長に能を楽しむという義昭の神経が信じられない。

しかも「弓八幡」という足利氏の源流である源氏の武神をたたえる能を、信長の目の前で演じさせようというのだ。信長の織田氏は平氏であるということもあるが、義昭を奉《ほう》じた信長の武力よりも、あたかも源氏の武神が義昭を将軍につけさせたということを天下に示そうとしているかのようである。

義昭の慇懃《いんぎん》なもてなしの中に、将軍の底意地をみた信長は憮然《ぶぜん》とした。冷静に距離を保とうとした信長ではあるが、この演目をみて思わず血が逆流した。演目から「弓八幡」をはずさせ、十三番を五番に縮めさせた。ちなみに秀吉は、朝鮮出兵のために九州・名護屋《なごや》に在陣していたとき、急に能を習いたいといい出した。そして彼が最初に稽古《けいこ》したのが「弓八幡」であった。秀吉は、このときの緊張した能興行が強く印象に残っていたのかもしれない。

いずれにせよ、こうしたことは、まったく些細なことであるが、義昭が催す能興行は、二人の間に心理的にではあるが、埋めることのできない大きなミゾをつくった。目にすることのできない火花が散らされた。この火花が、やがて修復できない亀裂となっていく。

この能興行の席上、義昭は信長に、

「副将軍か管領《かんれい》職に就任するように」

と再三にわたってすすめたが、信長は固辞した。また信長の鼓《つづみ》を聴きたいと義昭がいったが、これも辞退した。それどころか信長は、五番の能が終わると観世《かんぜ》大夫《たゆう》一座の者に引出物を与え、かつ、

「領国となった国々の関所を廃し、諸役も免じる」

と布告したのである。これは本来、将軍が発布すべきものである。信長は「弓八

幡」を興行しようとした義昭に仕返ししたばかりか、先刻の「副将軍か管領職か」というすすめを鼻先であしらうかのように、義昭を目の前において将軍と同じ下知《げち》を下したのである。

わずか数時間の能の間に、信長は義昭の腹の底を読みとり、早々と将軍抹殺《まっさつ》をはかる第一歩を踏み出したのであった。

桐紋と二引両紋だけを受けた謎

信長は能興行の翌日、岐阜に帰るといい出した。義昭《よしあき》を念願の将軍につけ、畿内《きない》は義昭に忠誠を誓った畠山高政《はたけやまたかまさ》（高屋《たかや》城）と三好義継《みよしよしつぐ》（若江《わかえ》城）を河内に、松永《まつなが》久秀《ひさひで》を大和《やまと》（多聞山《たもんやま》城）に、和田惟政《わだこれまさ》（芥川《あくたがわ》城）、伊丹親興《いたみちかおき》（伊丹《いたみ》城）、池田勝正《いけだかつまさ》（池田城）を摂津《せっつ》におき、細川藤孝《ほそかわふじたか》（勝龍寺《しょうりゅうじ》城）を山城《やましろ》に配している。あとは新将軍がこれらの武将を采配《さいはい》して、いかに幕政を行なうか。冷やかにお手並みを拝見しようというわけである。

信長の醒《さ》めた態度にあわてたのが、義昭である。すぐさま御内書《ごないしょ》（将軍が非公式に出す文書）を信長に与えた。そこには、「今度の忠恩により、幕府三管領《かんれい》家の筆頭である斯波《しば》氏の跡目を継ぐように」とある。前日、副将軍か管領か、望みしだいに任命するといい出して、断られているにもかかわらず、あくまでも信長を将軍の家臣として扱おうというのである。

もちろん信長は、これを即座に辞退した。信長の意志が固いことを知った義昭は、再びあわてて御内書を書き送った。そこには信長を「武勇天下第一」と誉め上げ、足利《あしかが》家の再興を感謝しながら、「幕府の安泰はひとえに信長の力にたのむしかない」とまで述べている。

宛名には「御父《おんちち》織田弾正《だんじょうのちゅう》忠殿」となっている。義昭は三十二歳で、信長は三十五歳である。三つ年上の信長を「御父」とまでいってもち上げたのである。これで、その気になる信長ではない。しかし、御内書に添えられていた足利家の家紋となる桐と二引両《ふたつひきりょう》の紋だけは頂戴した。

桐はもともと竹と鳳凰《ほうおう》とともに天皇家の紋章である。その使用を足利氏が許されていたもの。二引両は足利氏伝来の家紋である。義昭としては、信長を同族と遇するつもりで紋章を与えたのであろうが、信長の受け取り方はちがう。

すでに副将軍にも管領にもつかないことを言明した信長である。つまり、将軍義昭と主従の関係にならないという意志を示したのである。にもかかわらず、義昭が武家の棟梁《とうりょう》の証《あかし》である家紋を与えたことは、いずれ将軍の地位につくかもしれないときの立派な証明となる、と考えた。事実、信長の葬儀のときには桐と二引両を染めた幕が張られ、一周忌に描かれた画像（『織田信長画像』・愛知県豊田市 長興《ちょうこう》寺《じ》蔵）には、桐の紋がつけられていたのである。

信長は義昭を〝裸の王様〟とみた。実力はないが、権威という形式の力はもっている。その権威を利用するだけ利用する。これが将軍義昭に対する基本戦略である。一方、義昭は、自分には信長のもつ武力がないことは痛いほどわかっている。あるのは将軍という権威だけである。この権威をかざしながら、政治外交で絶対服従の命令権を握りたいという考えである。

信長は、将軍への服従を拒否し、名目となる紋章だけをもらって、さっさと岐阜に帰った。「まずは将軍のお手並み拝見」というわけである。「やれるものなら、やってみろ」という思いも強くあったにちがいない。

二条城の造営に表わされた信長の狙い

案の定、新将軍は〝裸の王様〟であることが露呈した。信長が岐阜に戻ったスキを衝《つ》いて三好三人衆が反撃に転じた。彼らは四国の阿波《あわ》（徳島）から大挙して堺《さかい》に上陸、淀川を溯《さかのぼ》って京都に進撃、明けて永禄《えいろく》十二年（一五六九）正月五日、義昭の御座所《ござしょ》となる六条本圀寺《ほんこくじ》を包囲した。

　急を知った和田惟政や池田勝正らの援兵が、義昭の危機を救い、桂《かつら》川のほとりで三好勢を撃退したため、大事に至らなかった。信長は、この襲撃を予期していた。知らせを受けるや大雪をついて、ただちに出陣。三日かかる道のりをわずか二日で踏破して京都に入った。

　このときの軍勢、あわせて五万とも八万ともいう大軍をもって、京に駆けつけている。「将軍たのむに足らず。やはり武力あるものが天下を制す」という「天下布《てんかふ》武《ぶ》」の思想を、義昭はもとより畿内の人々に印象づけるためであった。

　とはいえ、義昭は大切な大義名分である。有名無実ではあるが、まだ将軍の権威は利用できる。これを敵に奪われたのでは、信長としても思いどおりに動くことはできない。まだ信長には、遠慮めいた気持ちが義昭に働いていた。

　信長は、城塞《じょうさい》を兼ねた義昭の新第《しんだい》を造営することを決意し、足利義輝《よしてる》の室町第《むろまちだい》の故地である二条武衛《ぶえい》陣に広大な幕府の造営に着手した。この二条《にじょう》城の造営は、信長の領国の尾張・美濃・伊勢のほか、近江《おうみ》・伊賀・若狭《わかさ》・丹波・播磨《はりま》と五畿内の合わせて十三カ国から人手と資材が徴発された。工事現場には常時一万五千人から二万五千人が立ち働いていた。

二月二十七日からはじめられた工事は、四月十七日に竣工し、義昭は本圀寺からここに移っている。二カ月にも満たない突貫工事であるが、防衛と居住を兼ねた本格的な城ができ上がった。この工事中に、信長ははじめてポルトガルの宣教師ルイス・フロイスと対面している（このフロイスをはじめとするキリスト教宣教師と信長との関係については拙著『信長の安土維新』一九九一年・日本文芸社刊を参照）。

フロイスの報告によると、このとき信長は女性をからかった者の首をたちどころにはね、洛中洛外《らくちゅうらくがい》にある石仏を徴発、それを截断《せつだん》して石垣に用いるなど、周囲が呆然《ぼうぜん》とすることを平気で行なっている。フロイスは、そんな信長を〝絶対君主〟であるとみなし、邪悪な偶像信仰を否定するきわめてキリスト教信仰に近い立場の人物とみた。

だが、信長のそうした常識を覆《くつがえ》すような行動は、苛立《いらだ》ちの表われであり、伝統的なるものへ挑みかかろうとする意識の表われでもあった。

二条城の造営は、畿内はもとより全国に信長の存在と力をみせつける絶好の機会である。将軍の御所を造るという名目で、人や物資を徴発し、統制できる。これは信長の支配圏を拡大することになる。ところが、それはとりもなおさず将軍義昭の威光を高めるものにもなる。このジレンマが彼を苛立たせた。このころから、狂気めいたものが見られるようになるのも、武力ではどうすることもできない権威というものへのジレンマ、すなわち将軍義昭を表に立てなければ権力の求心力は信長に集まらず、将軍を持ち上げれば権威がひとり歩きして信長の権力さえおびやかすことになる、ということへの苛立ちの表われでもあった。

洛中に格好な石切場がなかったこともあるが、寺院や町角にある石仏、石地蔵を片っ端から徴発して二条城の石垣に使ったことなども、伝統と権威への苛立ちの表われであり、挑戦でもあった。

新たに目をつけた商業都市と戦略拠点

そんな信長の心中《しんちゅう》を知ってか知らずか、義昭《よしあき》は二条城造営の最中の三月二日、正親町《おおぎまち》天皇にはたらきかけて副将軍の任官を信長に提示した。前年に、このポストを信長に示して断られたが、今度は天皇を通じて任官させようというわけである。

将軍の威光が通じない信長に対し、天皇の権威をかりて、なんとしてでも信長を家臣に取り込みたかったのだ。義昭にしてみれば、守護でも管領《かんれい》でもない信長の身分であっては、命令することもできず、まことに扱いにくい存在である。命令権の確立をはかりたい義昭は、副将軍のポストを公式に提示したのである。

ところが信長は、天皇の勅使《ちよくし》に対して、受けるとも受けないとも返事をせずに引き取らせている。これは実質的には拒否したことになる。本能寺《ほんのうじ》の変《へん》の一カ月ほど前、やはり勅使が信長に将軍職を推任《すいにん》しようとしたが、返答を避けたのも、これと同じである。

義昭はまた「近江《おうみ》・山城・摂津・和泉《いずみ》・河内の五カ国を望みどおりに与えよう」といい出したが、これも辞退した。領国を与えるのに将軍の権限である。これを受ければ、信長は将軍と主従関係を結ぶことになる。

信長はこの点だけは、巧みに避けた。そこには将軍にかわるべき、新しい時代の指導者としての自分をしっかりと見据《す》えていたのだ。

畿内五カ国の領国にかわって信長が望んだのは、「堺《さかい》と近江の大津、草津に代官をおきたい」ということであった。この三つの港町は、水陸交通の要所で、しかもきわめて富裕な町である。ここに信長の代官をおくことは、流通と経済を直接支配することである。

まず大津は琵琶《びわ》湖から日本海方向に延びる物資の集まる所である。草津は東海道、中山道《なかせんどう》の要衝《ようしょう》の地で、いずれも流通経済のターミナルであると同時に、岐阜から京都にいたる信長の戦略回廊の重要拠点である。

また堺は、瀬戸内を通じて四国、中国、九州から物資と情報が集まり、しかも最大の鉄砲生産地である。堺を直接支配することは、租税の収益はもちろん、鉄砲の補給を確保することになる。信長は堺の重要性に着眼、すでに矢銭《やせん》（軍資金）二万貫を要求している。これは彼の父や祖父が津島《つしま》に課したものと同じ意味をもつ。商業経済の中心地を支配し、その収益を徴収して軍事費にあてる。土地からの収穫に頼る他の武将たちとは、まったくちがった発想である。

ちなみに、堺に矢銭二万貫を要求したとき、石山本願寺《いしやまほんがんじ》にも五千貫を課している。信仰の拠点に矢銭が要求されたわけである。本願寺が摂津の商業経済の中心となっていたこともあるが、信長はこの石山の土地がほしかったのである。西日本への戦略拠点として石山は位置づけられていた。そのため信長は「五千貫を納めるか、石山を退却するか」と要求を突きつけている。本願寺顕如《けんにょ》はあっさりと五千貫を納めたために、信長の本当の目的は達せられなかったが、この地への執着が十一年にもわたる石山本願寺戦争に発展していくことになる。

いずれにせよ、家紋や官位など形式的なものをもって信長を服従させられると考えていた義昭と、それを拒んで商業都市の重要性に着眼した信長とでは、時代感覚と見識においてすでに格段の差があった。

第四章

権力の構造

——天皇と将軍——伝統に挑んだ信長の戦略

二体の鵺を御した信長の先見の明

英雄を呑み込む魔界の都とフロイス

都は、鵺《ぬえ》のようなものだ――。

これまで京都に兵馬を入れた者たちは、ことごとくそう思ったにちがいない。木《き》曾《そ》義仲《よしなか》をはじめ、源《みなもとの》義経《よしつね》、楠木《くすのき》正成《まさしげ》、新田《にった》義貞《よしさだ》、大内《おおうち》義弘《よしひろ》、三好《みよし》長慶《ながよし》――勢いよく都に躍り込んできた者たちは、いずれも鵺の正体がつかめぬまま翻弄《ほんろう》され、そして逐《お》われた。

その頭は猿、手と足は鋭い爪をもつ虎、体は毛におおわれた狸《たぬき》、尻尾はぬるぬるとした蛇、その発する声は虎鶫《とらつぐみ》……。

まったく正体がつかめないのが、鵺と同じような京の都である。

都の鵺にもてあそばれた武将の中にあって、ただ一人、信長だけはその正体をはっきりとつかんだ。

鵺は一体ではない。必ず二体で、時に応じ、人に応じて表となり裏となって立ち現われてくる。一体が死滅したとしても、もう一体が細胞分裂のように二体に分かれて、その正体をつかみどころのないものにする。

貴族政治が華やかなときは、天皇を表として、上皇《じょうこう》か法皇《ほうおう》が〝治天《ちてん》の君《きみ》〟という裏の立場で院政を行なって政治の実権を握る。根は一体であるが、その政治力にはちがいがある。政治力を吸収しようとして一方を操ろうとしても、もう一方が煽《せん》動《どう》し、時には父子であっても対立して生き残りをはかり、なおも分裂して権威の二重構造をつくり出す。

先にあげた武将たちは、いずれも同根異体の鵺に翻弄され、力尽きて都を落ちている。

いま信長がつかんだ鵺の正体は、朝廷と将軍である。これはまったく異なる根であるが、その体は権威というものにおおわれて、同じはたらきをみせる。だが、その異根同体の歩調はときとして乱れる。信長はそこを突きながら、鵺のあぶり出しをはかった。

信長はフロイスに京都居住の許可を与えた。ところが、朝廷と将軍との間を周《しゅう》旋《せん》していた日乗《にちじょう》朝山《ちょうざん》という僧侶や、熱狂的な法華《ほっけ》（日蓮宗）信者の竹内季治《たけうちすえはる》らは、フロイスの追放とキリスト教布教の禁止を命じることを朝廷にはたらきかけ、正親町《おおぎまち》天皇の禁制綸旨《りんじ》を得た。彼らはこれを楯に将軍義昭にフロイス追放を迫るが、幕府も信長の許可に追認した手前、おいそれと綸旨に従うわけにはいかない。

早くも異根同体の鵺は、異人・異文化の前にほころびをみせた。フロイスは確認を得るために、岐阜城に赴《おもむ》いて信長に会う。このとき信長は、家臣の面前でフロイスに向かって、

「内裏《だいり》（天皇）、または公方様《くぼう》（将軍）を意に介するなかれ。一切予《よ》（信長）が権（権限）内にあれば、予が汝《なんじ》（フロイス）に言うところのみを行ない、汝の欲する所に居《お》れ」（フロイス『日本史』）

と言明した。えてして、この当時の宣教師の報告は保護する者を称賛し、妨害する者は悪魔と罵《ののし》っていて、きわめて主観に満ちている。だが、この信長の発言は、天皇と将軍に対して、どのような考えをもっていたかを如実に示している。

「内裏と公方を意に介するなかれ」

とはいえ信長は、都に入った者の運命として、敵対する勢力に加え、この異根同体の鵺との心理戦も戦わざるを得なくなる。

信長はこの点に関しては卓越した見識をもっていた。それは京都を本拠地としなかったことだ。先人となる武将たちの失敗を知っていたのか、彼は必要があるとき

以外、都に留まらなかった。

「得体の知れない権威に翻弄《ほんろう》されたくない」というのが彼の見識である。

ところが、この都との緊張感がゆるんだとき、彼は何の防御もなく都に入り、そこで死を迎えることになるのであるから、彼もやはり、都という鵺の餌食《えじき》になったのである。

いずれにしても信長は、将軍義昭を奉《ほう》じたときから、その戦略は心理戦も交えて複雑に、かつ日本というものの枠組みを考えながら大きく拡大していく。

信長が命じた秀吉の生野銀山の略取

永禄《えいろく》十二年（一五六九）四月、二条城が竣工すると、つづいて内裏《だいり》御所の修理を命じた信長は、岐阜に戻る。義昭《よしあき》は将軍の威儀を正して、粟田口《あわたぐち》まで信長を見送った。義昭は涙をうかべて惜別の情をあらわにしたのであるが、二人の友情はこのときまでのわずか七カ月でしかなかった。このあとの四年間は、悪意と策謀と恫喝《どうかつ》に満ちた関係だけに彩《いろど》られる。

名ばかりの将軍とはいえ、その権威にすがろうとする地方の大名たちがいた。それが義昭の唯一の政治力となる。まず、中国地方の覇者として台頭してきた毛利元《もうりもと》就《なり》が義昭の政治力に助けを求めてきた。

　毛利元就は豊後《ぶんご》（大分県）の大友義鎮《おおともよししげ》（宗麟《そうりん》）と対立、兵力を北九州に派遣していた。その間隙《かんげき》を衝《つ》いて毛利に追われた尼子勝久《あまこかつひさ》が山中鹿之介幸盛《やまなかしかのすけゆきもり》らに擁立《ようりつ》されて、旧領の出雲《いずも》（島根県）の奪回に動き出した。山中鹿之介は大友義鎮、備前《びぜん》（岡山県）の宇喜多直家《うきたなおいえ》、但馬《たじま》（兵庫県）の山名祐豊《やまなすけとよ》と組んで、反毛利戦線を結成、出雲に兵を挙げた。

　北九州から動けず、四面楚歌《しめんそか》となった元就は、朝廷と将軍にすがって急場を脱しようとした。大友義鎮との和睦《わぼく》を京の権威の仲介によってはかろうというのである。和睦の仲介は、利害がからまない第三者が適任である。しかも、伝統的な権威というものがそこに加われば、その効力は高まる。

　繰り返していうが、局面を打開するために利用できるものは、なんでも利用するというのが、元就に限らず戦国武将の定石である。そのために、まったく力がないにもかかわらず、将軍の地位は高まっていく。

　元就は将軍義昭を通じて、信長に但馬への出兵を要請してきた。伊勢の攻略を予定していた信長は、すぐさまこの要請にのった。義昭の面子《メンツ》を立てるためではない。但馬の山名祐豊を放逐《ほうちく》して、彼が支配していた生野《いくの》銀山を手にするためである。

信長は但馬討征《とうせい》を木下秀吉《きのしたひでよし》らに命じた。秀吉は佐久間信盛《さくまのぶもり》、村井貞勝《むらいさだかつ》、丹羽長秀《にわながひで》、明智光秀《あけちみつひで》、中川重政《なかがわしげまさ》といった部将たちと肩を並べて、京都奉行の一人に任名されていた。敵方の情報収集はもちろん、開城交渉や攻撃面でも信長から信任され、頭角を現わしていた。

秀吉は生野城や此隈《このくま》城をはじめ、山名一族の諸城十八を攻め落とした。生野銀山は信長の直轄《ちょっかつ》領となった。そこから採掘《さいくつ》される銀は、信長の貴重な財源となる。のちに秀吉や家康もここを直轄地として、決して余人に手をふれさせなかった。とくに家康は採掘を進めて、全国一の出産量となり、石見《いわみ》銀山と合わせて、日本は当時では世界一の出銀量を誇ったのである。

生野銀山の着眼は、堺《さかい》の支配と同じようなもので、信長がいかに財源の確保に血まなこになっていたかがうかがえる。

政権構想をめぐる信長と将軍の対立

義昭《よしあき》と信長の蜜月《みつげつ》は、だれもが予想していたように、かりそめのものであった。永禄《えいろく》十一年（一五六八）七月に岐阜の立政寺《りゅうしょうじ》で対面してから、蜜のような関係はわずか一年しかもたなかった。

対立の直接原因は、信長が南伊勢を攻めて、伊勢国司《こくし》として君臨した名門の北《きた》畠《ばたけ》具教《とものり》を降伏させたことである。その北畠家に信長が次男の信雄《のぶかつ》を養子に入れて、家督を奪った。

国司の任命権は、将軍にあるというのが従来の考え方である。それを信長が相談もなく、勝手に北畠家を乗っ取ったことに、義昭は不快感をあらわにした。

信長の狙いは、前年の北伊勢につづいて南伊勢を手に入れることで、尾張と美濃への脅威を除く。そして近江《おうみ》、京都へ抜ける東海道を確保し、いまだ服従しようとしない六角義賢《ろっかくよしかた》の勢力をそぐことにあった。しかも、

「伊勢と尾張、美濃の三国を支配したうえに、越前（福井県）を手にすれば、日本を東と西に完全に分断できる」

と考えたからである。とくに東日本の上杉氏、武田氏、北条氏といった潜在敵国が京都と結ぶ交易路をことごとく遮断《しゃだん》できることになる。そのため伊勢を征した翌年の元亀《げんき》元年（一五七〇）、信長は大挙して越前に攻め入るのであるが、そこには東西分断の戦略があったからである。

ちなみに、この太平洋から日本海をはさむ地帯は、東と西の文化も分けている。

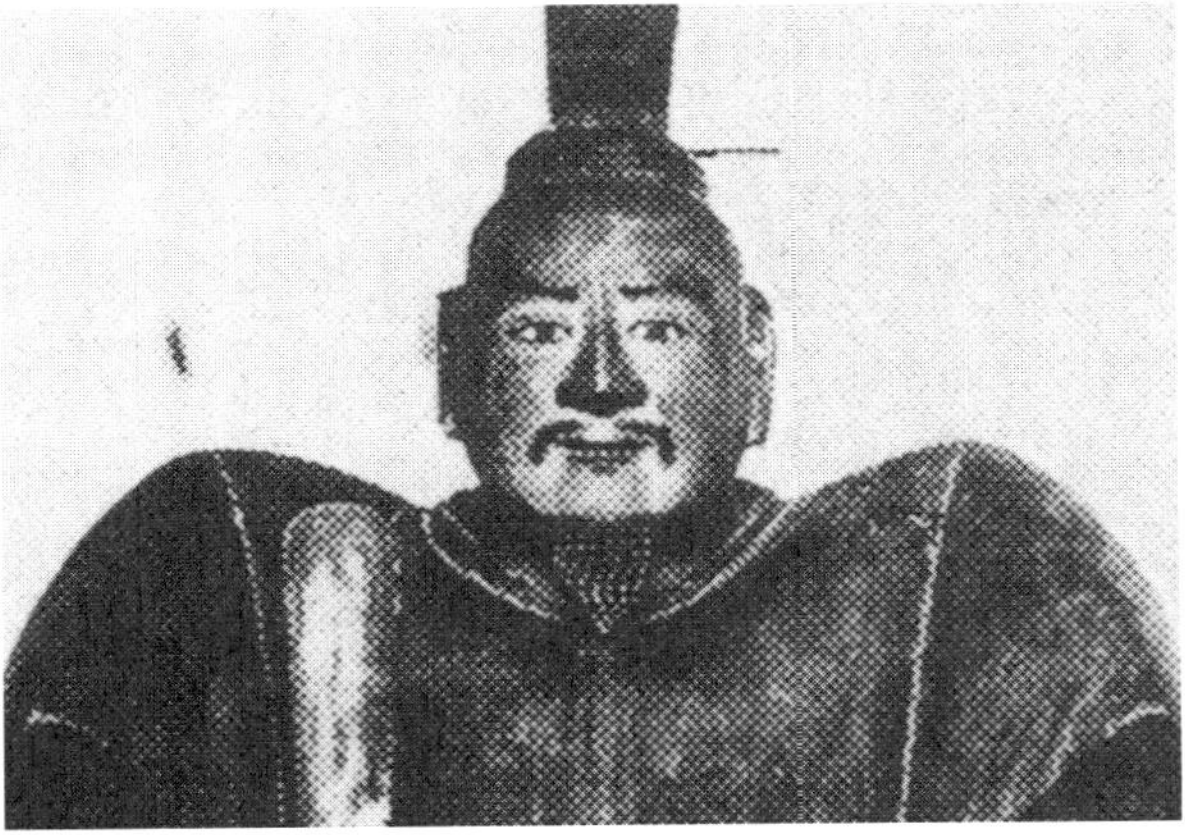

▲**足利義昭木像**（等持院蔵）

▲**織田信雄画像**（総見寺蔵）

そこは東西の方言の境界線でもあり、食文化においても、たとえば四角い餅の東と丸い餅の西とのちがいが表われる地帯でもある。

このことは見方を変えれば、信長や秀吉が育った尾張や、家康の三河は東西の異なった文化の融合地帯ということになる。彼ら三人がいずれも天下に覇《は》を唱えるようになるのは、もちろん強力な武力が背景にあったとはいえ、その潜在的な社会意識には東と西の日本を融合し得る要因をもっていたからである。

いずれにしても信長が東と西を分断し、やがてそれを統一しようとする構想は、じつに雄大である。ところが義昭は、信長がそんな戦略を描いているなど露《つゆ》知らず、ただ名門の北畠家を信長が勝手に奪ってしまったことに腹を立てたのである。

次男の信雄を北畠家の本拠大河内城《おおこうち》（松阪市）に入れ、三男の信孝《のぶたか》を神戸《かんべ》家、弟の信包《のぶかね》を長野家に入れて伊勢を一族支配で固めた信長は、国内の諸城を破壊するよう命じ、さらに関所の全廃といった仕置《しおき》を終えると、伊勢神宮に参拝し、確保した戦略路を通って千草《ちぐさ》峠から近江に抜けて、京都に入った。秋も深まってきた永禄十二年（一五六九）十月十一日のことである。

意気揚々《ようよう》と上洛した信長はこのとき、すぐさま義昭と衝突、「わしは美濃に戻る」と滞在わずか五日にして岐阜に引き揚げた。半年前には、岐阜に帰る信長を涙をうかべて見送った義昭である。そんな二人の蜜月の関係を知る京の人々の驚きは尋常ではなかった。

衝突の原因は明らかではない。ただ奈良・興福寺《こうふくじ》の『多聞院日記《たもんいんにっき》』では、「将軍と意見が対立して岐阜に帰った」とあることから考えると、信長が独断で進めた伊勢の支配をめぐって、義昭と意見が対立したようである。

その結果、政権をめぐる二人の考え方のちがいが鮮明になった。すなわち、あくまでも信長を家臣とみなして、天下の政治を一手に司《つかさど》りたい義昭と、彼を形式的な将軍として飾りたて、武力を背景に思うように政権を操りたい信長の野望が、もはや埋めることのできない対立となったのである。

事のなりゆきに驚いた正親町《おおぎまち》天皇は、わざわざ勅使を岐阜に派遣した。「信長がにわかに帰国したとのことで驚いている。何の理由によるものかと心配している朕《ちん》の不安の気持ちを伝えてほしい」

天皇が当事者に直接話法でことばをかけることは少ないが、明らかに正親町天皇が信長と義昭の仲介に乗り出したものである。天皇は二人の対立によって、再び京洛が争乱の巷《ちまた》となることを心配した。

将軍に突きつけた「五カ条覚書」

信長は天皇のとりなしということで、事態収拾に動いた。この時点から信長は、将軍よりも天皇の存在に重きをおくようになる。仲介に乗り出した天皇に権威の一元化を求めたのである。そのため将軍義昭の存在は、信長の中で急速に価値を失っていく。

正親町天皇の調停を受けた信長は、事態の収拾に乗り出すが、それは一気に義昭に対して攻勢に出たものであった。「五カ条覚書」を義昭に突きつけて、彼の政治力を奪う強硬な手を打ったのだ。

その覚書には、

「信長の承認なしに義昭が諸国の大名に命令を出すことを禁止する」（第一条）
「これまで義昭が出した命令は破棄する」（第二条）
「義昭に忠節を尽くした者に恩賞として与えるべき所領がなければ、信長の領内の土地を与えてもよい」（第三条）
「朝廷のことは常に油断なくつとめること」（第五条）

そして第四条には、

「天下の儀《ぎ》、何様《なにさま》にも信長に任《まか》せ置《おか》るるの上は、誰々によらず、上意《じょうい》をうるに及ばず、分別次第に申しつくべきこと」

とした。

天下のことはすべて信長に任せたのだから、だれであっても将軍の意向をうかがう必要はなく、信長の意向に従うこと、という内容である。

これは天下に向かって、

「将軍義昭は信長の傀儡《かいらい》である」と宣言したも同然である。義昭の反応が注目されたが、彼はあっさりと覚書に調印して、承諾したのである。

この覚書には、信長が「天下布武《てんかふぶ》」の印を朱肉で赤々と押したのに対し、義昭は「義昭宝」の黒い印を袖判《そではん》（文書の効力の認証）にした。一片の紙きれに押された二つの印文の色は、あたかも躍動する者と陰謀を心に秘める者との対照を表わしていた。

義昭には耐えがたい屈辱であったが、この男はそんなことはおくびにも出さない。元亀《げんき》元年（一五七〇）二月三十日、上洛した信長をにこやかに出迎え、猿楽《さるがく》や調馬《ちょうば》をたのしみ、また放鷹《ほうよう》を共にするなどまことに二人の間は平穏で、何の対立もないようであった。

効果がなかった将軍義昭の密書

朝廷の公卿《くぎょう》たちが、まず信長の滞在する妙覚寺《みょうかくじ》に参礼し、それから幕府の義昭《よしあき》のもとを訪ねている。本来であれば、まず将軍に参礼して、ついで信長を訪れるというのが順序であるが、義昭はまったく意に介する様子はなかった。蜜月《みつげつ》は再び戻ったかに思われた。京都はまことに太平の空気につつまれたかのようであった。

ところが、この間、義昭は信長打倒の計画をひそかに実行に移していた。もう一匹の鵺《ぬえ》がその正体をむき出しにしはじめたのである。彼は毛利元就《もうりもとなり》・輝元《てるもと》や九州の大友義鎮《おおともよししげ》（宗麟《そうりん》）らに上洛《じょうらく》をうながす一方、朝倉義景《あさくらよしかげ》、浅井長政《あざいながまさ》、六角義賢《ろっかくよしかた》に信長討伐《とうばつ》を命じる密書を次々に発していたのである。

信長は、そんな義昭の腹の内はすでに読んでいる。今度の上洛は、義昭に「五カ条覚書」の履行《りこう》を迫るというよりも、義昭が頼りにするようになった越前の朝倉攻めが目的である。密書を乱発するなら、その受け取り先を潰《つぶ》せばよい。これが将軍の地位をまったくの名ばかりのものとする。しかもこれは日本を東西に分断して勢力圏の伸長をはかる信長の戦略にもそうものだ。

すでに信長は、

「伊勢平定後は阿波《あわ》・讃岐《さぬき》の三好三人衆か、越前の朝倉氏のいずれかに兵を向ける」

と予告していた。

これは「備前・播磨《はりま》へ出兵されたし」という毛利元就の要請に対して、日乗朝山《にちじようちようざん》を通じて断ったときの口実である。

義昭が他の大名と結ぶ動きをとらず、信長に全面的に従えば、旧敵の三好三人衆を根こそぎ討ってやる。しかし、朝倉義景や武田信玄《たけだしんげん》らと組むような画策をすれば、まず朝倉を血祭りに上げる。毛利への返答は、じつは義昭を牽制《けんせい》するためのものでもあった。

ところが義昭はしきりに密書を発して、信長討伐を命じている。これを知りながら信長は、義昭と朝倉義景の分断を策した。二条城の落成にことよせて、「上洛して新将軍に挨拶せよ」

と招集状を発した。義昭の密命を受けている義景は、もとより信長の上洛勧告には応じず、これを黙殺した。

義景の頭の中には、織田家はもともと越前織田荘《おだのしよう》（福井県織田町）の荘官の出身ではないか。守護の斯波《しば》氏に従って尾張に行かなければ、朝倉家の配下となる者ではないか、という思いがある。そんな者の命令にだれが従えるか、という心理があった。

これに対して信長は、平然と「将軍に対して不忠」と、義景を弾劾《だんがい》した。

将軍という名目を牛耳る信長の強引な手法である。が、この弾劾理由は、京都の平安を祈る天皇や京の人々の支持を得た。正親町《おおぎまち》天皇はみずから内侍所《ないしどころ》にて千度祓《ばらい》という神事を行ない、信長の戦勝を祈願している。朝廷は信長を将軍義昭にかわる実権者として認識したのである。

四月二十日、ついに信長は朝倉氏追討《ついとう》のため、三万の大軍を率いて京を出立《しゅったつ》した。それには徳川家康も加わっていた。家康は武田信玄と今川氏の領国を大井川で分割することを約束し、遠江《とおとうみ》をほぼ平定、三河と合わせて二カ国を領するようになっていた。彼は信長との攻守同盟を守って、千騎にも満たないわずかな手勢ながら織田軍に加わっている。

信玄は苦もなく今川氏真《いまがわうじざね》を追い払って、駿府《すんぷ》（静岡市）を占領していた。衰弱した今川氏は、家康と信玄の餌食《えじき》にされたわけであるが、早晩、国境《くにざかい》を接するこの二人は戦わなければならない運命にある。そのときのために家康は、このたびの信長の招きに律義に応えて出陣、攻守同盟の結びつきを深めようとしたのである。

水を朱に染めた姉川の合戦の真相

浅井長政の離反と「殿軍」の秀吉

元亀《げんき》元年（一五七〇）四月二十五日、華麗な軍装を整えた信長は、春まっ盛りの若狭《わかさ》から敦賀《つるが》に侵攻し、まず朝倉の支城の天筒山《てづつやま》城を一日で落とした。翌日、南北朝のとき新田義貞《にったよしさだ》が籠《こも》って奮戦したことでも知られる金《かね》ヶ崎《さき》城を攻撃、城将の朝倉《あさくら》景恒《かげつね》を追い払った。わずか二日のうちに敵の防衛線を突破した信長の脳裡《のうり》には、木ノ芽峠を越えて、朝倉義景《よしかげ》のいる一乗谷《いちじょうだに》に怒濤《どとう》のごとく進軍する自軍の雄姿が浮かんでいた。

そのとき、信長はまったく信じがたい情報に接した。北近江《おうみ》の浅井長政《あざいながまさ》がにわかに兵をおこし、信長軍の退路を断つ構えをとったというのである。

信長ははじめ、その報告を信じなかった。長政には、妹のお市《いち》を与えて縁者になっている。しかも、北近江の領土を保証してやっている。「その長政がなんの不足があって、オレの背後を突くような真似をするのか」。信長は報告の使者をかえって叱りつけたが、その後も次々と情報がもたらされるにおよんで、怒りは驚愕《きょうがく》に変わった。

浅井長政は、長年にわたって敵対していた六角義賢《ろっかくよしかた》とも手を組んで、信長の背後を討とうとしているというのだ。もはや長政の離反は明らかである。近江全域が離反したとなれば、信長軍は京都へも、美濃へも戻ることができず、敵中にまったく孤立する。しかも前面に朝倉軍、背面には浅井軍と、腹背に敵を受けて挟み撃ちの状態となる。ましてや金ヶ崎城のある敦賀は、三方を山に囲まれ、一方は海に面する狭隘《きょうあい》な地である。三万の大軍は、袋のネズミとなって潰滅《かいめつ》する危険がある。

信長の決断は、早かった。

「是非《ぜひ》に及ばず」（『信長公記《しんちょうこうき》』巻三）

のひと言のもとに、撤退を決意。木下《きのした》（豊臣）秀吉《ひでよし》を退却軍の殿軍《しんがり》にするや、信長みずから先頭に立って、ひそかに、そしてすみやかに京都に向けて退却した。

「是非に及ばず」といった信長のことばは、のちに本能寺で明智光秀《あけちみつひで》の謀叛《むほん》を知ったとき発したものと同じである。「いまさらジタバタしてもはじまらぬ」。この口癖は、決断の早さと、思い切りのよい信長の性格をじつによく表わしている。

四月二十八日夜半、撤退を開始した信長は、若狭《わかさ》街道を南下、朽木《くつき》谷を経て三十

▲**豊臣秀吉画像**(光福寺蔵)

日夜には、京都に戻る。殿軍を引き受けた秀吉は、金ヶ崎城に旗指物《はたさしもの》を多く翻《ひるがえ》して大軍が依然として駐留しているようにみせかけた。そして退路に沿って鉄砲隊を二段構え、三段構えに伏せさせて追撃する敵兵をかわして、殿軍の役目を果たした。これが「金ヶ崎の《の》退き口《ぐち》」といわれる秀吉の軍略で、これによって彼の武名は一挙に高まった。秀吉はこの功績で、のちに北近江・長浜城主に抜擢《ばってき》される。

信長にとって思いもよらぬ撤退は、この後三年におよぶ危機と苦闘のはじまりでしかなかった。

ところで浅井長政は、なぜ信長から離反を決意したのであろうか。

よくいわれるところでは、お市《いち》をもらって縁戚《えんせき》同盟を結んだとき、朝倉氏とは代々特別な仲だから、朝倉氏とは事をかまえてくれるなと条件を出し、信長が承知したにもかかわらず、これを破った。しかも浅井には何の挨拶もなく、朝倉を攻めたのは、まことに信義に反した行動である。信長は信用できぬ。こんな奴と手を握っていても、必ず将来は当家へも攻撃の矛先が向けられるにちがいない。

とくに長政の父久政《ひさまさ》は、信長を討つべしと強硬に主張。長政は愛するお市のこともあって、迷いに迷ったが、朝倉との信義を守るべしという久政や重臣の勧めに動かされ、ついに兵を挙げたという。

この通説でいくと浅井父子は、信義を守り抜いた美談の武将ということになる。ところが戦国の世の中では、美談も信義などということばも、まったくの建て前にしかすぎない。

信長は浅井長政を「家来」とみなしていた

長政の離反の本当の理由は、ほかにあると考えられよう。まず挙げられるのが、信長が長政を「家来」(七月十日毛利氏宛の信長の手紙)とみなしていたという事実である。信長にとって長政は〃義弟〃にあたるが、彼とても北近江に根を張る小《お》谷《だに》城の城主である。縁者として同盟関係にはあるものの、信長の「家来」になった覚えはない。

ところが信長は勝手に長政を配下においたつもりになって、美濃と京都を結ぶ近江の要所を支配しはじめている。このままでは近江はやがて信長に征服されてしまうと危惧《きぐ》していたところに、信長の越前侵攻がはじまった。朝倉義景が討たれれば、北陸と結ぶ近江は信長には軍事上の要衝となり、やがて支配されるにちがいない。

長政が長年あれほど対立していた六角義賢と手を組んだのは、近江を信長の手から守ろうとすることの表われであった。

信長の脅威を感じていた長政に、「この機会に信長を追討《ついとう》すべし」という義昭の密書が届いた。将軍じきじきの信長討伐《とうばつ》の命令である。同じ内容の密書が上杉謙信《うえすぎけんしん》や武田信玄《たけだしんげん》にも届けられている。さらに三好三人衆や石山本願寺《いしやまほんがんじ》にも発せられているという。

義昭の御内書《ごないしょ》という形の密書を受け取ったとき、長政の心は決まった。しかも信長は三万の大軍を擁《よう》しているとはいえ、敦賀から木ノ芽峠を越えて府中、一乗谷《いちじょうだに》へ侵攻を開始すれば、その退路は完全にふさぐことができる。

「勝てる。信長の首は必ずとれる」

長政はそう計算した。「勝てる」と判断できたとき以外は兵はおこさないのが武将である。このときの長政の判断は、ちょうど明智光秀が京都・本能寺にわずかな手勢しかいない無防備な信長を襲おうと決断したときとまったく同じである。

長政はおそらく信長を討ったあとは、美濃と尾張を手に入れ、六角義賢は伊勢を支配するという密約もなされていたであろう。

だが、この計画も信長の素早い撤退で水泡に帰した。残ったのは、煮え湯を飲まされた信長のすさまじいばかりの怒りであった。

金ヶ崎から退却してきた敗軍の信長を、将軍義昭がどんな面持ちで迎えたかは定かではない。表面では無事を喜び、慰労のことばをおくったであろうが、内心はホゾをかみしめていたにちがいない。だが、御内書という一枚の紙が浅井氏の決起をうながし、信長を追いつめたことに、大いに自信を深めたことだけは確かである。

一方、京に戻った信長は、この敗退の背後に義昭の謀略があると感じながらも、それを問いつめたい衝動をこらえた。もし義昭の不実を責めて、彼が敵勢力の懐《ふところ》にでも飛び込んでしまえば、せっかく信長にまとまりつつある政治の求心力はバラバラに解体してしまうことになる。

「ここは義昭の謀略を見て見ぬふりをして、煮え湯を飲ませた浅井長政に復讐することだ。それが何より義昭の謀略を叩き潰《つぶ》すことになる」

弾丸二発――九死に一生を得た信長

信長は五月九日、軍容を立て直すために京都を発《た》って岐阜に向かった。だが、すでに京と岐阜を結ぶ南近江《おうみ》は、六角義賢《ろっかくよしかた》の決起を受けて一揆《いっき》がいたるところで蜂起《ほうき》して、信長の帰路は遮断《しゃだん》されていた。

信長を敗軍とみて一揆は勢いづいていた。しかも浅井長政《あざいながまさ》も伊勢に抜ける八風越《はっぷう》えの要地となる鯰江《なまずえ》城（愛知郡）に軍勢を入れ、さらに同じく千草《ちぐさ》越えの要路となる市原《いちはら》の一揆を煽動《せんどう》、信長の帰路をことごとくふさごうとした。

これに対して信長は、森可成《もりよしなり》を宇佐山《うさやま》城（滋賀郡）に、佐久間信盛《さくまのぶもり》を永原《ながはら》城（野《や》洲《す》郡）、柴田勝家《しばたかついえ》を長光寺《ちょうこうじ》城（蒲生《がもう》郡）、中川重政《なかがわしげまさ》を安土《あづち》の砦（蒲生郡）に入れて守備を固めた。

こうした手を打っても、浅井、六角、一揆勢の蜂起は激しく、信長は近江を抜けることができなかった。十日間、南近江で足止めをくった信長は、日野《ひの》城主（蒲生郡）の蒲生賢秀《かたひで》・氏郷《うじさと》父子の案内で永原から千草峠を越えて、かろうじて岐阜に帰りついた。

が、そのとき不測の事態がおこった。信長が千草峠を越えるとみた六角義賢は、杉谷善住房《すぎたにぜんじゅうぼう》という鉄砲の名手に、信長狙撃を密命。これを受けた善住房は、わずか十二、三間（約二三メートル）離れたところから通過する信長を狙撃した。鉄砲の玉は轟音《ごうおん》を立てて発射された。しかも玉は二つ玉である。これは一個の銃弾を二つに割り、それを紙で包んだものである。いわば、のちの散弾の原型となるもので、命中率は極めて高い。

杉谷善住房の射った弾丸は、音とともに信長の体に命中したかに思われた。が、二つ玉は袖《そで》口をかすめて、皮膚にカスリ傷を負わせただけであった。

「天は信長公を守られた」と『信長公記《しんちょうこうき》』は報告しているが、まさに危機一髪であった。鉄砲の威力にだれよりもいち早く注目していた信長が、皮肉なことにたった一人の狙撃手に命を奪われようとしたのである。信長は肝《きも》を冷やしたと同時に、敵への怒りに身を震わせた。

すぐに秀吉に堺《さかい》での鉄砲と火薬の買いつけを命じ、さらに佐々成政《さっさなりまさ》に鉄砲隊五百人を編成させた。鉄砲が組織的に用いられるようになるのは、信長が狙撃されたことがきっかけになったともいえよう。

ちなみに杉谷善住房は、そののち隠れているところを捕らえられ、岐阜城下の道すじに顔だけ出して、体は穴埋めにされた。通行人は、竹製のノコギリで善住房の首をひくことを命じられた。彼は苦痛の末に絶命。憤りを晴らした信長は、大いに満足したという。

「家康の大功」とされた姉川の合戦

元亀《げんき》元年（一五七〇）六月二十八日、信長は徳川家康《とくがわいえやす》の助力を得て、北近江《おうみ》の姉《あね》川《がわ》で浅井《あざい》・朝倉《あさくら》の連合軍と激戦ののち、これを打ち破って潰走《かいそう》させた。

これが姉川の合戦である。この合戦は、浅井と織田では対峙《たいじ》した地点の地名をとって野村《のむら》合戦といい、朝倉は徳川軍と対戦した地名から三田村《みたむら》合戦という。

一方、徳川はこれを姉川の合戦という。のちに家康が天下を盗《と》ったため、結局、姉川の合戦という名前に落ち着いたのであるが、徳川が姉川の名前にこだわったのは、自軍の奮戦によって姉川沿いの戦局を勝利に導いたのだ、という強い自信の表われでもあった。

五千人の精鋭を率いて参加した家康は、姉川を越えて迫る一万の朝倉軍と激戦を交わし、よく防いでついに朝倉軍を押し戻した。朝倉は徳川の二倍の勢力でありながら、肝心の総大将朝倉義景《よしかげ》が出陣してこなかったために、士気は徳川軍よりも劣っていた。

一方、信長軍は二万。そのうち五千人は敵の横山城の監視にあたっていたため、姉川に展開したのは一万五千。対する浅井はおよそ八千。数のうえでは信長軍優勢であるが、この一戦にかける浅井軍の意気込みは強い。

合戦の火ぶたが切られるや、いっせいに姉川を渡って信長軍に迫った。十三段の構えをとる信長軍は十一段まで崩れ、一時は姉川から十町（約一キロ）ばかり退却させられた。後ろにひかえる信長の本陣も危険に瀕《ひん》するか、とみえたとき、早くも朝倉軍を押し戻して勝色《かちいろ》をみせはじめた徳川軍の援軍として差し向けられていた稲《いな》

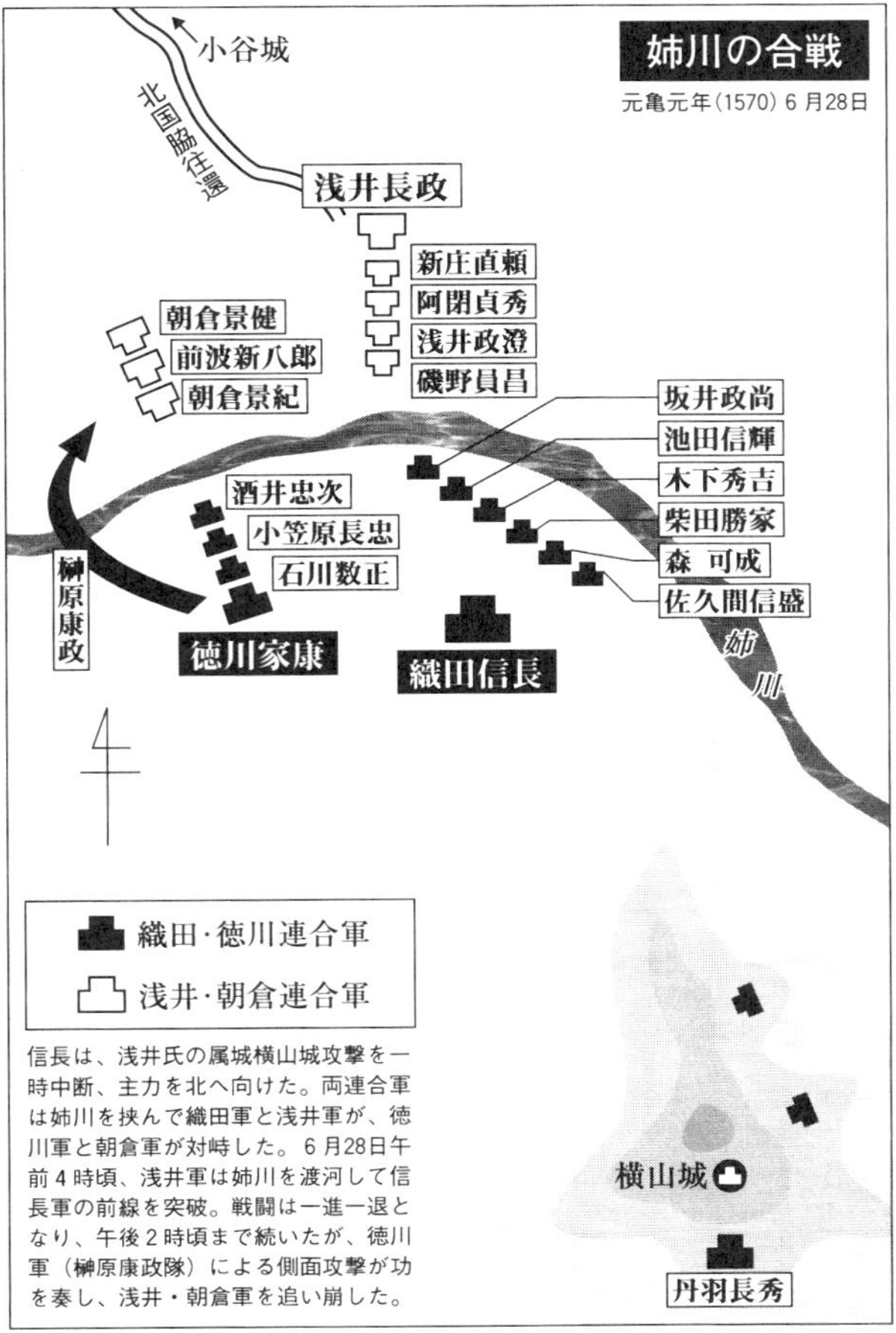

信長は、浅井氏の属城横山城攻撃を一時中断、主力を北へ向けた。両連合軍は姉川を挟んで織田軍と浅井軍が、徳川軍と朝倉軍が対峙した。6月28日午前4時頃、浅井軍は姉川を渡河して信長軍の前線を突破。戦闘は一進一退となり、午後2時頃まで続いたが、徳川軍（榊原康政隊）による側面攻撃が功を奏し、浅井・朝倉軍を追い崩した。

葉《ば》一鉄《いってつ》の千人余りが、浅井軍の右翼に横やりを入れた。

さらに横山城の押さえに残しておいた氏家卜全《うじいえぼくぜん》と安藤守就《あんどうもりなり》の兵およそ二千が、浅井軍の左翼を攻撃した。この左右からの横やりで、信長軍はやっと盛り返し、浅井軍を破ることができた。

この合戦の勝利の一因は、徳川軍の奮戦であり、稲葉、氏家、安藤のいわゆる美濃三人衆のはたらきであった。信長は彼ら三人に感状《かんじょう》と太刀《たち》などをやり、家康には「今日の大功挙《あ》げて云《い》うべからず」という感状と、第十三代足利《あしかが》将軍義輝《よしてる》が秘蔵していた長光《おきみつ》の刀を添えて与えていることから、彼ら外様《とざま》組の尽力がいかに大きかったかを物語っている。徳川がこの合戦を姉川の合戦として誇ったのも当然のことであった。

肝心の信長軍は、池田信輝《いけだのぶてる》、木下秀吉《きのしたひでよし》、柴田勝家《しばたかついえ》、森可成《もりよしなり》、佐久間信盛《さくまのぶもり》と精鋭をそろえていたのに、次々に崩れた。敦賀《つるが》・金ヶ崎《かねさき》からの撤退が尾を引いていたのであろうが、信長軍は一大会戦には弱いという欠点をさらけ出した。佐々成政《さっさなりまさ》らにゆだねた五百人の鉄砲隊も機能しなかった。

信長は浅井長政を小谷《おだに》城に追い込み、横山城を開城させて秀吉をそこに置いた。この戦いは勝利したものの、信長の心は晴れなかった。「大勢力がぶつかり合う会戦に、いかにしたら完全な勝利を得ることができるか」。信長は自軍の弱さを克服する戦術を考えつづけた。その結論を出したのが、鉄砲隊を中心として戦った長篠《ながしの》の合戦である。

姉川合戦の死者は、浅井・朝倉軍千七百余人、織田・徳川軍八百余人。姉川は死傷者の血で真っ赤に染まったという。その日、信長は細川藤孝《ほそかわふじたか》に宛てた手紙に、「野も田畠も死骸《しがい》ばかりに候《そうろう》。誠に天下のため大慶これに過ぎず候」と書いた。義昭の目にふれることを前提にした内容である。信長の勝利を知った義昭は、身の不安をおぼえて、三好の残党や石山本願寺《いしやまほんがんじ》に檄《げき》を飛ばして決起をうながす。これに応じて三好の残党は摂津の野田と福島に陣を据《す》え、石山本願寺もまた朝倉氏と姻戚《いんせき》を結んでいた関係から、近畿や北陸の一向宗門徒に信長との抗争をひそかに指令した。

局地戦の勝利を政治力に変える信長の戦略

信長は横山城に木下秀吉《きのしたひでよし》を入れて、小谷《おだに》城の押さえとし、浅井の部将である磯野《いその》員昌《かずまさ》が籠《こも》る佐和山城には丹羽長秀《にわながひで》らをおいて包囲させ、あわせて朝倉軍の南下を牽制《けんせい》させた。

一気に小谷城を攻撃すべし、という意見もあったが、信長はこれを制した。兵員の損傷率が高かったこともあるが、「京都への交通路の確保ができれば、この合戦の目的は達せられる」と考えていたからだ。

敵を完全に潰滅《かいめつ》させる勝利こそ理想的な勝利であるが、それができないときは局地戦に勝利することで、それを政治力に変える。これまで完全な勝利を求めて戦ってきた信長は、この姉川の合戦を契機に、部分勝利を政治力に変えるという戦略に切り換えていくようになる。「四面がみな敵になりうるという状況では、この戦略にまさるものはない」というのが信長の考えである。

小谷城を攻略せずに、七月四日にいったん京都に入り、ついで岐阜に戻った信長を、義昭や三好党は戦略的に敗退したとみた。

いまこそ信長を倒す好機とみた彼らは、摂津《せっつ》・中島に入り、野田と福島に砦を構えた。そこは大坂湾に面し、三方は川で取り囲まれた低湿地である。ここに信長軍を迎えて討つというわけである。しかも背後には石山本願寺《いしやまほんがんじ》が一大城郭のように聳《そび》え立っている。はっきりと去就の定まらない本願寺《ほんがんじ》顕如《けんにょ》（光佐《こうさ》）だが、信長が攻めてくれれば必ず決起するだろう。

本願寺が挙兵すれば、朝倉・浅井も再び決起して、信長の背後を襲うことは確約されていた。信長を摂津におびき出して、腹背両面から挟撃するという作戦は、じつは信長の懐中にいて一応なりとも地位が保証されている義昭の立案であった。

もとより信長は、義昭の策謀を承知している。三好党の決起を知った信長は、その義昭に同行を求めて、摂津に出陣した。そればかりか将軍の命令として根来寺《ねごろじ》の僧侶に動員をかけ、鉄砲隊を編成する。さらに野田、福島の砦を見下ろす井楼《せいろう》の建設や、鉄砲をひと回り大きくした「大鉄砲」なるものを造らせて井楼に備えさせた。これも、義昭が京都から鍛冶《かじ》や番匠《ばんしょう》（大工）を招いたものを用いた。義昭の手勢を使って、彼が内通する敵にあたらせるという手法である。

毒には毒をもって制す――。信長のほうが義昭よりも毒の使い方を心得ていた。

三千挺の鉄砲と大鉄砲と大砲と

八月二十六日、摂津の天王寺《てんのうじ》に本陣をおいた信長は、二万の兵力を展開、三千挺もあると信長が豪語した鉄砲をもって三好党の籠《こも》る砦の攻撃を命じた。畿内《きない》の鉄砲を集めたのであろう。鉄砲の数もさることながら、井楼から射たれる大鉄砲の威力は、すさまじいものがあった。この大鉄砲は、イタリアの宣教師グネッチ・オルガンチーノの報告書にある「長銃」のことで、銃身が五、六尺（約一・七メートル）、口径二、三センチもある大型の鉄砲で、城郭の狭間《さま》（銃眼）などに据《す》えられた。

火縄銃が日本に伝わってから二十七年。各地で激化する戦闘は、鉄砲を必要とし、その改良さえも急速に行なわれていた。この改良は鉄砲の生産地となる堺《さかい》や近江《おうみ》の国友《くにとも》で行なわれていた。信長はこれにいち早く目をつけて用いた。

のちに鉄板で装甲した軍船に大砲を搭載して、石山本願寺の救援に駆けつけた毛利水軍を木津川沖で打ち破っているが、この大砲の生産をうながしたのも海戦という戦闘の出現であり、その形態に対応しようとする信長の着眼があった。

ちなみに大砲は豊後《ぶんご》（大分）の大友宗麟《おおともそうりん》がポルトガル商人から手に入れたものを改造して、それを信長との交誼《こうぎ》の証《あかし》として献上しているが、それ以前にすでに信長は大砲を鉄甲船に搭載している。それを目撃したオルガンチーノは、

「豊後の大友氏が数門の小さな砲を造った以外には、日本には大砲はないはずだ」

と大いに驚いているが、ヨーロッパの軍事と兵器の情報は、ポルトガル商人や宣教師によって信長に伝えられていたとみてよい。信長が接触をもったイエズス会の多くは軍人経験者であった。信長が好んで彼らと接触したのは、物好きという趣味の領域ではなく、彼らのもつ軍事情報の入手が主眼であったのである。

ちなみに、ルイス・フロイスをはじめとする宣教師の報告書には、日本の情勢や

人物の動向が丹念に綴られているが、宣教師自身がもっていた情報がどのように信長らに伝えられたかは、一切ふれられていない。しかし、その国の権力者にとり入ってキリスト教布教を許可してもらうためには、権力者が求めているものを小出しに提供するというのが、どうも彼らの手法であったようだ。

彼ら宣教師は、植民地支配に強い意欲をもつスペインやポルトガルの国王に直結し、その軍事力を背景にアジアへの布教を行なったという側面は見逃すことはできないであろう。いわば軍事力と経済支配、そして宗教の〝三位一体〟を背負って活動していたのが、当時の宣教師の実態であったといえよう。

いずれにしても、この野田砦、福島砦の攻防は、日本で初めてともいえる銃撃戦となった。「御敵味方《おんてきみかた》の鉄砲、誠に日夜天地も響くばかりに候《そうろう》」（『信長公記《しんちょうこうき》』巻三）という近代戦を思わせるものであった。

たまりかねた三好党は、ついに和睦《わぼく》を求めたが、信長はこれを許さず、攻撃をゆるめない。信長には、この戦いにおいて一つの目的があった。それは、三好党を強力な武力で攻め立てることによって石山本願寺を震《ふる》え上がらせ、本願寺法主《ほっす》の顕如《けんにょ》（光佐《こうさ》）を石山の地から退去させることであった。

中世体制を破壊する〝魔王〟の狙い

石山本願寺の地への執着と誤算

本願寺が建つ石山の地は、のちに秀吉がその跡地に大坂城を築城したことでもわかるように、平地の城郭を建てるには優れた地形である。しかも淀《よど》川の入江にあって、港湾の地の利も得ている。交易港として栄える堺《さかい》と兵庫との、ちょうど中間にも位置する。

この石山を押さえれば、美濃、近江《おうみ》、京都を結びつけられ、信長の軍事と交易の回廊は、瀬戸内海を通じて四国・中国・九州へと延ばされていく。しかも、その先の東南アジア、さらにはヨーロッパと結ばれ、海の交易路が大きく開かれることになる。ヨーロッパの大航海時代に対応する日本の開かれた外港となるはずである。

信長は二年前に義昭を擁立《ようりつ》して京都に入ったとき、すでに石山本願寺《いしやまほんがんじ》に五千貫の軍資金を課していた。この軍資金を出さねば、本願寺を破却《はきゃく》するぞという脅《おど》しもかけている。このときから信長は、石山を狙っていたのであるが、本願寺は軍資金を納めて、信長の矛先をかわした。

信長はなんとしてでも、石山がほしかった。和睦《わぼく》を求める三好党を許さず、野田砦、福島砦を鉄砲や大鉄砲で攻めまくったのは、石山の本願寺をおびえさせて、そこから退却させる脅しでもあった。

事実、信長は三好党に攻撃をかけながら、本願寺の破却を要求した。顕如《けんにょ》（光佐《こうさ》）が諸国の一向宗門徒《いっこうしゅうもんと》に発した檄文《げきぶん》には、「信長が本願寺の破却を求めてきたので、仏法を守るために、やむなく挙兵する」と記されている。

この場合の破却とは、本願寺をことごとく潰《つぶ》すというものではなく、城郭としての性格をもつ本願寺の建造物の破壊を求めたものである。これは城地の明け渡しを要求したものとみてよい。それほど信長は、本願寺が建つ石山の地がほしかった。

本願寺はいとも簡単に、脅しに屈するものと信長は考えた。石山八町とも十町ともいわれる広大な寺内町を形成している本願寺といえども、黒衣を着た坊主どもが支配しているだけである。強大な武力の前には、必ずや坊主どもがおじけづいて、素直に寺地を明け渡すにちがいない。以前、堺衆が抵抗した矢銭《やせん》（軍資金）も本願寺はあっけなく上納しているではないか。

「本願寺顕如は必ず退却に応じる」と信長は読んだ。そのため三好党の籠《こも》る野田砦と福島砦の攻撃は手をゆるめることなく加えられた。

ところが、信長の読みはまったくはずれたのである。野田・福島の陥落が目の前に迫ると、「野田・福島落ち居候《いそうら》わば、大坂（本願寺）滅亡の儀と存知」と顕如は強い危機感をいだいた。ついに諸国の一向宗徒に信長打倒すべしとの檄を飛ばす一方、みずからも抗戦を決意した。

元亀《げんき》元年（一五七〇）九月十二日夜半、本願寺内の鐘という鐘が乱打されるや、一向宗徒は摂津に展開する信長の陣営をいっせいに襲った。かくして天正《てんしょう》八年（一五八〇）にいたる十一年もの石山戦争がはじまったのである。

強腕で押しまくれば、本願寺は屈伏するだろうとみた信長の完全なまでの読みちがいである。この読みちがいは、彼の天下布武《てんかふぶ》の構想を根本から変更させるものとなる。

歴史に「もし」はタブーである。だが、「もし」が許されるならば、それは私たちにとって魅力的な教訓を与えてくれる。そこで、もし信長が本願寺を敵に回すことなく、融和策をとっていたらどうであろうか、と考えてみた。伊勢長島の一向一揆をはじめ各地の一向宗徒たちは、反信長戦線の強力な主力部隊とはならなかったにちがいない。また、彼らと結ぶ朝倉・浅井軍に振り回されることなく、畿内《きない》の覇権はすみやかに確立することができたであろう。

さらにいえば、十一年におよぶ泥沼のような石山戦争は回避されて、その間に四国の長宗我部《ちょうそかべ》氏や中国の毛利氏を制し、九州まで勢力を伸ばすことができたことは疑いのないところである。

このように「もし石山本願寺と戦わなかったら」という仮説を立ててみると、いかにこの十一年にわたる戦争が信長の天下布武を遅らせたかがわかるというものである。いいかえれば、彼が石山本願寺を敵にしたことによって、天下統一に狂いが生じ、それがネジれてしまい、畿内周辺だけの勢力圏しか掌握しえなかったのである。

信長は朝倉を攻めたとき、浅井長政の離反を招いたように、状況や人物への読みの甘さがみられ、根回しという詰めの甘さがあった。それが余計な合戦を引きおこした。そのため拡張すべき勢力圏を広げることができず、美濃の岐阜城から近江の安土《あづち》城に居城を移すだけにとどまった。安土城の偉容は、本来は大坂の石山本願寺跡地に聳《そび》えるべきものであった。

思いも寄らぬ本願寺の挙兵に、信長は仰天した。それでも力で本願寺は押さえられると考えていた。だが、それも甘い認識であったことを信長は思い知らされる。

「反信長」包囲網に信長の敗色濃し

本願寺の挙兵に呼応《こおう》して、朝倉・浅井連合軍が動いた。彼ら連合軍と近江門徒《おうみもんと》の合わせて三万は、琵琶《びわ》湖畔の坂本から宇佐山《うさやま》城に猛攻を加えた。この城は信長の弟の信治《のぶはる》と森可成《もりよしなり》が守っていたが、いずれも討死にした。

勢いに乗じた朝倉・浅井勢は大津に放火、逢坂《おうさか》山を越えて醍醐《だいご》、山科《やましな》を焼き払い、京都に迫る。それればかりか本願寺顕如《けんにょ》の「身命《しんみょう》をすてて仏法に忠節を尽くせ。これに従わぬ者は破門する」という檄《げき》に応じて、伊勢長島の門徒は願証寺《がんしょうじ》を中心に兵を挙げ、紀州門徒は鉄砲術に優れる雑賀《さいか》衆を中心に本願寺に馳せ参じ、戦闘部隊の主力となった。

いまや信長は、四面皆敵という窮地に陥った。しかも伊勢長島と近江の一向宗徒《いっこうしゅうと》の挙兵で、尾張・美濃と京都を結ぶ回廊が再び切断、信長勢は京都と摂津《せっつ》に封じ込められたのである。

信長はただちに野田砦、福島砦の囲みを解き、義昭を伴って京都に戻る。殿軍《しんがり》は柴田勝家《しばたかついえ》、和田惟政《わだこれまさ》を配して、本願寺勢の追撃に備えた。

信長が本願寺を挙兵させることで、朝倉・浅井軍を京都近くにまで引きつけ、これを一気に叩くという誘導作戦をとったとする見方がある。だが、摂津から京都への反転は、明らかに退却であり、それも淀《よど》川や宇治川を渡ることにかなり苦労していることから、朝倉・浅井の連合軍をおびき出す作戦であったとみることはできない。

むしろ信長は、危機的な状態に包囲されつつあった。

「本願寺挙兵す！」の知らせで、山城や河内一帯で土一揆《どいっき》がおこり、三好党は勢いを回復して山城久世郡の御牧《みまき》城を陥れた。さらに三好長治《みよしながはる》を補佐して、事実上の阿《あ》波《わ》を支配する篠原長房《しのはらながふさ》が阿波と讃岐《さぬき》の兵を率いて摂津の中島に上陸、三好党と本願寺を助ける。南近江では、六角義賢《ろっかくよしかた》・義弼《よしすけ》父子が再び挙兵、近江の一向宗徒がこれに呼応する。しかも、寺領の帰属で信長と対立していた比叡山延暦寺《ひえいざんえんりやくじ》の僧兵も、朝倉・浅井軍に味方した。

信長にとって本願寺の挙兵は、反信長戦線を形成させることになった。だが、その戦線を取りまとめる人物がいなかった。彼らは信長の勢力の拡大を憎んで勝手に挙兵しただけで、その盟主となるべき存在がいない。そのことだけが唯一、信長にとって救いであった。

本来なら、彼らをそそのかして反信長戦線を操作した将軍義昭《よしあき》が盟主となるべき存在である。しかし、彼の謀略を見抜いている信長は、表面では素知《そし》らぬふりをしながら、手許から義昭を決して離そうとはしない。毒をまき散らす王将を懐《ふところ》に入れ、その毒にさいなまれながらも決して手離さない。「四面楚歌《しめんそか》の状況の中で、王将を握っていることが活路となる」ということを信長は知っていた。それは、かつて主君筋にあたる斯波義銀《しばよしかね》を手許において清洲《きよす》城を手に入れ、尾張を平定したやり方と同じである。

とはいえ、王将を握っているからといって、閉塞《へいそく》状況が変わるわけではない。敵の状態に変化を与え、状況をつくり変えて、王将を動かすことが必要だ。信長は京都に戻ると、比叡山下の坂本に陣を進めた。朝倉・浅井軍は兵力を二分し、その一部を比叡山中の青山・鉢《はち》ヵ峰《みね》・壺笠《つぼかさ》山に入れて、東上する信長軍の主力に備えた。この時点で琵琶湖の西岸は、朝倉・浅井・山門《さんもん》（比叡山の僧兵）に押さえられ、東岸は六角義賢と一向一揆の門徒たちに押さえられていたことになる。

信長は、この琵琶湖の状況を変化させる手を打つ。まず朝倉・浅井軍を山中におく比叡山僧徒の代表者を招いて懐柔《かいじゅう》と恫喝《どうかつ》を与えた。

「味方につけば、領国内にある比叡山の寺領を返却する。僧侶の身として味方できぬとあれば、せめて中立を守れ。いずれも承知せねば、根本中堂《こんぽんちゅうどう》はじめ全山を焼き払う」

と威嚇《いかく》した。しかし僧徒はこれに応じず、琵琶湖の湖西一帯は睨《にら》み合いの膠着《こうちゃく》状態のままで、なんら状況の変化はなかった。

その一方で信長は、六角氏らが蜂起《ほうき》した湖東の状態にも力を加える。徳川家康《とくがわいえやす》に再び出陣を求めたのである。家康は姉川の合戦から三河に戻ると、居城を岡崎から浜松に移して、武田信玄《たけだしんげん》の侵出に備えていた。もし信長が京都・近江で敗北するようなことになれば、家康は信玄と反信長勢から挟み撃ちにされる。攻守同盟とはいえ、家康と信長はまさに運命をともにする関係にあった。

家康は二千の精兵を率いて近江坂田郡に出現した。小谷《おだに》城などの備えで釘づけになっていた木下秀吉《きのしたひでよし》、丹羽長秀《にわながひで》の諸隊は、家康の救援で余裕が生まれた。彼らは南近江の六角氏や一向一揆を撃退しながら、信長軍と合流した。

ところが、これでも状況が変化したわけではない。十一月になると、各地で戦線は膠着し、信長の敗色がしだいに濃くなりはじめた。しかも伊勢では長島を拠点とする一向一揆が、本願寺顕如の呼びかけに応じていたが、同月二十一日、かねて包囲していた尾張の小木江《おぎえ》城を攻め落とし、信長の弟信興《のぶおき》を自刃《じじん》に追い込んだ。

信長はこの九月以来、信治、信興《のぶおき》の二人の弟を失い、部将の森可成、坂井政尚《さかいまさなお》ら歴戦の勇士を敗死させている。もはや信長に残されたものは、政略という手段によって、信長包囲網を突き崩すしかなかった。

初めて天皇にすがった信長の思惑とは?

信長がまず目をつけたのが六角義賢《ろっかくよしかた》・義弼《よしすけ》父子と、三好三人衆きっての名将といわれる篠原長房《しのはらながふさ》である。彼らは朝倉・浅井や本願寺と綿密な連携をとって兵を動かしているわけではない。彼らの既得権を保証してやれば和睦《わぼく》を結ぶことができる。

信長はひそかに人を派遣して、六角および篠原との講和を探った。その結果、弟の信興《のぶおき》が小木江《おぎえ》城で自刃した、ちょうど同じ日に両者との講和が成立。信長は最悪の事態だけは脱することができた。

しかし依然として、朝倉・浅井・比叡《ひえい》山、そして本願寺とは対立したままである。そこで信長は、この苦境を切り抜けるために、天皇と将軍という伝統的な権威の利用を考える。信長がはじめて天皇の権威にすがろうとしたわけであるが、これが天皇制という懐《ふところ》の深いところに飛び込んだ第一歩であり、これ以降、将軍に代わって天皇の存在が重く信長にのしかかってくることになる。

信長は将軍義昭《よしあき》に対して、

「このたびの畿内《きない》の争乱は、天下の不祥事である。将軍たるもの、よろしく天皇の綸旨《りんじ》を奏請《そうせい》し、双方の講和を斡旋《あっせん》すべきである」

と半ば懇願し、半ば威嚇《いかく》した。信長を苦境に陥れた元凶は、そもそも義昭である。その彼に朝廷から講和勧告の綸旨を出させようというのであるから、やはり毒の使い方を心得ていたといえよう。

将軍義昭の奏請により、「天下安穏のために、織田、朝倉・浅井両者の融和を勧告する」との正親町《おおぎまち》天皇の綸旨によって、和睦が成立したのは元亀《げんき》元年（一五七〇）十二月十三日のこと。義昭みずから園城寺《おんじょうじ》（三井《みい》寺）に出向いて調停した結果であるとされている。

だが実際のところは、義昭は調停役を関白《かんぱく》二条晴良《にじょうはるなが》に押しつけた。二条晴良がしぶしぶ両者や比叡山の僧徒の間に立って調停したもので、義昭は憮然《ぶぜん》と懐手《ふところで》をしたまま園城寺の塔頭《たっちゅう》である光浄院《こうじょういん》に滞在していただけである。義昭は、信長と朝倉・浅井・比叡山との和睦など心から望んでいなかったのである。

「我は天下を望まず」といった信長の真意

信長方の史書となる『信長公記《しんちょうこうき》』や『信長記《しんちょうき》』によると、この和睦は冬が迫って動きがとれぬことを恐れた朝倉・浅井方が先に和議を申し出て、信長がこれを受けたとある。一方、朝倉方の『朝倉家記』は、信長が義昭と天皇に頼み込んで和平を望んだとする。記録者の立場によって百八十度ちがう記述であるが、真相は意外なところに書かれていた。

それは、家康の旗本である大久保彦左衛門忠教《おおくぼひこざえもんただたか》の自伝となる『三河物語《みかわものがたり》』である。そこには、朝倉・浅井軍が北近江《おうみ》で信長軍を圧倒し、岐阜への退路さえもふさがれた信長が、腰を折って和平を願い出たとある。

「天下は朝倉殿持ち給《たま》え、我は二度と望みなし」

朝倉義景《あさくらよしかげ》に天下の政道をまかせて、自分は二度と天下を盗《と》ろうという望みはもたないという起請文《きしょうもん》まで書いて、和睦にこぎつけたという。このとき、『三河物語』を書いた大久保彦左衛門は、わずか十歳で、家康に従って北近江に出陣していたわけではないが、そうした伝聞を帰陣した三河衆から聞いたのであろう。「不平居士《ふへいこじ》」の異名をとり、家康に対しても辛辣《しんらつ》な言辞《げんじ》を用いる大久保彦左衛門のこと、伝聞とはいえ、この記述には迫力がある。

しかも、浅井長政に宛てたと思われる信長の十一月二十八日付の朱印状《しゅいんじょう》には、「公家や寺社に関する政務は、あなたから行なっても、私には文句はない」という旨を書いている。つまり信長は、今後は公家《くげ》・寺社に対する政治についてては手を引くと言明しているのである。天下に二度と望みをもたぬと信長が誓約した、と書いた大久保彦左衛門の記述もあながち間違ってはいない。

この苦境を乗り切るためには、朝倉と浅井を和睦のテーブルにつけるための最大限の譲歩さえ行なっていたのである。虎口《ここう》を脱するためには、いかなる手段も用いてはばからない。それほど信長には、石山本願寺《いしやまほんがんじ》の挙兵からはじまった一連の包囲網は痛手であったのだ。

だが信長は、「天下に望みなし」といったとき、その舌の根の乾かぬうちに深い屈辱を覚える。「公家や寺社の政道をまかせる」と朱印状に書いたすぐその後から、強い憤りに胸が焼きちぎられる。そんな屈辱感を肚《はら》にしまって、何気ない顔つきで講和を進めて岐阜へ引き揚げた。三十七歳という年齢にしては老獪《ろうかい》である。やはり彼を〝戦略児〟と形容するしかない。

一度、肚に押さえ込んだ恥辱は、いつか晴らす。これが信長の性格である。負けず嫌いの性分といってよいものである。そんな性格は、やがて屈辱を与えた者たちの前に牙をむき出しにして現われてくる。比叡山の焼き討ちにつづく、朝倉・浅井への全面攻撃である。

長島一向一揆で大敗北した信長勢

屈辱的な講和で、かろうじて窮地を脱した信長は、元亀《げんき》元年（一五七〇）の暮れになってようやく岐阜に帰還した。復讐に燃える信長ではあるが、その相手は半年前の姉川《あねがわ》の合戦時よりもふえているばかりか、岐阜と京都を結ぶ回廊さえもかろうじて確保されている有様であった。

信長を取り巻く状態は、将軍義昭《よしあき》を擁立《ようりつ》して上洛《じょうらく》したときよりもはるかに悪化していた。近隣の敵が一掃されたどころか、ふえていたのである。姉川の合戦に勝利した余勢をかって、強引に石山本願寺《いしやまほんがんじ》を手に入れようとした強硬策の明らかな失敗である。四面に敵をかかえた信長を、知謀にたける松永久秀《まつながひさひで》などは見限って大和《やまと》に兵を引き揚げたほどである。

味方する者は離れていき、敵ばかりがふえた。元亀二年、信長は厳しい状況下で新しい年を迎えた。

信長は、この年の戦略目標を三つにしぼった。自分の足元である尾張の津島《つしま》さえ奪いかねない勢力をもった長島の一向一揆《いっこういっき》攻めと、近江《おうみ》の回廊を確保するために浅《あざ》井長政《いながまさ》の部将を懐柔《かいじゅう》し、近江の一向一揆を制圧することである。これは明白な戦略の後退である。三年前にとるべき戦略であった。こうした仕切り直しをしなければならなかったほど、掌中にしたと思われた天下は、スルリと信長の手からこぼれてしまっていたのである。

しかし、三年前と明らかにちがっていたのは、天皇と将軍を動かしたという実績である。これに伴って畿内《きない》周辺の動揺する勢力が、信長に求心力を求めて集まっていたことである。つまり天皇と将軍を擁立するという大義名分を得ることで、五万人規模の兵力が動員できる態勢を整えるようになっていたのである。

この大義名分と兵力を連動させるためにも、京都と結ぶ近江回廊の確保は急がれた。信長は正月早々、横山城を守る木下秀吉《きのしたひでよし》に命じて、姉川から琵琶《びわ》湖畔の朝妻との間の商人の通行を封じた。朝倉・浅井と石山本願寺の交通を遮断《しゃだん》することで、石山に駆けつける一向宗徒を阻止し、畿内から朝倉・浅井に運ばれる物資を封じる。軍事力を弱めるための経済封鎖である。

この経済封鎖の効果は、すぐに現われた。封鎖によって取り残された佐和山城の浅井方の勇将として名高い磯野員昌《いそのかずまさ》が誘降《ゆうこう》に応じて、佐和山城を明け渡したのである。二月十七日のことであった。信長は丹羽長秀《にわながひで》を佐和山城に入れて、さらに経済封鎖を徹底させた。

浅井長政とて、この状態に手をこまねいていたわけではない。五月になると、横山城を奪還すべく兵を姉川に進める一方、伊勢長島の一向宗徒に挙兵をうながし、信長勢の分断をはかった。

浅井の出撃は、秀吉の部隊によって阻止され、何の得るところなく小谷《おだに》城に撤兵したが、長島の状況はちがった。前年、弟の信興《のぶおき》が殺された恨《うら》みもあって、信長はみずから津島に出陣、対岸の長島に一気に攻め込もうとした。

長島は、木曾《きそ》川、長良川、揖斐《いび》川の三つの大河によってつくられた広大な中洲の島である。美濃と尾張、伊勢の国境《くにざかい》にありながら、その国境を定められない土地でもある。そのため、

「諸国無頼《ぶらい》の者、喰いつめ者、牢人《ろうにん》群浪してかくの如き節所《せつしょ》に寄り集い、一向本願南無阿弥陀仏の名号《みょうごう》を称《たた》え、この数、数千人。宗徒と称し、本坊さながら城郭の如くにて候なり」(『武功夜話《ぶこうやわ》』巻二)

と報告されるようになっていた。が、これは信長方の一方的な見方でしかない。

そもそも親鸞《しんらん》が説いた絶対他力本願《ほんがん》の信仰は、領国支配や体制統制になじまない人々の間に広まっていた。土地に縛られ、領主に搾取《さくしゅ》される農民層というよりは、職人や船乗り、商人といった土地支配から自由な人々の間に信仰された。彼らは自

分たちを救ってくれる阿弥陀仏《あみだぶつ》と、その救済信仰を説き明かした親鸞と、その血脈を伝える本願寺に対してだけには絶対的な帰依《きえ》の心をもち、それ以外の支配は拒絶している。

加賀の百年におよぶ一向宗徒の支配も、そうした世俗的な支配を拒《こば》むことからはじまっている。この長島の一向宗徒もそうである。だれからの支配も受けずに独立するという気概が強い。彼らを支配し得るものは、本願寺であり、親鸞の血脈をもつ本願寺の法主《ほっす》だけである。かつて蓮如《れんにょ》が北陸の一向宗徒の上に君臨し得たのも、そこにある。

長島はそうした一向宗徒の生活拠点である。彼らは石山本願寺の顕如《けんにょ》の檄文《げきぶん》で挙兵したが、生活防衛という面でも信長に従うわけにはいかなかった。水運に恵まれた地形から、船乗りが多く、彼らは水運交易が生業《なりわい》である。信長が支配する津島《つしま》や伊勢の桑名《くわな》の水運業者とは、以前から対立している。彼らは生活面からも、信仰面からも信長に服従するわけにはいかない。

信長もまた伊勢湾の水運を支配するためには、どうしても長島を制圧する必要がある。かくして信長みずからの出馬となり、攻め手を三方に分けて村々に放火。これに対して一向宗徒も激しく抵抗、近辺の船乗り衆も早舟を操って加勢する。

信長勢は五万の大軍で長島を攻めるが、逆に一向宗徒のゲリラ戦にあって苦戦に陥《おちい》った。そこで揖斐川の西岸の山際にある村々を放火してまわるが、宗徒たちは弓や鉄砲の一隊を分散させて遊撃戦を展開。そのため信長勢は河畔に追いつめられて大敗北となった。柴田勝家《しばたかついえ》は退却中に負傷、氏家卜全《うじいえぼくぜん》は戦死するという大きな損害を出した。信長は総退却を命じた。完敗である。信長の前途に、またしても翳《かげ》りめいたものが漂いはじめてきた。

甲斐の虎、武田信玄への対応策とは?

長島攻めに失敗した信長は、岐阜に馬を返して再挙に備えたが、なぜか八月になるまでまったく動く気配を見せなかった。前年暮の朝倉・浅井・比叡《ひえい》山との対峙《たいじ》といい、この長島攻めといい、一気呵成《いっきかせい》に事を決する信長らしからぬ行動である。

じつは信長はこのとき、武田信玄《たけだしんげん》の動きを注視していたのである。信玄は長い間対立していた北条氏との同盟復活を模索しながら上杉謙信《うえすぎけんしん》を牽制《けんせい》し、信長には変わらぬ交誼《こうぎ》があると言明していた。ところが信玄は、すでに信長と一戦を交える肚《はら》を決めていたのだ。

信長が京都から後退した状況を見計らったかのように、駿河《するが》を完全に平定し、さらに遠江《とおとうみ》の高天神城《たかてんじん》を攻め、三河にも侵入、足助城《あすけ》や吉田城を攻め、家康《いえやす》の兵と交戦した。四月のことである。信玄は三河に兵を出すことで、信長が家康をどのように助けるかを見定めようとした。

駿河と遠江を制した信玄の次の目標は、三河と尾張に入って、信長・家康と雌雄を決するというものであった。もちろん信長・家康への挑戦は、将軍義昭《よしあき》の命令を奉じるという名分がある。信玄もまた義昭が張りめぐらせた反信長包囲網に加わることで、領国の拡張を狙ったのである。信玄は五月に松永久秀《まつながひさひで》に手紙を送り、信長討伐《とうばつ》に加わるようすすめ、自分はやがて上洛《じょうらく》するであろうと述べている。

信玄は天下盗《と》りに向けて動きはじめた。表面では信長と友好を装いながら、裏では反信長勢力と結び、上洛を画策する。老練な信玄の戦略である。

信長がいちばん恐れていたのは、この信玄であった。信玄を敵にしたくないために、縁戚《えんせき》同盟を結び、珍しい物産や金品をたえまなく贈呈しつづけた。信玄はそれを十分承知のうえで友好関係を装いながら、着々と勢力の拡大をはかっていた。

信長は岐阜で動きをとめたまま、息をひそめるように信玄の動向に注目していた。動くに動けない状態であったのである。

こうした信長と信玄の虚々実々の駆け引きに業《ごう》を煮やしたのが、家康である。家康はすでに信玄との間で大井川を境に国境《くにざかい》を設定する協定を交わしていた。これを信玄が一方的に破棄して遠江に進出、さらに三河への侵略も企てた。

そのため不安を感じた家康は、信長の後ろ楯《だて》だけでは物足りず、遠く越後の上杉謙信と手を組み、ともに信玄にあたることを誓った。このとき家康は、信長にも信玄との縁談を破棄させて、謙信と友好関係を結ぶよう仲介することを約束していた。

もちろん信長は家康の動きを了承しているが、信玄が正面切って戦いを挑んできたわけではない。できるかぎり信玄を敵にしたくない信長は、謙信との提携にためらいをみせた。

幸い信玄は、三河への進出を一時中止して甲斐に引き揚げた。これを確認した信長は、八月十八日に突如として兵を動かした。行く先は長島でも、浅井長政《ながまさ》のいる小谷《おだに》城でもない。小谷城付近の村々に放火、横山城と佐和山城の防御線を固めたのちに、南近江《おうみ》に転進、一向一揆の拠点となる金ヶ森《かねもり》を攻めたのである。

三万の兵を動員したわりには、この一連の近江攻めの目的がなんであるのか、首をかしげる家臣が多くいた。ところが九月十一日になると、信長はようやく今度の出陣の狙いを明らかにした。

「前年来の恨《うら》みを晴らすため、比叡山を焼き打ちにする」

と号令したのだ。

秀吉は信長の命令を無視した！

これを聞いた明智光秀《あけちみつひで》や佐久間信盛《さくまのぶもり》は驚き、信長を諫《いさ》めた。しかし信長の意志は固かった。信長としては前年暮の朝倉・浅井との和睦《わぼく》につづく長島攻めの失敗で、自分の威光は地に落ちたと感じている。「朝倉・浅井に味方した比叡山延暦寺《ひえいざんえんりゃくじ》を焼き払うことで、一矢《いっし》を報いて求心力の回復をはかる」。信長の本当の狙いは、そこにあった。そのため僧兵といっても、わずか三千人ほどしかいない比叡山は、格好の対象である。

信長の頭には、比叡山が皇室と深くかかわりがあり、王城の鎮護《ちんご》の寺であるという認識はない。かつて宣教師のフロイスに向かって、いまの僧侶どもは堕落し切っており、これを絶滅せねばならぬと豪語していたが、それは信仰上の堕落を怒っていたわけではない。

僧侶や信徒が一つの政治勢力となっていることに憤っていたのである。そのため信長は、信仰集団といえども、それが政治勢力となるものは、戦略上の敵とみなしていた。王城の鎮護とか仏法の加護といったものは、あくまでも社会意識のことで、それが敵勢力となって目前に現われたときには、敵対する戦国大名たちと何ら変わるものではなかった。信長は、軍政と政治の一体化という〝政教未分離〟を嫌い、〝政教分離〟を求めたのだ。この発想も、日本ではじめてのことである。

「比叡山を討つことは、とりもなおさず朝倉・浅井に打撃を与えることになる。加えて延暦寺の寺領として、信長の領国にある領地を支配下に置くことができる」

信長は名誉の回復はもとより、現実的な利益を得ようとした。

明智光秀や佐久間信盛らが比叡山の伝統的な信仰に畏怖《いふ》の念をいだいたのに対し、信長は極めて戦略的な立場に立った。この思いのちがいは、メンタルな部分では決定的なしこりとなるはずである。だが、なぜか明智や佐久間は、信長を諫めたものの攻撃に加わり、捕まえた僧俗や女子どもの助命を嘆願するものの、信長の強い拒絶にあうと唯々諾々《いいだくだく》と首をはねている。

この間、木下秀吉《きのしたひでよし》はといえば、信長に面と向かって反発することもなく、投降した者や脱出を試みる者たちを寛大に見逃して、その命を助けている。秀吉は、内心では明智らと同じように、この攻撃には反対していたのである。しかし彼は、信長の命令を忠実に守るポーズをとりながら、その一方では命令を無視する独断的な行動をとっていたのである。

この比叡山攻めにみる信長の部将たちの対応のちがいは、じつは彼らが主君の信長をどのように見ていたかのちがいでもあった。明智や佐久間は、意見はいうものの決定された命令には従うという柔順な部将であり、秀吉は表面では信長に従いながら、目の届かないところでは独断的に行動するという狡猾《こうかつ》な部将であった。

結果からみれば、もっとも柔順であったはずの佐久間信盛は追放され、明智光秀は謀叛《むほん》をおこす。これに対して二面性をもって仕えた秀吉が信長の跡を襲うという皮肉なことになる。しかも秀吉は信長の死後には脱出者を助けたことを喧伝《けんでん》して、比叡山延暦寺の再建を許し、あたかも仏法の守護者であるかのように振舞って天下に君臨しようとしたのである。

この比叡山攻めのときの部将たちの対応は、その後の信長家臣団に微妙な翳《かげ》りとなってつきまとうことになる。

誇大な戦果でつくられた〝殺人鬼〟

九月十一日夜半、軍船で琵琶《びわ》湖を渡った信長軍は、十二日未明から坂本に火をかけて、比叡《ひえい》山に攻めのぼった。不意を衝《つ》かれた衆徒はただ狼狽《ろうばい》するばかりで、我先

に と逃げまわる。信長は以前に申し伝えたとおりに、根本中堂《こんぽんちゅうどう》をはじめ山王《さんのう》二十一社にいたるまで、山中の堂塔や伽藍《がらん》を焼き払った。

このとき殺害された者は、坂本の住民を含めて僧俗男女四千人とも数千人ともいわれ、比叡山にかかわる人々がすべて殺されたとされているが、実際は千六百余人であった。信長は深く憎む敵を皆殺《ジェノサイド》しすると恐れられているが、皆殺ししたと称する人数は、ほとんどが戦果を誇大に宣伝しようとする信長によるオーバーな報告である。

のちの長島一向宗徒を二万人も殺害したという報告も、やはり越前において一向宗徒を一万二千人余も殺戮《さつりく》したという数も、すべて信長の自己報告である。実数は比叡山と同じように、その三分の一かそれ以下であったろう。こうした誇大な戦果を報じることで、敵を震え上がらせる手段に用いたわけであるが、それがそのまま伝えられて、信長は稀代《きだい》の殺戮者、狂気の殺人鬼と烙印《らくいん》を押されることになる。

殺害された者は信長の報告数よりもはるかに少なかったとはいえ、合戦でも千人を超える死者が出ることが稀《まれ》であった当時においては、大量殺戮であったことには変わりがない。しかも古来から神聖とされてきた比叡山での殺戮である。仏法に深く帰依《きえ》する武田信玄《たけだしんげん》などは、「信長は仏敵天魔《てんま》だ」と罵《ののし》り、上杉謙信《うえすぎけんしん》もまた信長との同盟に際しては比叡山を再建することを条件に出しているほどである。

世間は信長の暴挙に恐れおののきながらも、非難の目を向けた。だが、信長は少しもひるむところがない。旧時代からたまった澱《おり》を払ったというくらいの意識しかなかった。ところが世論はいつの時代でもそうであるが、急激な変化は望まない。むしろ旧体制といわれようとも、自分たちが生きてきた体制を守ろうとする。信仰についても同じである。

武田信玄が信長を仏敵と非難し、延暦寺《えんりやくじ》を甲斐の身延山《みのぶ》に再興すると言明するや、信玄の名望は一挙に高まった。この計画は寺地を身延に移されることを嫌った身延山久遠寺《くおんじ》の法華《ほっけ》宗僧徒の反対で実現することはなかった。とはいえ、信玄の信仰心の篤《あつ》さは京都にも喧伝《けんでん》され、それがやがて信玄上洛《じょうらく》の目的が比叡山の再建であるという大義名分となり、彼の上洛を京都周辺の人々が心待ちするようになる。

信玄は、信長が否定し去ろうとした旧体制や信仰の代弁者として期待された。それを自覚する信玄は、翌元亀《げんき》三年（一五七二）に上洛の軍を挙げて三河に侵攻した際、信長へ送った書簡に「天台座主沙門《てんだいざすしやもん》信玄」と自署したとフロイスは伝えている（『イエズス会日本年報』）。これはフロイスの誤りで、信玄は天台座主覚恕《かくじょ》から権《ごんの》僧正《そうじょう》に任じられていて、延暦寺最高の僧位である天台座主にはなっていない。しかし天台宗総本山にして、王城を領護してきた比叡山延暦寺の再興にかける信玄の意気込みは伝わってくる。

この信玄の書簡に対して、信長は「第六天魔王信長」と応酬《おうしゅう》した。これもフロイスが伝えるものであるが、第六天の魔王は何の名乗りかが不明である。仏教用語からみると、六天《ろくてん》は六欲天の略で地獄・餓鬼《がき》・畜生・修羅《しゅら》・人間・天上《てんじょう》の六道《りくどう》を輪廻《りんね》する人間のことを指すから、その魔王とは人間を限りなく支配する存在を指すのであろう。

「われ信長は魔界を挫《くじ》き、これを砕《くだ》く鎚《つち》にして、日本の各宗派の敵および僧徒の大害となる者なり」（同前）

といい切ったとフロイスは書いている。そうした信長の旧信仰の破壊に喝采したのは、フロイスらほんのわずかな宣教師とキリシタンであった。多くの日本人は眉をひそめ、信長に仏罰が下ることを信じたのである。

だが信長にはなかなか仏罰が下るどころか、〝この世を支配する魔王〟として、いよいよその鉄槌《てっつい》をくだす。比叡山を焼き払った信長の行動を絶賛した宣教師の中で、キリスト教布教に好意を寄せる信長がやがて彼らの前に〝魔王〟となって立ちはだかることを予見する者は一人もいなかった。

第五章

勝利の方程式

——信長の神への道は〝土着信仰〟ではじまった！

武田信玄二百万石「風林火山」の大戦力

武田信玄の西上大作戦の展開

信長三十九歳の元亀《げんき》三年（一五七二）は、武田信玄《たけだしんげん》が天下盗《と》りを念頭において躍動した年であった。

正月、三河《みかわ》侵攻計画を進めるうえで、後方の憂いとなる小田原の北条氏政《ほうじょううじまさ》と同盟することに成功した。これは上杉謙信《うえすぎけんしん》の動きを牽制《けんせい》することにもなる重要な同盟であった。

同じ月、信玄は信長の右筆《ゆうひつ》である武井夕庵《たけいせきあん》に出した書状の中で、「たとえ日本の半分を掌握しても、自分は信長と疎遠になることはない」と、それまでの同盟を堅持する態度を明らかにしている。だが、これは額面どおり受け取るわけにはいかない。

ギリギリの時点まで、信長との友好関係を保ちながら、武田軍を有利な状況で展開しようという高等戦術である。

というのも、信玄はすでに大規模な西上作戦を練り上げていたからである。七月に入ると、部将の秋山信友《あきやまのぶとも》を東美濃に侵入させ、信長の属城となる岩村城と明智城を攻略させている。

ちなみに岩村城は、十一月に秋山信友の手に落ちるが、そこを守っていた城主は、遠山夫人といわれる女性であった。彼女は信長の叔母で、岩村城主の遠山景任《とおやまかげとう》の妻になっていたが、景任が没すると、信長の五男で八歳になる坊丸《ぼうまる》（勝長《かつなが》）を迎えた。とはいえ、城の実質上の主《あるじ》は彼女であった。

岩村城が落ちると遠山夫人は、秋山信友の妻となって、信長に敵対。三年後の天《てん》正《しょう》三年（一五七五）、長篠《ながしの》の戦いで武田勝頼《かつより》を破った勢いで、信長は嫡男信忠《ちゃくなんのぶただ》に岩村城攻略を命じた。秋山信友は開城して、信長の軍門に降ったが、信長は信友ら重臣三人を長良《ながら》川で磔《はりつけ》にし、叔母の遠山夫人もまた磔に処したのである。

この事件も信長の非情さを語るには欠かせない材料となっているが、女子どもであっても敵対した者は罰するというのが、戦国の常識である。そして肉親者が三年にもわたって敵将と結んで、自分に刃《やいば》を向けつづけていたとなれば、世間へのしめしがつかない。遠山夫人の断罪は、まさにみせしめであったのである。

ともあれ信玄は、秋山信友を東美濃に進める一方、山県昌景《やまがたまさかげ》に東三河を侵攻させ、みずから三万の大軍を率いて甲府を出発、遠江《とおとうみ》への進撃を開始した。十月のことである。

信玄の西上作戦は、もちろん将軍義昭を軸にして、石山本願寺《いしやまほんがんじ》、朝倉義景《あさくらよしかげ》、浅井《あざい》長政《ながまさ》との連携のうえに立案されたものである。信玄は出陣に際して、浅井長政に書状を送り、「朝倉義景と謀《はか》って開運の策を講ずべし」と告げる。

つまり、「自分は三河の家康を叩いて、尾張と美濃に侵攻するから、朝倉と浅井は近江《おうみ》の信長勢力と対決してほしい」という遠大な挟撃作戦を展開しようとしたのである。朝倉・浅井両氏は、これを了解し、本願寺顕如《けんにょ》も信長領国内の一向一揆《いっこういっき》をしきりにあおって、信長軍の兵力の分散を策した。ここにいたって信長は、ついに信玄との友好関係を清算せざるを得ない状況になった。

かくして信長は信長で、信玄の動きを牽制《けんせい》する必要に迫られて、越後の上杉謙信との盟約に踏み切った。すでに家康《いえやす》は、同じ立場から謙信と結んでいたが、信長の盟約はそれをさらに強力なものにすることになる。

こうした「遠交近攻策《えんこうきんこうさく》」はしばしば用いられたが、信長や信玄ほどの遠大な戦略は、これまでの戦国期にはみられなかった。この戦略は、群雄割拠《ぐんゆうかっきょ》の状況から一歩踏み出して、大きな枠組みの中で戦国大名が動き出したものとして注目してよい。

戦国はようやく、ダイナミックな結びつきを求めはじめた。それはやがて、大きなうねりとなって、日本国内が二極、あるいは三極の勢力にまとまるであろうと予感させた。

義昭の動きを封じた「十七カ条の異見書」

こうしたダイナミズムの改編をうながしたものは、やはり将軍義昭《よしあき》である。反信長戦線の結成を訴える義昭の一片の御内書《ごないしょ》という書状が、そのうねりを起こさせたのである。その意味では、義昭は保守回帰を願いながら、新時代への改革をうながした立役者になったという、まことに皮肉な役回りを演じたのである。

信長は、信玄の西上計画や朝倉・浅井の再びの反攻の背後に、義昭がいるとはっきりと読み取った。そのため、この元亀《げんき》三年（一五七二）の九月、十七カ条にわたる異見書を義昭に突きつけた。そこには、先の「五カ条の覚書」に誓約したことが、まったく守られていないと激しく非難している。

しかも義昭のこまごまとした挙動まで非難の対象になっていて、信長の神経の細かさが伝わってくる。たとえば、

「皇家を大切にせよと申し上げているのに、早くも忘れられて不敬である」（一条）

「御内書を出すときは、信長の添状《そえじょう》を必ず付けると約束されたのに守っていない」（二条）
「身びいきで恩賞をあてがっている」（三条）
「将軍家伝来の宝物を京からなぜ運び出しているのか」（四条）
「信長に忠勤している者を、女房衆までも怒鳴りちらしている」（六条）
「献上された金銀を私腹している」（十二条）
「御城米《ごじょうまい》を勝手に売買している」（十四条）
など、じつに細かい。最後の十七条では、
「諸事について御欲《おんよく》がましき儀《ぎ》……土民百姓に至るまでも、悪《あ》しき御所《ごしょ》（将軍）と申《もう》し成《な》す由《よし》に候《そうろう》」
もはや将軍の威光はないと、声を叫《あ》げている。その中で、
「元亀の年号は不吉なので朝廷に改元を求めていたが、義昭が積極的でないために延びのびになっているのは、けしからん」（十条）
という一条がある。
改元は「天下の沙汰《さた》」「天下の御為《おんた》め」だと信長は主張している。信長の意識は、すでに天皇に改元を求めるほど、天下を動かせると自負していたことがわかる。

だが、彼を取り巻く状況は依然として四面楚歌《しめんそか》で、危機はひしひしと迫っていた。それをかわすためにも、奏請《そうせい》によって改元を実行させる必要があった。信長は天皇を動かして改元させることで、権力の求心力を高めようとした。その意を汲《く》まない義昭は、もはや信長には夾雑物《きょうざつぶつ》以外のなにものでもなくなっていたのである。

そのため、この「十七カ条の異見書」は、義昭への最後通牒《さいごつうちょう》でもあった。だが義昭は、朝倉・浅井の近江《おうみ》出兵と、信玄の西上行動に合わせるかのように、信長と対決する決意を強める。信長が造った二条城から家財を運び出し、京都近辺や西近江に塁《るい》を築いて、みずから構築した反信長戦線の一翼となる意気込みをみせた。

このとき、義昭に長年従っていた細川藤孝《ほそかわふじたか》（幽斎《ゆうさい》）は、義昭を諫《いさ》める一方で、主君の挙動を明智光秀《あけちみつひで》を通して信長に注進している。そして義昭の決意が固いとみるや、京都・鹿ヶ谷《ししがだに》に蟄居《ちっきょ》した。いわば傍観者になることで、義昭、信長の双方から降りかかる禍《わざわ》いをかわそうとしたのであるが、それはもはや義昭を見限り、信長に与《くみ》するという主君がえの布石であった。巧みな処世術というべきか、沈着な判断というべきか。

ちなみに、この幽斎、明智光秀の娘お玉（洗礼名ガラシャ）を子の忠興《ただおき》（三斎《さんさい》）に迎えたものの、信長を倒した光秀には加担せずに、やはり傍観を保つ。さらに関ヶ原では、家康《いえやす》に加担しながらも、石田三成《いしだみつなり》勢に攻められると、早々と居城の田辺城を開城している。

時の流れに敏感な武将は数多くいるが、この幽斎と、のちに秀吉の軍師となる黒《くろ》田官兵衛孝高《だかんべえよしたか》（如水《じょすい》）が双璧をなすといえるだろう。

「浜松城に籠城して信玄の動きを止めよ」

信玄《しんげん》の動きに戻る。三万の兵を率いて甲府を発《た》った信玄は、高遠《たかとお》、飯田を経て、遠江《とおとうみ》へ侵入。徳川の出城《でじろ》となる犬居《いぬい》と二俣《ふたまた》を抜いて、家康の居城となる浜松城に迫った。

家康軍の総動員数は八千、信玄の三分の一にもおよばない。信長に援軍を求めたが、信長の戦線はあまりにも拡大して、まとまった援軍を差し向けることはできない。滝川一益《たきがわかずます》、佐久間信盛《さくまのぶもり》、平手汎秀《ひらてひろひで》に三千の兵をつけて派遣したのが、かろうじて動かせる兵力であった。

家康の重臣たちの間に、一気に不満が高まった。越前侵攻や姉川《あねがわ》の合戦などでは、徳川の主力精鋭を惜しみなく信長に投入してきた。それにもかかわらず、徳川家の危機にはわずかな援軍しか派遣してこない。徳川が敗れれば、それはとりもな

▲**武田信玄画像**(成慶院蔵)　異説がある

おさず、信長の危機でもある。信長には、そうした認識があるのか、という不満がやがて憤りに変わった。

これに対して信長は、

「浜松城に籠城《ろうじょう》して、信玄の動きをくい止めよ。その間、主力を率いて信玄の背後を急襲する。一歩も城外に出て戦ってはならん」

と厳命した。信玄を浜松城に引きつけて、その動きを止めれば、その間に大軍を糾合《きゅうごう》して駆けつけることができる。どこに信玄が動くかわからない状態で、大軍を動かすことはできない、というのが信長の言い分である。

籠城で時をかせげれば、朝倉《あさくら》・浅井《あざい》軍を北近江《おうみ》に釘づけにして、余力のすべてを三河に回せるかもしれない。このとき、浅井長政《ながまさ》の援軍として朝倉義景《よしかげ》が直々に出陣してきたものの、家臣の前波吉継《まえばよしつぐ》（のち越前守護代となり桂田長俊《かつらだながとし》と改名）父子をはじめ、富田長秀《とみたながひで》、毛屋猪介《けやいのすけ》らの勇士が信長に寝返って、朝倉軍の戦意は低下していた。朝倉・浅井軍を一気に叩く絶好のチャンスであった。

それにもかかわらず、信長は決戦を避けた。やはり、信玄の動きが気になったからである。朝倉・浅井軍に対して前線の横山城と虎御前《とらごぜ》山を結ぶ十二キロの間の八《やっ》相《あい》山と宮部に砦を築き、虎御前山と宮部までの、およそ五キロにわたって高さ三メートルの堤防を築き上げて、敵の侵攻を防ぐ態勢をとった。小谷《おだに》城近辺に敵を封じこめて、持久戦にもっていこうという肚《はら》である。信長のこうした戦術的な土木事業は、秀吉が学び取るところとなる。備中《びっちゅう》高松城の水攻めや小田原城の包囲などは、信長から習得した戦法でもあった。

野戦におびき出す信玄の基本戦略

さて、この防衛を秀吉にまかせた信長は、敵の総大将が出陣してきたにもかかわらず、岐阜に戻る。朝倉・浅井軍の動きを睨《にら》みながら、信玄の動きに対応しようとする作戦である。

もし信玄が遠江から三河への道をとらず、岩村城から美濃に侵攻をはじめ、これに呼応《こおう》して朝倉・浅井軍が攻勢をかけてきたら、信長にとっては最大のピンチとなるはずであった。

「信玄、遠江に入る」という知らせを受けた信長は、最悪の事態だけは避けられたと、胸をなでおろした。信玄は、家康のいる浜松城を無視して、大軍を三河、尾張に向けるはずがない。

家康・信長軍およそ一万を無傷のまま放置しておいて、西上するとなると、背後から彼らに襲われ、前面から信長軍と対戦することになる。いわば挟撃される不利な状況になる。

「信玄は必ず浜松城を叩く。さもなければ、家康を城から引き出して野戦を仕掛けてくる」

信長はこう読んだ。そのため、ここは何としてでも浜松城に籠《こも》って、信玄を一日も長く引きつけておいてほしい。これが目から血が出るような信長の切実な願いであった。そのため、三千人と数は少ないが、滝川一益、佐久間信盛、平手汎秀といった錚々《そうそう》たる歴戦の部将を派遣したのである。ここにも信長の必死なまでの思いがあった。

一方、信玄は、敵の作戦を読破することにかけては、天才であった。おそらく戦国武将の中で、その軍略、政略にかけて、彼におよぶ者はいなかったといってよい。若いころ、信州・戸石《といし》城の村上義清《むらかみよしきよ》に敗れたことが唯一の敗戦で、それ以来、合戦に敗れたことはない。

前後五度にわたる川中島《かわなかじま》の合戦でも、上杉謙信《うえすぎけんしん》と互角に戦って、敗北を知らない。むしろ戦後の政略において謙信をしのいで、北信州の支配に成功している。

家康・信長軍が浜松城に籠って、武田軍を釘づけにしようという戦略は、信玄はすでに読み込み済みであった。そのため、いかにして家康を城から引きずり出すか。信長の本隊がやってくる前におびき出して、これを叩く。これが信玄の基本戦略であった。

これに対する家康陣営は、信長の厳命である籠城説と、うって出るべしという野《や》戦《せん》説が対立していた。もちろん籠城説は、佐久間信盛ら信長の部将たちが採《と》り、三河衆の大久保忠世《おおくぼただよ》らは野戦を主張した。

野戦を主張する理由は、きわめて体面的なことであった。「籠城して武田軍を迎え、信玄に一矢《いっし》も報いぬとあっては、三河武士の恥だ」という面子《メンツ》が先行した。「たとえ三倍の敵であっても、地の利を得ている徳川軍には勝ち目がある」というのも、野戦論者の主張である。

家康も徳川の面子に心を動かされた。とはいえ信長の厳命も無視しがたい。そこで家康が採った作戦は、「籠城と野戦の両用」という折衷策であった。この曖昧《あいまい》な作戦は、やがて手痛い結果を招くことになる。

徳川家康が大敗走した三方ヶ原の合戦

元亀《げんき》三年（一五七二）十二月二十二日。新暦では真冬の二月三日にあたる。浜松は朝から粉雪が舞い、大地は冷え込んでいた。

武田軍は夜明けとともに、神増付近から天竜川を渡り、秋葉街道に出るや、南下をはじめた。その進路の先には、浜松城がある。

家康はすでに全軍を浜松一帯に展開させていたが、武田軍が南下するとみるや、全軍を城付近に集結させ、武田軍の動きを見守った。この時点では、籠城・野戦両用の態勢である。

ところが武田軍は、浜松城の北方四キロの有玉付近まで進んできたが、急に西方にある三方ヶ原《みかたはら》方向に転じたのである。進軍は極めてゆっくりとしたもので、しかも隊列は縦に長く伸び切っている。

これを目撃した家康軍はふるい立った。三方ヶ原台地の先は、祝田《ほうだ》にかけて傾斜面の坂になっている。この坂を武田軍が下りかけたところを狙って、上から攻めまくれば勝てると思った。しかも武田軍の隊列は細長く伸び切っているので、これを鶴の羽根が包み囲むような鶴翼《かくよく》の構えという態勢で追尾して攻めれば、勝機はある。

この時点で、もはや籠城に固執する者は、信長の部将たちの中にもいなかった。

右翼に酒井忠次《さかいただつぐ》、左翼に石川数正《いしかわかずまさ》をおいて、その間に滝川、平手、佐久間の信長配下と家康本隊、さらに小笠原長忠《おがさわらながただ》、松平家忠《まつだいらいえただ》、本多忠勝《ほんだただかつ》が展開して、武田軍を包むように追尾を開始した。

ところが信玄は、追尾する徳川軍を待っていたかのように、祝田の坂の上にくると、全軍の陣形を組みかえた。隊列を縦から横に変え、さらに魚鱗《ぎょりん》の構えに変えたのである。これは魚の鱗《うろこ》の形のように、頂点に向かう三角形の陣形である。敵の一点を数段構えで突破する陣形で、少兵力が大軍を破るのに適している。

一方、家康軍は鶴翼の陣形である。これは大軍が少兵力を包囲するのに向いているとされる。

武田軍三万が少兵力のとる魚鱗の構えで、家康軍およそ一万が大軍のとる鶴翼の構えである。陣形がまったく逆になっていたのである。当然、武田軍の構えが、横に薄く広がる家康軍を突き破る。

信玄が魚鱗の陣形をとったとき、勝敗は決した。これを見た家康の家臣の鳥居忠広《とりいただひろ》や渡辺守綱《わたなべもりつな》らが、退却して陣形を立て直すべきだとすすめたが、時すでに遅し。魚鱗の先端となる小山田信茂《おやまだのぶしげ》と家康軍の左翼を守る石川数正との間で戦闘ははじまっていた。

もはや引き返すに返せない。家康がしまったと顔面蒼白となって、窮地に陥《おちい》ったときの癖である爪を噛みはじめたとき、信玄はしてやったりと満足の笑みを浮かべていた。

家康軍はそれでも、よく奮戦したが、戦えば戦うほど陣形は薄く広がり、次々に繰り出す武田軍によって、いたるところで破られた。そして二陣として待機する武《たけ》田勝頼《だかつより》の部隊が、家康本陣に攻撃をかけるにおよんで、徳川軍は総崩れとなった。信長の援軍もやはり総崩れとなり、平手汎秀は戦死した。

崩れた家康軍は、浜松城めざして敗走するが、信玄はこれに総攻撃をかけて、家康軍に襲いかかり、千余人を討つという潰滅《かいめつ》的な打撃を与えた。家康は逃げる途中、馬上で脱糞したのもわからないほど死の恐怖を味わったのである。

武田軍は浜松城に殺到したが、陽が落ちたのが幸いした。武田軍は城攻めを諦《あきら》めて、城の北方の犀《さい》ヶ崖《がけ》で野営。翌朝、開かれた軍議で勝頼らは浜松城を攻めとることを主張したが、高坂弾正《こうさかだんじょう》がこれに反対した。城を落とすには、早くても二十日はかかる。その間にも信長の援軍がくるかもしれない、というのが反対の理由である。信玄はこの意見をとり入れて、祝田の先にある刑部《おさかべ》へ転進することを決めた。

家康の最大の危機は、武田軍の転進によって回避された。だが、これは信長にとっては、新たな危機のはじまりでもあった。

信長より強大だった信玄の兵力と生産力

信玄の動きを追ってみる。

「都より甲斐の国へは程遠し、おいそぎあれや日は武田殿」と俗謡にうたわれたように、上洛《じょうらく》を望む信玄には、その距離が大きな壁になっていた。しかし、その壁を切り崩す自信はあった。強力な兵力と、遠大な挟撃《きょうげき》戦略がそれである。

まず強力な兵力は、三方《みかた》ヶ原《はら》の合戦で証明されたように、信玄の巧みな戦術と機動力のある騎馬軍団である。さらに、その兵力を支える農業生産力が大きな自信となっていた。

「兵賦《へいふ》の法則」というものがある。これは農業生産高を基準にして、兵力に換算するものである。永禄《えいろく》年間（一五五八～七〇）で、生産高一万石あたりの出兵能力は、だいたい二百五十人から三百人というのが目安である。もちろん、これには地域や年代差があり、また遠征か領国での防戦かでも差が生じる。遠征となれば、この目安の半分の動員というのが原則的である。

信玄が西上にあたって三万の出兵能力があったということは、遠征軍ということを考えれば、武田軍全体で二倍の六万の兵力を擁していたことになる。これを一万石あたり三百人として逆算すると、じつに二百万石の生産高を背景にもっていたことがわかる。

信長や家康が、腹の底から信玄を恐れていたのも頷《うなず》ける。ちなみに三方ヶ原で戦った家康の兵力は、およそ八千人。これを先の法則に当てはめると、約二十六万六千石。このときの信長の兵力は分散されていたが、その兵力はおよそ五万人とみると、約百六十六万六千石となる。

信長と家康を合わせて、かろうじて信玄と拮抗《きっこう》できる兵力と生産高である。もちろん地の利や装備、領国での防戦などさまざまな条件があるので、一概に比較することはできないが、信長にとって信玄は、まことに恐ろしい敵であると認識していたのも当然である。

信玄が、兵力が半分になる、遠征軍のハンディを克服するために考えたのが、朝倉・浅井軍を中心とする遠大な挟撃戦略である。これには本願寺顕如《ほんがんじけんによ》も協力、信長と家康の領国内外の一向宗徒の蜂起《ほうき》も加わる。さらに、この作戦の指令を発する足《あし》利義昭《かがよしあき》も、近江《おうみ》の石山や堅田《かたた》で挙兵、信長に抗戦する。

信玄の西上にあわせて、それぞれが信長の諸部隊と戦えば、確実に信長を倒せる。信玄はそれを確信し、義昭も本願寺顕如もそう思った。だが、こうした挟撃作戦には、共通した認識と歩調が要求される。歩調が狂えば、その一角は弱体化して、相手の動きを助けることになる。信玄の唯一の不安は、その点にあった。

はたして、その不安は現実のものとなった。北近江に出陣していた朝倉義景《あさくらよしかげ》が、信長が岐阜に引き揚げるのを見て、越前に引き返したのである。これは信玄の西上計画を根底から覆《くつがえ》すものである。信玄は、義景の帰国の知らせに驚愕《きょうがく》し、

「義景が信長を追撃すれば、信長を滅ぼせたものを……」

と悔しがった。三方ヶ原で大勝したものの、信玄の心は曇った。刑部《おさかべ》で年を越した信玄は、義景に出兵をうながす一方、三河の野田城を攻める。だが、挟撃計画のつまずきは、信玄の気力を奪った。山城とはいえ、わずか四百人が立て籠《こも》る野田城の攻略に一カ月も費やして、ようやく開城させることができたのも、信玄の気力の衰えの表われである。

信玄死して、ついに上洛は成らず

気力の衰えは、端的に体に現われる。すでに膈《かく》の病《やまい》といわれるものにむしばまれていた信玄の体は、明らかな症状を見せはじめた。食物がノドを通らなくなる病状

が顕著になったのである。膈の病は、食道か胃にできた癌《がん》とみてよい。

開城した野田城に重臣の山県昌景《やまがたまさかげ》を入れた信玄は、そこから北東十キロにある長《なが》篠《しの》城に入って治療した。

そこで小康を得た信玄は、大坂の本願寺顕如《けんにょ》に宛てて、野田城の大勝を報告し、朝倉義景に再度の出陣を要請してほしいという書状を送った。天正《てんしょう》元年（一五七三）二月十六日のことである。

だが、信玄の病状はさらに悪化、好転のきざしがみえないので、長篠城からさらに山間《やまあい》の鳳来寺《ほうらいじ》に移り、そこの温泉で治療することになった。

「信玄発病する」という情報が信長に伝えられたかどうかは不明であるが、野田城から長篠城、さらに山奥の鳳来寺へ信玄が移動したという情報は、確実に伝わっていた。

信長は、信玄の動きを戦略の後退とみた。信玄の西上計画の道すじを考えれば、三方ヶ原で家康を叩いたのちは、東海道をまっすぐ進軍して岡崎城を攻めるか、あるいは山間の野田城を経て作手《つくで》、下山から足助《あすけ》街道を横切って挙母《ころも》（豊田市）に出て、尾張をうかがうというのが順当である。

ところが信玄の動きは、野田城から奥三河に向かっている。その途中の長篠から伊那街道に入れば、美濃の岩村城か明智城に兵力を集結して、一気に美濃に侵攻することも考えられる。だが、長篠よりさらに奥の鳳来寺で足を止めた。その先は信州の飯田か茅野《ちの》である。

「信玄は兵をまとめて帰国する」

信長はそう読んだ。「東からの脅威は去った」と判断するや、信長は柴田勝家《しばたかついえ》や明智光秀《あけちみつひで》に兵を与え、近江の石山と堅田に陣を取る足利義昭の軍を突破させた。二月二十六日のことである。

さらに信長は三月二十九日に軍勢を率いて京に入り、四月四日には義昭のいる二条城を囲んだ。このとき上京《かみぎょう》の町々を焼き払って、義昭を威嚇《いかく》したが、信玄の上洛を確信する義昭は屈伏しない。事態を憂慮する正親町《おおぎまち》天皇の斡旋《あっせん》で、四月七日にようやく和睦《わぼく》が成った。

義昭と和約するや、信長はすぐさま岐阜に帰ったと思いきや、近江の守山に滞陣して、鯰江《なまずえ》城を攻め、さらに一向一揆《いっこういっき》に加担したとして百済寺《くだらでら》の伽藍《がらん》をすべて焼き払っている。岐阜に帰ったのは四月十一日で、これは信玄の死亡する日の一日前のことであった。

信玄は鳳来寺での療養が思わしくなく、甲府へ帰陣することにした。田口から伊那街道を北上、根羽から三州街道に入り、平谷《ひらや》、浪合《なみあい》とゆっくり行軍。途中、幾度か危篤《きとく》に陥《おちい》ってはもち直しながら、駒場《こまんば》でついに重体となって動けず、四月十二日没した。時に五十三歳。

「死を三年秘匿せよ」の秘命は破られていた！

「われの死を三年秘匿《ひとく》せよ」と信玄《しんげん》は遺言したが、数日後には作手《つくで》の奥平貞能《おくだいらさだよし》が家康に知らせている。信玄の動向の不自然さは、すでに家康から信長へ逐次知らされていた。そのため信長は信玄の脅威は去ったとみて、京都に軍を進め、南近江《おうみ》の平定に余裕をもって臨むことができたのである。

信玄は、自分の死を三年秘匿せよと厳しく命じたが、「信玄死去」の情報は数日にして家康に伝わり、さらに信長にも知らされた。越後の上杉謙信《うえすぎけんしん》のもとには二十日後には、その死が確かであると知らされている。

四月二十一日、信長は謙信に宛てて、武田軍を挟撃しようという申し入れをしているが、

「英雄、人傑とは、この信玄をこそ云《い》わん。関東の弓矢、柱なくなり、惜しきことなり」（『北越軍記《ほくえつぐんき》』）

と、信玄の死を知って涙を流した謙信である。信長の申し出は、彼の義侠心が受けつけなかった。

信玄の死は、信長の視界をいつも重くおおっていた恐怖という曇りを取り払った。だが、信玄が死んだとはいえ、屈強の武田軍団は、無傷のまま依然として残っている。七月には、勝頼《かつより》が家督を継ぎ、武田軍の総大将になっている。

たしかに信玄の死は、武田軍の西上計画を中断させたが、次の勝頼は最強の騎馬軍団を動かして、再び信玄の野望を果たそうとするにちがいない。

信長は、信玄が病死したことを九月七日付の書状で毛利輝元《もうりてるもと》と小早川隆景《こばやかわたかかげ》に通報しているにもかかわらず、武田軍に対してはあくまでも信玄が存命しているものとして対応した。

細川幽斎《ほそかわゆうさい》の子忠興《ただおき》（三斎）の談話となる『三斎公伝記《さんさいこうでんき》』（松屋久好筆記）によれば、信玄が死亡しても三年間ほどは、以前と変わりなく銀子《ぎんす》や珍しい巻物などを贈りつづけていたという。

信長は、「死を三年隠せ」という信玄の遺言を逆手にとって、武田軍の矛先が自分に向けられないように牽制《けんせい》していたわけである。武田軍の動きを封じながら、信長はその目を京都に向けた。将軍義昭《よしあき》が再び挙兵するとみたのである。

信長が供養した三つの首の秘密

快速の大型輸送船団で義昭を圧倒す

五月二十二日、信長は近江《おうみ》の佐和山に赴《おもむ》いて、琵琶《びわ》湖を航行する軍船十数艘《そう》の建造を丹羽長秀《にわながひで》らに命じた。

「舟の長さ三十間、横七間、櫓《ろ》を百挺立たせ、艫《ろ》舳《じく》に矢蔵《やぐら》を上げ、丈夫に致すべき」（『信長公記《しんちょうこうき》』巻六）というものである。

長さ約五四メートル、幅約一三メートル、百挺のオール（櫓）、さらに舳先《へさき》と艫《とも》に矢蔵を上げた大きな輸送軍船である。百挺のオールつきであるから、快速船としての機能がある。

義昭《よしあき》が挙兵したら、間髪を入れずに三千から五千の兵を乗せて琵琶湖を一気に渡り、京都に差し向けるための軍船である。義昭が再び兵を挙げたら、そのときは「天下の御敵」として、これを討つ。信長の肚《はら》は、信玄の死とともに固まっていた。

建造には近江の国中の船大工や鍛冶《かじ》が動員され、わずか一カ月余りで造り上げた。琵琶湖に進水した船のあまりの大きさに、さすがの船大工たちも度胆《どぎも》を抜かれた。宣教師フロイスも、この十数艘の軍船を目撃して、「ガレー船そっくりである」と驚嘆した。

ガレー船は、オールでこぐ軍船で、十五世紀の地中海で用いられている。補助的な帆はあるが、オールを人の力でこいで快速性を出す船である。ちなみに、信長と同時代の大航海期には、オールもあるが帆走に重点をおくガリアス船が大西洋に乗り出し、やがて全装帆船のガリオン船が世界の海をかけめぐっていた。

信長が造った船は、帆こそないが、その構造はガレー船に似ているとフロイスは驚きをもって報告している。だが、ガレー船の概念と構造を信長に教えたのは、彼と接触をもったフロイスか、イタリア人宣教師のオルガンチーノである。おそらくガリアス船やガリオン船の構造も信長は伝え知っていたであろうが、風が期待できない琵琶湖ということで、ガレー船が建造されたとみてよい。信長は彼ら宣教師を通じて、その知識を吸収し、必要に応じて軍船を造ったのである。

二条城・槇島城を破られた将軍義昭の悲運

信長がこの軍船に、それぞれどんな名前をつけたか興味のあるところであるが、残念ながら伝わっていない。いずれにせよ、この船の完成は七月三日である。その翌日、まるで完成を待っていたかのように、義昭は京の二条城と宇治の槇島《まきしま》城で挙兵した。

義昭は、信玄死去の風聞を耳にしたが、信長方の意図的な噂であると、タカをくくっていた。信玄はひとまず甲府に戻り、上洛《じょうらく》に向けて再起するものと信じた。そして朝倉義景《あさくらよしかげ》の帰国が、このたびの信長挟撃《きょうげき》作戦の失敗だと考え、あらためて朝倉・浅井、そして武田に信長追討《ついとう》の将軍命令を下し、再度の挟撃作戦にかけた。

しかも、この作戦の中心は自分だとして、みずから挙兵に踏み切ることで、諸将の決起をうながしたのである。義昭は、近臣の三淵藤英《みつぶちふじひで》に二千余を与えて二条城の守備を命じ、自分は家老の槇島昭光《あきみつ》の居城である宇治の槇島城に三千七百人余を率いて立て籠《こも》った。

これを聞いた信長は、七月七日に佐和山から建造なったばかりの軍船で、一気に琵琶湖をこぎわたり、坂本に上陸。この日は、琵琶湖は強風が吹き荒れていたが、百挺の櫓で押しまくった。翌日、突如として上洛、二条城を包囲した。義昭は、信長はまず槇島城を攻めると判断。その横あいを突くというのが二条城守備兵の任務であった。しかも、信長軍の来襲は数日後と予想していた三淵藤英と、それに味方する公家衆は大いに驚き、求めもしない人質を差し出して無条件降伏した。快速性をもつ大輸送船団による電撃作戦の前に、何らなすすべもなく京の将軍家勢力は一掃された。

あわてた義昭は、禁裏御所《きんりごしょ》に使者を送り、正親町《おおぎまち》天皇から信長に和平勧告の綸旨《りんじ》を下賜《かし》させようと工作した。いつもの義昭の手である。それを予知する信長は、御所への道すじの町々を焼き払い、使者の入京を阻止した。天下の御敵として、今度こそは完全に将軍義昭を葬《ほうむ》るつもりであった。

十六日、軍勢を宇治に進め、槇島城を攻囲した。信長勢は、稲葉一鉄《いなばいってつ》、佐久間信盛《さくまのぶもり》、丹羽長秀《にわながひで》、柴田勝家《しばたかついえ》、羽柴《はしば》（木下《きのした》）秀吉《ひでよし》、荒木村重《あらきむらしげ》、蒲生賢秀《がもうたかひで》・氏郷《うじさと》父子らの錚々《そうそう》たる部将が加わっているが、ここで注目されるのは明智光秀《あけちみつひで》と細川藤孝《ほそかわふじたか》・忠興《ただおき》父子が参陣していることである。彼らははじめ義昭の腹心で、信長と義昭を組み合わせた功労者であった。とくに細川藤孝は重臣として遇されていた人物であったが、その彼が義昭を攻めているのである。機を見るに敏なり、というのが細川の処世であるが、その変わり身は足利将軍の凋落《ちょうらく》と、伸張する信長の権勢をまざまざとみせつけるものがあった。

槇島城はわずか一日の攻囲で落ちた。義昭は二歳になったばかりの長男（大乗《だいじょう》院義尋《いんぎじん》）を人質に出して降伏した。はじめ信長は、義昭に切腹を迫るつもりであったが、義昭の必死の助命嘆願で命だけは助けた。将軍を殺すことに、「天命おそろしく」（『信長公記《しんちょうこうき》』巻六）と、ためらいをもったのも事実である。

室町幕府滅亡を印象づけた義昭の追放

義昭《よしあき》は、秀吉に護送されて、山城の枇杷《びわ》荘から河内《かわち》の普賢寺《ふげんじ》、さらに三好義継《みよしよしつぐ》の居城となる河内の若江《わかえ》に移された。移される先々で「人の褒貶《ほうへん》にのせ申さるべき」と信長はいったというが、義昭を追放することで生き恥を晒《さら》す将軍の姿を人々にみせつけようとしたのである。

義昭一行は、落ち延びる途中、一揆《いっき》の襲撃にあって、伝家宝の甲冑《かっちゅう》はじめ、身ぐるみはがされ、「貧乏公方《くぼう》」とはやし立てられた。義昭を一揆の掠奪に晒《さら》すことで、信長は労せずして将軍の権威を地に叩き落としたのである。

かくして足利《あしかが》将軍義昭は、生きながらにその職が自然消滅し、同時に室町幕府の行政組織も瓦解《がかい》し去ったのである。

二十一日、信長は京に戻ると、改元を奏請《そうせい》した。前から信長は改元を主張していたが、義昭がしぶって奏請しなかったのであるが、義昭を追放した直後に改元を朝廷に求めたのは、足利幕府に代わって、信長が天下の政権を握ったことを鮮明にしようという意図があった。

七月二十八日、年号は元亀《げんき》から天正《てんしょう》と改められた。この名は、改元の事由を書いた改元勘文《かんもん》という文書を信長が内覧《ないらん》し、天正を強く推《お》したことから決定された。天皇に奏聞《そうもん》する文書を、その前にみることを内覧というが、これは関白《かんぱく》か、それに準ずる地位の者が行なうものである。信長が改元勘文を内覧し、しかも、いくつか候補に挙がった年号名の中から、信長が推した天正が選ばれたということは、朝廷は信長を関白あるいは室町将軍と同等に礼遇したことを示している。

ところが信長は、このとき「織田幕府」開創に踏み出す意志をみせなかった。まだ近隣で石山本願寺《いしやまほんがんじ》や朝倉・浅井軍と対峙《たいじ》している状況では、幕府樹立は早計と判断したのであろう。

「武力という実力をもって天下を治める」というのが、信長の最終目標である。そのため、本能寺で倒れるまで、幕府の開創を明言しなかった。もっとも信長は、天皇から任じられる征夷大将軍《せいいたいしょうぐん》の称号をもって幕府を開くという、これまでの政治形態を、そのまま踏襲するつもりはなかったのである。

信長は村井貞勝《むらいさだかつ》を所司代《しょしだい》に任命して、あらためて京都の司法行政をまかせるや、改元が公布される二日前の七月二十六日には、例の快速大型船を率いて、琵琶湖《びわこ》西岸の高島に攻め寄せ、木戸城、田中城を攻め落として琵琶湖の制海権を握った。

八月四日に信長は、いったん岐阜城に帰陣するが、八日に浅井方の部将阿閉貞征《あつじさだゆき》が寝返って西阿閉城を明け渡すや、ただちに兵をおこして近江《おうみ》に入り、大嶽《おおづく》の北の山田山に布陣。小谷《おだに》城の浅井長政《あざいながまさ》と、二万の兵を率いて北国《ほっこく》街道を南下する朝倉義《あさくらよし》景《かげ》との連絡を遮断《しゃだん》した。

足利義昭を叩いたのちは、「朝倉、浅井と個別に攻撃を加えて、これを潰《つぶ》す」というのが、信長の作戦である。数カ月前、広大な挟撃作戦に苦しんだ信長は、武田《たけだ》信玄《しんげん》の死を契機に、その包囲網を分断し、個別に撃破する作戦に転じたのである。

朝倉・浅井氏を滅亡させた信長の決断

八月十日、朝倉義景《あさくらよしかげ》の二万の兵は、余呉《よご》、木之本、田部山、地蔵山に布陣。小谷《おだに》城を包囲する信長軍と睨《にら》み合った。

信長はこのとき、「朝倉軍を潰滅《かいめつ》できる」と判断していた。朝倉軍が一カ月前に、足利義昭《あしかがよしあき》の槇島《まきしま》城挙兵に応じて南下していたら、大きな脅威になっていた。ところが今回は、何らの挟撃作戦も包囲戦略もないままの南下である。浅井軍を小谷城に封じ込めながら、朝倉軍を一気に叩き潰せる。

信長は、朝倉義景の戦略の稚拙《ちせつ》さを腹の底で笑っていた。それはそうである。義景はいつも決定的な局面を読み違えていたからだ。

信長がはじめて敦賀《つるが》・金《かね》ヶ崎《さき》城に侵攻したときは、浅井長政《あざいながまさ》が挟撃に乗り出したにもかかわらず、総大将の義景は一乗谷《いちじょうだに》にとどまって、みずから出撃しようとはしなかった。さらに姉川《あねがわ》の合戦では、一族の朝倉景鏡《かげあきら》に一万の兵をつけて出陣させたものの、やはり腰を上げようとはしない。

姉川の合戦で大敗した汚名を返上しようと、義景みずから近江《おうみ》・坂本に侵攻したが、摂津《せっつ》から急転してきた信長に比叡《ひえい》山に追い上げられ、結局なんら得ることなく和睦《わぼく》して軍を引き揚げている。

義景の決断は、優柔不断のひと言に尽きた。戦略上の決定的なミスは、武田信玄《たけだしんげん》の西上作戦に呼応《こおう》して、義景みずから一万五千を率いて小谷城近くに布陣したときである。信玄が三方《みかた》ヶ原《はら》で家康・信長軍を破る直前に、突如、軍を引いて越前に帰ってしまったのだ。

この出陣の最中、義景の力量に見切りをつけた前波吉継《まえばよしつぐ》父子をはじめ、富田長《とみたなが》秀《ひで》、戸田余次《とだよつぎ》、毛屋猪介《けやいのすけ》ら有力家臣が、信長に投降、寝返ってしまった。その後もクシの歯が欠けるように寝返る者が続出した。

さらに、このときの出陣では、義景は朝倉景鏡と筆頭家老の魚住景固《うおずみかげかた》に出兵を命じたが、二人は「先の近江出陣で人馬ともに疲れている」と、異口同音に命令を拒絶していた。もはや朝倉家内部は、ほころびをみせていたのであった。

やむなく義景は、みずから二万の兵を率いて出陣、木之本の地蔵山に陣したが、その意気は上がらない。加えて浅井長政の重臣の阿閉貞征《あつじさだゆき》の寝返りにつづいて、大嶽《おおづく》城近くの焼尾砦にいる浅見対馬守《あさみつしまのかみ》が信長に内応してきた。

「朝倉軍は浮き足立っている」

と、信長はみた。嫡男《ちゃくなん》の信忠《のぶただ》を虎御前《とらごぜ》山において小谷城を牽制《けんせい》させると、八月十二日夜、強い風雨をついて信長みずから大嶽城に攻めのぼり、これを落とす。

このとき朝倉勢五百人は、抵抗らしき抵抗はせずに投降してきた。これを信長は、無傷のまま、そっくり朝倉陣営に送り返したのである。「風雨の中、濡れネズミの五百人の兵卒を朝倉陣に返せば、さほど高くない戦意がさらに低下する」と、信長は考えた。

信長はさらに近くの砦を攻めるが、これも戦意がまったくなく、すぐに投降してくる。あまりの手応えのなさに、「今夜、義景は退却する」と判断した信長は、

「これを逃してはならん。その退路を押さえて潰滅《かいめつ》させよ」

と柴田勝家《しばたかついえ》、滝川一益《たきがわかずます》、羽柴秀吉《はしばひでよし》、丹羽長秀《にわながひで》らの諸将に命じた。

主力部隊の投入である。もはや、背後に息をひそめる小谷城の浅井勢は眼中にはなかった。たとえ浅井長政が城からうって出ても、それこそ信長の思うツボで、張りめぐらされた防衛線で阻止されていたろう。朝倉との連絡が遮断《しやだん》された浅井長政は、朝倉軍の動きがつかめない。まさか義景が撤退するとは考えてもいなかった。

ところが義景は、信長が考えたように、十二日夜半、退却をはじめた。浮き足立った自軍をまとめきれないと判断したのである。もちろん殿軍《しんがり》をおいて退却をはじめたが、山崎吉家《やまざきよしいえ》らがわずかに奮戦しただけで、あっけなく殿軍も蹴散《けち》らされた。

退却する朝倉軍は、北国街道《ほっこく》が通る中河内方面と、敦賀《つるが》に抜ける刀根《とね》方面との二手に分かれた。信長はこのとき、迷うことなく刀根方面に逃げる敵の追撃を命じた。刀根から敦賀にいたる道すじには、朝倉方の砦がいくつかあり、「義景はこれを楯《たて》にしながら退却する」と読んだのである。

事実はそのとおりであった。越前に通じる中河内方向に逃げたのは雑兵ばかりで、義景をはじめ部将たちは、刀根から敦賀をめざして逃れていたのである。

信長軍の追尾は厳しく、信長本隊と他の部将たちの部隊が併走して追いかけた。

「義景の息の根を止めてやる」

この一戦にかけた信長の意気込みがひしひしと感じられる。十三日夜、刀根坂で朝倉軍に追いつくや、刀根から敦賀にいたる約四十キロの間に、三千もの首を討ち取った。

浅井長政とお市と三人の娘の行方

撤退は、いったん崩れると、もはや歯止めがきかない。十五日、居城のある一乗谷に逃げ帰った義景には、軍容を立て直す戦力も気力も残っていなかった。朝倉景鏡《かげあきら》のすすめで大野に向かい、賢松寺《けんしょうじ》に入った。大野郡の平泉寺《へいせん》の僧兵力を最後の頼みとしたのである。

だが、平泉寺は挙兵せず、あまつさえ景鏡が、信長軍の先鋒《せんぽう》の稲葉一鉄《いなばいってつ》と所領《しょりょう》安堵《あんど》を条件とする密約を交わした。この景鏡は二百騎を率いて賢松寺を囲んだ。義景は最後には同族に背《そむ》かれたのである。

義景はついに自刃《じじん》した。二十日のことである。享年四十一。越前に五代百年つづいた朝倉氏は、滅んだ。この戦いの最中、美濃を追われていた斎藤龍興《さいとうたつおき》も戦死したという。義景の妻子は探し出されて殺され、義景の首は京都で獄門《ごくもん》にかけられた。

府中（武生市《たけふ》）に陣を据《す》えた信長は、朝倉氏から寝返った前波吉継を越前守護代に命じて、戦後処理をする間もなく、近江に兵を返す。

八月二十六日、信長の姿は小谷城を望む虎御前山《とらごぜやま》にあった。小谷城は包囲され、羽根をむしられた鳥のようであった。城に立て籠《こも》る浅井勢は、およそ四千人であったが、そのあらかたは背後の山々に逃げ落ちていた。一方、信長勢はおよそ三万。数のうえからも、勢いからも、すでに勝負は定まっていた。

二十七日夜、信長に命じられた秀吉は、小谷城の京極丸《きょうごくまる》に取りついて、そこにいる浅井久政《ひさまさ》を攻めて、本丸の長政との分断をはかった。秀吉の部隊は、越前攻めからはずされていたため、この城攻めでは軍功を求めて奮闘した。

京極丸の久政の抵抗はさほどなく、久政は自害。功をあせる秀吉は、信長の機嫌をとるために長政のもとにいるお市と三人の女の子の引き渡しを求めた。死を覚悟する籠城《ろうじょう》では、女、子どもを城から出すというのが常道である。長政が秀吉の申し出に応じたのは、当然のことで、のちに秀吉が盛んに吹聴したように、お市母子の助命には、さほどの困難も劇的な夫婦別れのドラマもなかったのである。

むしろ悲惨であったのは、長政の側室の子で十歳になる万福丸《まんぷくまる》である。彼はのちに探し出されて、関ヶ原で磔《はりつけ》にされて殺されている。

翌二十八日、長政は城内に残る兵卒の助命嘆願が受け入れられると自害した。享年二十九。ここに足かけ四年も信長を苦しめた浅井氏は滅ぶ。

「第六天の魔王」が供養した三つの髑髏

浅井《あざい》長政《ながまさ》と父久政《ひさまさ》の首は、朝倉義景《あさくらよしかげ》のそれと同じく京都に送られ、獄門《ごくもん》にかけられた。この三人の首に後日譚《ごじつたん》がある。翌天正《てんしょう》二年(一五七四)正月、岐阜城での新年の酒宴の席上のことである。戦勝を祝す近隣の大名たちが退席したのち、近臣の馬廻《うままわり》衆だけになったとき、三人の首を披露、それを酒の肴《さかな》にしたというのである。

信長のこの奇怪な趣向を取り上げて、彼は異常なまでの残忍な性癖があったとみられている。憎むべき仇敵《きゅうてき》であったことには変わりないが、あまりにもこの趣向は常軌《じょうき》を逸している。のちに信長の配下となる者から多くの反逆者が現われるのは、信長のこうした異常な冷酷さと無縁ではないといわれてきた。

たしかに、その一面は否定できないものの、別の視点からとらえれば、この行為は三人に恥辱《ちじょく》を与え、愚弄《ぐろう》し去るというものではない。むしろ当時の宗教的な秘術から考えれば、三人の霊魂を供養《くよう》したとみることができる。

三人の首は、もちろん生首ではない。髑髏《どくろ》となった首に、薄濃《はくだみ》といわれる漆《うるし》を塗ったうえに金粉をかけたものである。

それというのも髑髏を本尊とする信仰が、すでに中世からあった。真言立川流《しんごんたちかわ》といわれるものである。この立川流については拙著『黒衣の参謀列伝』(学研M文庫・二〇〇一年刊)で後醍醐《ごだいご》天皇の側近となる文観《もんかん》の項でふれてあるので詳細は省くが、漆を塗った髑髏の前で男と女が交わり、その愛液を塗ること百二十回を重ねたのち、やはり愛液で髑髏の上に曼荼羅《まんだら》を描く。そのあと七年間、祀《まつ》りを絶やさなければ八年目に髑髏に魂が甦《よみがえ》ってきて語り出す。そのお告げを聞いて、そのとおりにすれば神通力を得るという教えである。

この真言立川流は淫教《いんきょう》・邪教として真言宗からも否定されたが、室町期以降になると民間信仰として地方に定着、髑髏を祀って、その霊魂を供養するという風習が残った。討ち取った今川義元の首をねんごろに供養して、今川氏に返した信長である。自分を苦しめた武将の首を、たんに憎しみのために薄濃にしたとは、とうてい考えられない。

彼らの霊魂を祀《まつ》り、その霊力を注ぎ受けて、次への戦いの活力にする。「第六天の魔王」を自認する信長が、三つの髑髏にみずからの愛液を塗ったかどうかはわからないが、こうした一見不気味と思われる土着信仰を信じていたとみてもよいだろう。七年後の天正九年、髑髏のお告げがあったものか、みずからを神通力を得た「神」と名乗るようになるのも、不思議といえば不思議である。

　三人の首のうち、二人は妹のお市《いち》と関係し、その三人の娘たちに血が流れている。やはり当時では、血を受け継ぐ者の因果《いんが》と応報《おうほう》への恐れには深いものがあった。その血脈を断ち切るのは敵の男子に流れる血であるが、女子にはその責めはない。むしろ次代に血をつなげる者として女性は重んじられていた。

　お市とその三人の娘は、浅井久政・長政の血を受け継ぎ、次代へ伝える者として処遇されている。このことからも、三人の髑髏はたんに信長の異常な残虐さをみせつけたものではないといってよい。

　ちなみに、お市と娘たちは、信長の弟信包《のぶかね》にあずけられて清洲《きよす》城に不自由なく暮らした。そして信長の死後、お市は柴田勝家《しばたかついえ》に嫁《か》したものの、勝家と自害をともにしている。三人の娘は長じると、長女茶々《ちゃちゃ》は秀吉に嫁して秀頼《ひでより》を産み、淀殿《よどどの》と呼ばれる。二女初《はつ》は京極高次《きょうごくたかつぐ》に嫁《とつ》ぎ、末娘の小督《こごう》は従兄弟《いとこ》の佐治与九郎《さじよくろう》に嫁したのち、さまざまなめぐり合わせに導かれて徳川秀忠《とくがわひでただ》の妻となり、家光《いえみつ》らを産んでいる。浅井の血は織田の血脈と同じく、豊臣、徳川と次代につながっていく。信長の髑髏信仰による効験《こうけん》があったともいえようか。

天下人への演出と大量虐殺の謎

越前の一向一揆が再び動く

四年にわたって信長を苦しめつづけた反信長包囲戦線は、武田信玄《たけだしんげん》の死を契機にして、次々に崩壊した。

天正《てんしょう》二年（一五七四）になると、信長に対し明らかに敵意をむき出しにするのは、石山本願寺《いしやまほんがんじ》とそれに連動する伊勢長島の一向宗徒《いっこうしゅうと》だけになった。

「朝倉義景《あさくらよしかげ》の首を刎《は》ねて越前を平定し、若狭《わかさ》、能登、加賀、越中も手に入れた。五畿内《きない》はいうまでもなく、中国地方にも命令が下せるようになった。来年は甲斐に軍を送り、関東を平定するつもりだ」

天正元年の暮に出羽《でわ》（山形県）米沢の伊達輝宗《だててるむね》に送った信長の書状である。例によって多少誇大に書かれているが、かなり明るい前途を想定している。こうした将来に対する明るい見通しこそが、信長の次への力となっていく。「夢に描いたものは、必ず実現する」という現代流行《はや》りの成功の哲学めいたものが、彼にはあった。

だが、夢の実現には、やはり困難と試練が伴う。想定したスケジュールどおりには、なかなかいくものではない。

例の薄濃《はくだみ》にされた三人の首級《しゆきゆう》が飾られた正月、越前の一向宗徒は信長の支配を好まず、府中城（武生市）の富田長秀《とだながひで》の誘いで蜂起《ほうき》。守護代の桂田長俊《かつらだながとし》（前名は前波吉継《ばよしつぐ》）を一乗谷《いちじようだに》で攻め殺した。さらに富田長秀も血祭りにあげ、大野郡の旧領を信長から安堵《あんど》されていた朝倉景鏡《かげあきら》も自害に追い込んだ。

勢いづく一向宗徒は、朝倉の残党をことごとく攻め滅ぼし、八月になると信長が設けた木ノ芽峠の砦を確保して、越前一国を支配した。

石山本願寺と伊勢長島に加え、越前の一向一揆《いつこういつき》が、反信長の最前線となった。信長を取り巻く軍事的な状況は、敵となる顔ぶれは変わったものの、依然として厳しいものがあった。ただ政治状況は、明らかな変化をもたらしていた。

三月十八日、信長は従三位《じゆさんみ》・参議《さんぎ》に叙任《じよにん》された。正六位の弾正忠《だんじようのちゆう》から九階級も飛び越して従三位となり、しかも参議に任官したのである。参議は大臣・納言《なごん》に次ぐもので、朝廷の意向を決める重職である。

すでに天正と改元する際、信長は年号を内覧《ないらん》しているので、その扱いは征夷大《せいいたい》将軍《しようぐん》か摂政《せつしよう》に近いものがあった。それにもかかわらず従三位・参議にしか叙任されない。この叙任は戦国大名の中でははじめてであるが、信長はこれに不満をもった。

足利義昭を将軍につけたとき、義昭は信長の気を引きつけるために、官位昇進を勧《すす》めた。だが義昭が将軍であるかぎり、朝廷から官位をもらったとしても、それは将軍義昭をとおして行なわれる。これはとりもなおさず義昭への臣従《しんじゅう》を意味する。

義昭からの官位昇進の勧めを拒《こば》みつづけた信長は、義昭を追放したいま、朝廷から官位を拒む意味はなくなった。ところが叙任されたのは、参議とはいえ従三位である。あの義昭《よしあき》でさえ従四位下・参議・左近衛権中将《さこんえごんのちゅうじょう》で、征夷大将軍に補されているではないか。

「征夷大将軍になる要件として、関東・奥州の東国を平定しなければならないというなら、それもよかろう。すぐにでも〝征夷〟の軍を発向《はっこう》して、甲斐の武田氏を討って、関東・奥州を切り取ってみせようではないか」

信長の意気は高かったが、石山本願寺や長島の一向宗徒をかかえる状況では、すぐには兵をおこすわけにはいかない。

「名香木の蘭奢待を切れ」に秘められた野望

むしろ信長は、天皇や朝廷が自分をきわめて低く評価したことに激しい腹立ちを覚えた。その憤りは、天皇が独占する権利に向けられた。

奈良・東大寺《とうだいじ》の正倉院に勅封《ちょくふう》される香木《こうぼく》を強引に切り取ったのである。切られた香木は、蘭奢待《らんじゃたい》といわれる銘香である。聖武天皇の時代に東アジアからもたらされたもので、以来、天皇家の宝物とされ、朝廷の許可がなければ截取《せっしゅ》することができなかった。

武人では、かつて室町八代将軍の足利義政《あしかがよしまさ》が、奈良・春日大社《かすがたいしゃ》の参拝の途次に許されて切り取ったことがある。また公的な記録ではないが、天皇家の簒奪《さんだつ》をはかった足利義満《よしみつ》や義持《よしもち》も切り取ったようである（『満済准后日記《まんさいじゅごうにっき》』）。その後も歴代の足利将軍が所望《しょもう》したが、その望みを果たした者はいない。あの斎藤道三《さいとうどうさん》に追放された美濃守護の土岐頼芸《ときよりあき》が、後奈良天皇から蘭奢待を賜ったことがあるが、これは頼芸が自分から勅許《ちょっきょ》を求めて截取《せっしゅ》したものではない。

そのため信長が所望した蘭奢待の截取は、足利義政の先例にならったもので、申し入れを朝廷が受け入れれば、足利将軍の後継として認知されたことになる。ちなみに、やはり記録にはないが、豊臣秀吉も正倉院を開封させ、香木を手にしたと思われる。また徳川家康は関ヶ原の合戦の二年後、すなわち征夷大将軍に任命される一年前に、蘭奢待を切り取らせている（『武徳《ぶとく》編年集成』）。蘭奢待の截取は、天下人への布石と考えられていたのである。

信長は、従三位《じゅさんみ》・参議《さんぎ》に叙任《じょにん》されるや、すぐさま「蘭奢待を所望したい」と内裏《だいり》に奏聞《そうもん》した。朝議《ちょうぎ》でどんな論議が交わされたのかはわからないが、故実《こじつ》だけが存在の規範となる朝廷では、当然のことながら義政の先例が話題となり、截取は将軍と同等の権威を認めることになるとの認識があったものと思われる。

その一方、武力を背景とする信長の意向に逆《さか》らったら、どうなるかわからないという不安が朝議を支配した。強引な信長に押し切られるままに截取が認められた。

ところが、正親町《おおぎまち》天皇は開封に本意ではなかった。「今度、不慮《ふりょ》に勅封を開かれ候《そうろう》て」ということばが、その間の事情を伝えてくれる。信長の実力は認めるが、権威を与えるには、少なからず抵抗するものがあったのである。

勅諚《ちょくじょう》が下った翌日の三月二十七日、信長はすぐさま軍兵三千余を率いて奈良に入った。軍を率いての奈良下向《げこう》である。蘭奢待を切り取って、足利将軍の後継者としての自分をアピールするためであるが、目的はそれだけではなかった。

大和《やまと》一帯を支配する松永久秀《まつながひさひで》が、これまで二度も離反して、前年の末にようやく帰参してきた。もともと大和は、興福寺《こうふくじ》を中心とする寺社勢力と土豪《どごう》の力が強く、まとまりにくい土地柄である。久秀を追放すれば、大和の争乱は目に見えている。

そのため二度も謀叛《むはん》を企てる久秀を赦《ゆる》したのであるが、そのかわりに居城となる多《た》聞山城《もんやま》（奈良市多聞町）を没収、ここに柴田勝家《しばたかついえ》をおいて奈良の支配に乗り出そうという目的があった。

そのため勅諚によって蘭奢待を截取することで、朝廷とも関係が深い奈良の寺社勢力への示威《じい》行動をとろうとしたのである。

信長が本当に大和の人心や天下の民意を掌握したいと考えたならば、松永久秀によって焼かれた東大寺の大仏殿を再建することがもっとも早道であった。だが神仏を信ぜず、比叡山《ひえい》をはじめ、各地の寺社勢力をことごとく弾圧した信長である。

わずかに京都・阿弥陀寺《あみだじ》の清玉上人《せいぎょくしょうにん》から勧《すす》められ、「大仏殿再興勧進分《かんじん》」として、元亀《げんき》二年（一五七一）に全国に人別に毎月一銭ずつを寄進すべきであると勧進を呼びかけただけで、野ざらしのままの大仏の修理も、大仏殿の再建にもあまり積極的に動こうとはしなかった。

信長は、大仏殿を再興することで人心の慰撫《いぶ》をはかろうという発想はまったくなく、あくまでも朝廷に対する政治戦略的な発想しかもたなかったのである。

「東・大・寺」と文字が刻み込まれた蘭奢待は、大仏師の手によって一寸八分（約五・五センチメートル）ほど五片が切り取られた。このとき信長は、「紅沈《こうちん》」という銘木も所望したが、東大寺では先例なしと頑強に主張したため、これは切り取られずに済んだ。信長は名茶器や名刀、名馬と聞くと何でもほしがったが、その性癖は香木にも向けられていたのである。

信長は、截取した蘭奢待の一片を正親町天皇に献じた。天皇はその破片を前関白《かんぱく》九条稙通《たねみち》に与えた。そのとき添えられたことばが先の「不慮に勅封を開かれ候て」という一句である。

さらに天皇は、翌天正《てんしょう》三年（一五七五）五月には、蘭奢待の破片を毛利輝元《もうりてるもと》に下賜《かし》しているのである。これを信長は自分への当てつけとみた。東国を征すれば、中国の毛利氏が信長の当面の敵となることは、だれの目にも明らかである。その毛利輝元に自分が切り取った蘭奢待を下賜したのであるから、不愉快な思いがしないわけがない。この蘭奢待の截取を機に、信長と正親町天皇および朝廷との、きわめて高度でかつ陰湿な心理戦が展開されるようになる。そして、信長の狂気じみた殺戮《さつりく》は、この心理戦争の展開とともに行なわれるようになってくる。

三万数千人におよぶ皆殺し《ジエノサイド》の真相

天正《てんしょう》二年（一五七四）六月二十三日、信長は三万の兵を尾張の津島《つしま》に進めた。

領国内の「獅子身中の虫《しししんちゅう》」の長島の一向宗徒《いっこうしゅうと》を根絶やしにするためである。

長島の一向宗徒は、三年半前の元亀《げんき》元年（一五七〇）十一月、石山本願寺《いしやまほんがんじ》の顕如《けんにょ》の求めに応じて兵を挙げた。そして滝川一益《たきがわかずます》の軍勢を撃退、信長の弟信興《のぶおき》が籠《こも》る尾張・小木江《おきえ》城を攻めて、信興を自害に追い込んでいた。これに対して信長は、翌年五月に長島を襲ったが、宗徒は輪中《わじゅう》村落の一つ一つを砦として激しく抵抗、ついに信長軍を撤退させた。このとき氏家卜全《うじいえぼくぜん》は討死に、柴田勝家《しばたかついえ》が負傷している。

そして天正元年九月、朝倉・浅井氏を滅ぼした余勢をかった信長は、再び長島に攻撃を加えたが、勝利を収めることはなかった。それどころか信長が引き揚げようとするとき、風雨に乗じた宗徒が追撃、信長はほうほうの態《てい》で岐阜に逃げ帰っている。

今度が三度目の長島討伐である。過去二度の攻撃が失敗に終わっているだけに、慎重かつ大胆な作戦が立てられた。水軍を主体とする攻撃と包囲作戦が練られた。そのため尾張の兵船はもとより、滝川一益の伊勢水軍と志摩を根拠とする九鬼嘉隆《くきよしたか》の率いる九鬼水軍が動員された。彼らは信長の次男信雄《のぶかつ》の配下となって出陣。兵船の総数は、大型船も合わせるとおよそ六百隻にものぼった。

「長島一帯を完全に包囲して、時間をかけてでも攻略する」という作戦である。そのために信長は、熱田《あつた》口から矢田川原までの四十数町の間に鹿垣《ししがき》をめぐらせて、長島の応援に駆けつける一向宗徒の流入を防いでいる。鹿垣とは敵の侵入を防ぐために木や竹で編んだ柵《さく》のことであるが、これが四十数町というから、およそ五キロ近くにわたって張りめぐらされたわけである。

この長島攻めの八カ月後には、馬防柵《ばぼうさく》をめぐらせて武田勝頼《たけだかつより》が率いる騎馬軍団を長篠《ながしの》の設楽原《しだらがはら》で破っているが、馬防柵の発想はそのとき思いついたのではなく、長島攻めで効力を発したため、この戦法を展開したものである。

尾張と伊勢、それに伊勢湾河口からの軍船に包囲された宗徒側は、はじめ小木江や松之木で迎え討ったが、たちまち敗れて長島に逃げ込む。信長は、津島から五明《ごみょう》（五妙）、さらには木曾川《きそ》を渡って長島の殿名《とのめ》に本陣を進めた。包囲網はじわりじわりと狭まり、宗徒軍は篠橋《しのはし》、大鳥居《おおどりい》、屋長島《おくながしま》、中江、長島の五カ所の砦に追いつめられた。これらは現在の三重県長島町と多度《たど》町付近に築かれた砦である。

包囲が完了した七月十日、信長はまず篠橋と大鳥居の攻撃を命じた。大鉄砲が砦の塀や櫓《やぐら》を崩し、「進む者は往生極楽、退く者は無間《むげん》地獄」というかけ声と念仏の声明《しょうみょう》を沈黙させた。この二つの砦が降伏を申し出てきたが、信長は許さない。干《ひ》殺《ごろ》しにするつもりである。餓死させることで、年来の鬱憤《うっぷん》を晴らそうというのだ。

八月二日夜、大鳥居に籠《こも》る男女の宗徒が、激しい風雨にまぎれて脱出した。信長方はそれを容赦なく斬り捨てた。その数、男女合わせて千人という。

十二日になると篠橋の砦が降参を申し出た。信長はこれを許したが、そのかわり籠城者のすべてを長島、屋長島、中江の砦に追い込んだのである。三つの砦の籠城者をふやして、宗徒軍の兵糧《ひょうろう》を消耗させるためである。糧道《りょうどう》を断たれた宗徒軍の中に飢え死にする者がふえ、水中に身を投じる者も出はじめた。

石山本願寺《いしやまほんがんじ》は、長島宗徒の苦境を救うべく、武田勝頼に援兵を求めた。勝頼は、この六月に遠江《とおとうみ》の高天神《たかてんじん》城を落として、自信をつけていた。「近日中に尾張・三河表へ出馬する」との八月二十四日付の勝頼の手紙がきたが、ついに動くことはなかった。武田氏の反信長戦線は、信玄の死とともに自然消滅していたのである。

九月になると、長島は絶望的な状態になった。飢え死ぬ者がふえ、戦意は衰えた。信長には、佐久間信盛《さくまのぶもり》や明智光秀《あけちみつひで》の軍兵を大坂の石山本願寺の攻撃にまわす余裕さえ生まれた。

長島砦の宗徒は、ついに力尽きた。九月二十五日、和を乞《こ》うた。信長は、これを受け入れた。ところが、それから起こった事態は、血で血を洗うと形容される戦国時代といえども例をみないものであった。一方的な裏切りと、凄惨《せいさん》な殺戮《さつりく》行為が平然と行なわれたのである。

二十九日、長島の砦から投降した宗徒が、川舟に乗って退却してきた。三カ月にもおよぶ籠城で、さしもの屈強を誇った一向宗徒たちも、いずれも痩《や》せ衰えていた。それをなんと信長方は、鉄砲をそろえて狙い撃ちにしたのである。川はたちまち鮮血に染まり、阿鼻叫喚《あびきょうかん》の地獄となった。まったくの騙《だま》し討ちである。

騙されたと知った宗徒たち八百人あまりが、死に物狂いの反撃に出た。男たちは裸になって抜刀《ばっとう》したままで信長方の陣地に斬り込んだ。その決死の勢いに信長勢は混乱、信長の兄の信広《のぶひろ》、弟の秀成《ひでなり》、そして叔父の津田信次《つだのぶつぐ》ら数多くの死者を出した。抜刀隊は血路を開いて大坂方面に逃れた。

徹底的に追いつめられた揚句《あげく》、土壇場で裏切られた宗徒軍が窮鼠猫《きゅうそ》を噛むが如きの反撃に出たのは、当然のことであった。開城した者たちをそのまま退却させることは、攻撃する側に無駄な損害を出さぬための常道である。信長はその常道を無視したのである。

比叡山《ひえいざん》焼き討ちの場合でも、僧兵の退却路は開かれていた。完全に封鎖してしまえば、敵は死に物狂いで戦い、攻撃する側に多大な損失を与えるからだ。まして降伏を認めた者をなぶり殺しのように次々と殺害することなど、戦国非道とはいえ、常道の枠からはみ出している。

まだ依然として抵抗する石山本願寺や越前の一向宗徒へのみせしめということもあったろうが、騙し討ちによる殲滅《せんめつ》作戦は、明らかに信長の心理的変化が戦略にまで影響していた。

それは「苛立《いらだ》ち」というひと言に尽きる。どれだけ倒しても次から次へ現われる敵勢力への苛立ちである。そんな彼らは、信長が考える天下統一の進路をことごとく妨げる。しかも、朝廷や天皇とのかかわりから生まれてくる政治権力の新体制というものも、依然として曖昧《あいまい》なままである。

信長の苛立ちは、極《きょく》に達していた。そのため残された中江と屋長島にいる男女二万あまりといわれる宗徒にも、非情な攻撃を加えた。各砦のまわりを幾重にも柵をめぐらせて、四方から火を放ったのである。宗徒たちは、生きながら焼き殺された。その数は二万ともいわれるが、これは長島一揆の総数で、焼き殺されたのは、数千人であったろう。

「島内は数千のおびただしき軀骸骨《くがいこつ》、甍《いらか》を敷きたる如く」(『武功夜話《ぶこうやわ》』巻五)

とある。数千人にしても、凄惨な皆殺し《ジェノサイド》である。

積年の恨みを晴らした信長は、意気揚々《ようよう》と岐阜城に戻る。長島の一向宗徒は滅亡したが、そのやり方はやがて人口に膾炙《かいしゃ》されて、多くの人の心の中に反信長感情を植えつけていくことになる。

頑強に抵抗する一向宗徒への信長の苛立ちが、こうした不名誉な戦法になって現われた。人心が信長から潮が引くように離れていった。それを知った信長は、人心の収攬《しゅうらん》を急いだ。領国内の道路を整備して、関所や諸役といった住民にかかる労働の負担を免除した。

さらに年が明けた天正三年になると、それまでの貸借をゼロにする徳政令《とくせいれい》を発して、困窮する公家《くげ》を救い、内裏《だいり》の修理も積極的に行なう。美濃と近江《おうみ》の境にある関ヶ原の山中にいる体の不自由な物乞いに食糧や衣料を与えて情けをかけたのも、このころのことである。

汚名の返上にやっきになる信長であったが、その絶好の機会がやってきた。武田《たけだ》勝頼《かつより》が三河に侵入してきたのである。「これに正攻法で戦って勝つ」。この合戦は、どうしても天下に信長の面目をみせるものにしなければならない。

前の年に武田勝頼が家康方に属する高天神城を攻めたとき、家康の出兵要請に機敏に対応しなかった信長は、このときはただちに救援の態勢を固めた。この出陣にかける信長の意気込みは、これまでとはちがっていた。

長篠の合戦——大勝利の謎と真相

「信長・家康軍は恐るるに足らず」

武田勝頼《たけだかつより》は、天正《てんしょう》三年（一五七五）四月、一万五千の兵を率いて三河に侵入、足助《あすけ》、作手《つくで》、野田をかすめて、長篠《ながしの》城を攻囲した。

長篠城は、信濃の伊那谷《いなだに》から三河に通じる要所である。ここが武田方に押さえられると、三河と遠江《とおとうみ》が分断される。そのため、この城は武田と徳川の争奪が繰り返された。家康が長篠城を攻め落としたのは、信玄没後のことである。

長篠城の守備は、奥平信昌《おくだいらのぶまさ》（当時は貞昌《さだまさ》）以下わずか五百人。これに対し勝頼の武田軍は一万五千人である。大野川と寒狭《かんさ》川の合流地点の台地にある長篠城は、天然の要塞とはいえ、武田勢の猛攻によって落城は目前に迫っていた。城兵の一人、鳥居強右衛門《とりいすねえもん》が脱出し、援軍の到来を知らせるために城に戻ろうとしたところを捕らえられたが、「三日のうちに援軍がくる」といったために殺されたのは、この攻防戦のときである。

勝頼が長篠城を攻撃すると知った信長は、五月十三日に嫡男《ちゃくなん》の信忠《のぶただ》とともに岐阜を発《た》ち、十四日に岡崎、十六日に牛窪《うしくぼ》、十七日には野田に泊まり、十八日には長篠城の手前五キロほどの極楽寺《ごくらくじ》山に本陣をおいた。きわめて迅速な行動である。動員兵力は、三万といわれるが、これは家康軍の七千を加えたものである。

信長は極楽寺山の本陣から二キロほど長篠城よりのあるみ原に流れる連吾《れんご》川沿いに、全兵力を布陣させた。その戦線は南北に三十町というから、およそ三キロ。

布陣は連吾川上流のほうから、丹羽長秀《にわながひで》、羽柴秀吉《はしばひでよし》、信長本陣、滝川一益《たきがわかずます》、石川数正《いしかわかずまさ》、さらに徳川信康《とくがわのぶやす》、家康本陣、本多忠勝《ほんだただかつ》、榊原康政《さかきばらやすまさ》、大久保忠世《おおくぼただよ》、そして酒井忠次《さかいただつぐ》と、連吾川が注ぐ豊川まで布陣。ただし、酒井忠次の部隊が別働隊となって武田軍の後方を襲うという作戦が立てられると、そこに信長方の佐久間信盛《さくまのぶもり》の部隊が配された。

「先陣は、国衆《くにしゅう》の事に候《そうろう》」（『信長公記《しんちょうこうき》』巻八）とあることから、地元の者が先陣をつとめるという慣習に従っているので、家康が布陣した高松山一帯が主戦場になると想定されている。そのため家康本陣と滝川一益の陣の前には、騎馬武者の突入を防ぐための馬防柵《ばぼうさく》がつくられている。さらに三キロにわたって、間欠的に木柵が設定されていることから、とくに家康本陣と信長本陣を結ぶ間に、厳重な馬防柵が設けられたのであろう。

一方、武田軍の行動はどうであったろうか。武田軍は長篠城への攻撃を中断して、戦線をあるみ原に進めて、連吾川をはさんで信長・家康軍と対峙《たいじ》した。

その布陣は北の山裾のほうから馬場信春《ばばのぶはる》（この戦いで戦死・以下同）、土屋昌次《つちやまさつぐ》（戦死）、穴山信君《あなやまのぶきみ》、一条信龍《いちじょうのぶたつ》、武田信豊《たけだのぶとよ》、勝頼本陣、小幡信貞《おばたのぶさだ》（戦死）、武田信《のぶ》廉《かど》、内藤昌豊《ないとうまさとよ》（戦死）、原昌胤《はらまさたね》（戦死）、山県昌景《やまがたまさかげ》（戦死）である。

江戸時代になって書かれた『甲陽軍鑑《こうようぐんかん》』（巻十五）では、馬場、内藤、山県らの重臣たちが、決戦を避けるように進言したという。これに対して勝頼は、側近の長《なが》坂長閑斎《さかちょうかんさい》らの主張を入れて、決戦に踏み切ったとある。つまり、長坂長閑斎らの側近の主戦論を勝頼は採用したとされているが、この合戦に長閑斎は同行していない。勝頼が合戦前日に書いた長閑斎らに宛てた手紙がある。そこには、

「信長と家康が長篠城を救援すべく出動してきたが、打つ手がなく対陣している。敵は手をこまねいているから、いっきに攻めて撃滅できよう」

と書かれている。

この勝頼の手紙は、馬場信春や山県昌景らの判断そのものであったとみることができる。決戦前夜、「撤兵すべし」という重臣たちの主張を押し切って決戦に踏み

▲長篠城本丸跡

▲設楽原古戦場

切るということは、まったく考えられない。しかも勝頼が反対する重臣たちを臆病者と罵《ののし》ったために、重臣たちは死を覚悟して決戦に臨んだとか、敗北を予期した重臣たちが、前夜に水杯《みずさかずき》を交わしたという話は、後世のつくりものである。武田軍敗北の結果からつくり上げられた物語である。

勝頼はもちろん、彼ら重臣たちは、この合戦は「勝てる」と判断したのである。兵卒たちも、そう考えていた。もし、戦う前に敗けると判断していたら、朝倉義景の配下と同じように、部将の投降や兵卒の戦線離脱が行なわれ、士気は完全に衰えていたにちがいない。

ところが武田軍には、そんな様子はまったくみられず、堂々と信長・家康陣に対して布陣しているのである。やはり勝頼が合戦前日に手紙に書いたように、信長が落城寸前の長篠城の救援にきながら、城の手前で進撃をやめたことで、「敵は臆《おく》している」と判断したのである。

前例がある。高天神《こうてんじん》城のときも、信長は援軍をしぶって遅れている。また長篠城攻撃と同時に行なわれた吉田城（豊橋）攻めのときには、家康は城に籠《こも》って反撃することはなかった。

「信長、家康は、武田軍を恐れている」という手応えは、信玄の三方《みかた》ヶ原《はら》の合戦のときでも証明されている。信長・家康軍は恐るるに足らず――。これが勝頼をはじめ武田家臣団の一致した認識であったのである。

騎馬武者隊を迎え撃った隠された計略

「勝てる！」

と武田勢が思ったのには、もう一つの理由がある。信長・家康軍の兵力が、自軍の一万五千よりもはるかに少ないとみたからである。実際は三万人と武田軍よりも二倍もいたのであるが、それを一万人以下と判断したのである。

信長が周到に仕掛けた罠《わな》に、武田勢ははまったのである。信長は連吾《れんご》川に沿って、三キロにわたって十八日から十九日にかけて馬防柵《ばぼうさく》を設けたが、そこに配した兵力は六、七千人ほどであった。残りの兵力は、極楽寺《ごくらくじ》山や御堂《みどう》山、松尾山、さらには家康が本陣を置いたあるみ原の高松山の背後にひそませておいたのである。

太田牛一《おおたぎゅういち》は、この間の信長の策計をさりげなく次のように書いている。

「志多羅《したら》（設楽《しだら》）の郷は、一段地形《じかた》くぼき所に候《そうろう》、敵がたへ見えざる様に、段々に御人数三万ばかり立て置かる」（『信長公記《しんちょうこうき》』巻八）

つまり設楽の里は、地形が窪地になって低いために、敵から見えぬ。そのため山稜と窪地の間に段々になるように兵力を隠して配置したというのである。

さらに地元の者が先陣をつとめるという慣例から、家康が高松山に布陣し、滝川《たきがわ》一益《かずます》、羽柴秀吉《はしばひでよし》、丹羽長秀《にわながひで》の三人があるみ原にのぼって布陣したと『信長公記』は伝えている。

武田勢が確認し得たのは、あるみ原にのぼって布陣した家康軍と滝川、羽柴、丹羽の部隊だけであった。信長と信忠の本隊は、敵から見えないあるみ原の後方の山稜の間にひそんでいた。そのため、敵の兵力は少ないとみた武田勢は、二十日にはあるみ原の三キロ手前まで進撃。敵の布陣に対して、約二キロにわたって一万五千人を展開して対陣したのである。

「馬防柵を設置したあるみ原まで、武田軍を引きつける」

信長の策計に、勝頼以下重臣たちがはまったというのが、長篠《ながしの》の合戦の明暗を分けた決定的なポイントであった。

信長は、この罠をさらに確実なものとするために、もう一つ策略を用いる。

武田軍の布陣を確認すると、家康の家臣である酒井忠次《さかいただつぐ》を呼んで、徳川軍の中から弓と鉄砲の名手を選抜させて、二千人ほどの部隊を編成させた。この部隊に信長は、自分の親衛隊である馬廻《うままわり》衆の鉄砲隊五百人と千五百人の兵力を添えて、合計

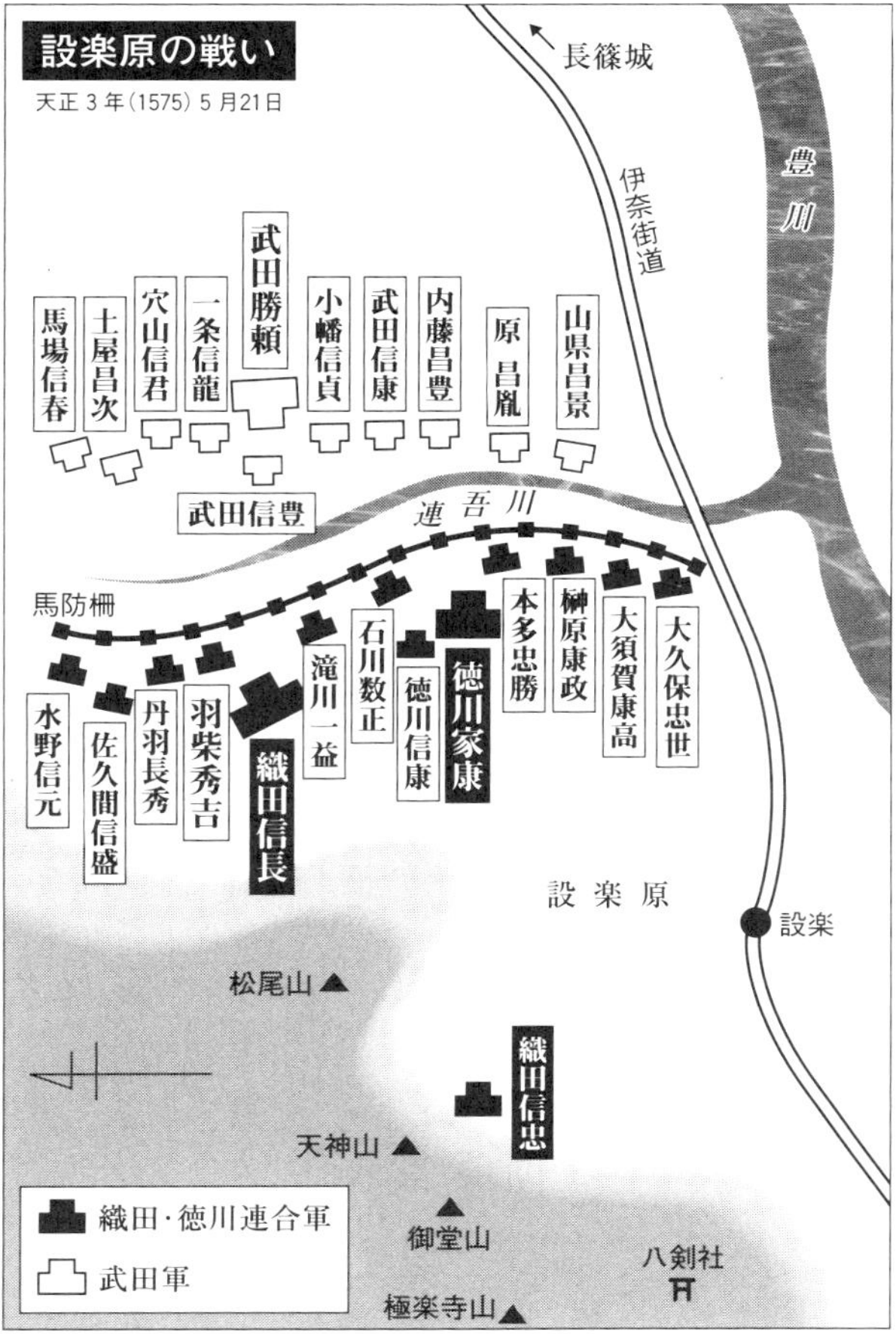
設楽原の戦い
天正３年(1575) ５月21日
長篠城
伊奈街道
豊川
武田勝頼
馬場信春
土屋昌次
穴山信君
一条信龍
小幡信貞
武田信康
内藤昌豊
原　昌胤
山県昌景
武田信豊
連吾川
馬防柵
水野信元
佐久間信盛
丹羽長秀
羽柴秀吉
織田信長
滝川一益
石川数正
徳川信康
徳川家康
本多忠勝
榊原康政
大須賀康高
大久保忠世
設楽原
設楽
松尾山
織田信忠
天神山
御堂山
八剣社
極楽寺山
織田・徳川連合軍
武田軍

四千人の部隊をつくった。

信長は、酒井忠次に次のような密命を与えた。

「豊川を越えて南側の山中を迂回《うかい》し、武田軍が支配する鳶《とび》ノ巣山《すやま》砦とその周辺の砦を奪って、長篠城に入り、武田軍本隊の後方を攪乱《かくらん》せよ」

前と後に敵を受ける形となれば、武田軍は必ず連吾川を越えて、あるみ原に突撃してくる。そのとき、山稜にひそむ信長本隊は、あるみ原にのぼって三キロにわたる馬防柵に配置、武田軍を迎撃する。その際、「兵は柵を出て戦うな」と信長は厳命した。味方に損害を出さずに、敵を潰滅《かいめつ》させるという、もう一つの戦法が信長の頭には描かれていたのである。

酒井忠次の別働隊四千は、二十日の午後八時ごろ豊川を越えて、大入川の沢づたいに吉川に到り、そこから松山越えをした。そして長篠城を望む鳶ノ巣山砦を攻撃したのが、翌二十一日の午前八時ごろである。

ところが、その二時間前の午前六時には、決戦の火ぶたが切られていたのであった。信長の計画は狂ったかに思われたが、なんとしても武田軍の突入を誘いたい信長にとっては、この計算ちがいはさしたる齟齬《そご》をきたすものではなかった。それどころか、午前六時から午後二時までつづいた合戦の間に、別働隊が鳶ノ巣山砦を落として、長篠城に入ったことで、武田軍は浮き足立って敗走する一因となったのであるから、計画は成功したとみてよい。

そのため家康が天下を盗《と》ると、この長篠の合戦の第一の功労者は酒井忠次といわれ、忠次もそれを自慢して、あたかも忠次がこの別働隊を献言したといわれるようになる。だが、それは信長がめぐらせた計略の一環でしかなかったのである。

五月二十一日午前六時、夜明けとともに武田軍の攻撃が開始された。これに先立って信長は後方の極楽寺山から、家康のいる最前線の高松山に移っている。このとき秘匿《ひとく》された部隊も三キロにおよぶ馬防柵に配置された。夜が明けてみると、馬防柵の内部は前よりも三倍ほどの兵力があふれていた。

しかも、その馬防柵には、千人ほどの鉄砲隊が配備されていた。突撃を得意とする武田軍の騎馬武者を引きつけて、これを撃つという作戦である。そのため信長は、柵の前に出て戦うなと下知《げち》したのであるが、鉄砲隊の主力を酒井忠次の別働隊にあずけた家康軍は、柵の外に出て戦わざるを得なかったのであった。

「鉄砲三千挺」は創作である

この長篠《ながしの》の合戦は、三千挺の鉄砲を千挺ずつ横に三段に備えて、各段が交替でいっせいに射撃を繰り返したといわれている。

信長軍には、鉄砲隊が一発目を撃ったのち、二発目の弾丸をこめているときに精強でスピードのある武田騎馬軍団に突撃されてしまう恐れがある。それを防ぐため信長は、三千挺の鉄砲を三交替させることで、間断《かんだん》なく発射できる戦術を考えたというのである。

たしかに、この合戦において鉄砲の果たした役割は、それまでの合戦の様相を一変させるものではあった。だが、もう一度、このときの鉄砲活用を検討してみる必要がある。

まず鉄砲の数であるが、太田牛一《おおたぎゅういち》の自筆となる『信長公記《しんちょうこうき》』は、「鉄砲千挺ばかり」となっているが、岡山大学池田文庫所蔵のものには「千挺ばかり」の右肩に「三」の字が小さく加筆されている。そして江戸初期に書かれた小瀬甫庵《おぜほあん》の『信長《しんちょう》記《き》』には「三千挺」とされ、しかも千挺ずつ交替で撃てと信長が命じたとある。

信長は前夜、酒井忠次《さかいただつぐ》の別働隊に五百人の鉄砲隊を編成、家康方からも数は不明であるが、弓と鉄砲隊を動員させている。しかも徳川方の多くは柵の外に出て戦わざるを得なかったことから、主戦場における家康軍の鉄砲所持は極めて少なかったと思われる。そのため、主戦場で三千挺の鉄砲があったとすれば、信長・家康軍の鉄砲所持は三千五百挺を超えることになる。

ところが小瀬甫庵の『信長記』では、信長の三千挺の鉄砲隊列の隣に、家康が三百人の鉄砲足軽を配置し、しかもこの銃隊が大活躍したと書かれている。家康が天下人となったのちに書かれたものとはいえ、これはやはり創作とみるしかない。

信長の鉄砲部隊の全体の構成はつかめないが、『細川家記』によると細川藤孝《ほそかわふじたか》は、自軍の鉄砲足軽を百人ほど長篠の信長のところへ送っている。また筒井順慶《つついじゅんけい》も五十人の鉄砲隊を派遣している。信長の各部隊の鉄砲隊も、ほぼ百人ほどの動員であったと思われるところから、主戦場における鉄砲の数は、やはり「千挺ばかり」というのが妥当な数である。これに別働隊につけた馬廻《うままわり》衆の鉄砲五百挺があるから、その総数は千五百挺を超えていたとみてよい。これは通説の二分の一の数である。

信長がこの合戦の主体を鉄砲においたというのは事実であるが、これはあくまでも戦場における状況判断の結果であった。もし合戦時に雨が降っていれば、火縄銃は使えなくなる。そのため鉄砲にだけ過信することはなかった。武田軍のおよそ二倍の兵力を用意したのも、やはり白兵《はくへい》戦が勝負を決すると考えていたからである。

鉄砲の三段撃ちも馬防柵も、この合戦で信長が採用した新しい戦法だといわれる。しかし、これも信長がすでに用いていた戦法で、とくに目新しいものではなかったのである。

とはいえ、天候が信長に味方した。午前六時、山県昌景《やまがたまさかげ》隊の突撃からはじまった長篠・設楽原《しだらがはら》の合戦は、鉄砲の威力をまざまざとみせつけた。

武田軍の諸隊は連吾川《れんごがわ》とその後方に掘られた空堀《からぼり》を越え、さらに三重に構築された馬防柵にたどりついたときには、鉄砲の餌食《えじき》になっていた。

午前六時から午後二時までの八時間、武田軍は十九回にものぼる突撃を繰り返したが、柵の前方に出て戦った家康軍の大久保忠世《おおくぼただよ》隊をわずかに押し戻し、滝川一益《たきがわかずます》隊の柵を二重まで破って進撃したものの、ことごとく失敗。馬場信春《ばばのぶはる》以下、主だった部将二十名の戦死者を出して敗退した。

武田軍の戦死者は、退却して追撃された者も合わせると一万人というが（『信長公記』巻八）、京に伝わった報告では「千余討死」（『多聞院日記《たもんいんにっき》』七月二十七日条）とあることから、二千人を超えることはなかったと考えてよい。

しかし武田勝頼にとって、この敗北が致命傷になったのは、馬場信春らの重臣の半数を失ったことである。重臣たちの戦死は、その部隊の崩壊を意味した。

勝頼は命からがら甲斐に逃げ戻ったものの、主力家臣団の崩壊によって、ついに武田軍を立て直すことはできなかったのである。

第六章

収攬の図式

——安土城にみる信長の天下支配の思想

石山十一年戦争が産んだ「天主」の発想

安土築城は天下統一の象徴であったのか？

信長四十三歳の天正《てんしょう》四年（一五七六）は、彼にとってこれまでにない充実と飛躍の年となった。

前年の五月、長篠《ながしの》の合戦では、もっとも恐れた武田軍を完膚《かんぷ》なきまでに叩き、天下に織田信長の名前を揺るぎなきものにした。さらに、八月には越前の一向一揆《いっこういっき》を攻めて、これを滅ぼし、柴田勝家《しばたかついえ》を中心に、佐々成政《さっさなりまさ》、前田利家《まえだとしいえ》らに越前を分割統治させた。

「わしを崇敬《すうけい》して、あだやおろそかに思うな。わしのいる方向に足を向けぬ心がまえがあれば、武士として長く栄えよう」

こう柴田勝家に申し渡したのは、このときのことである。勝家らに統治はゆだねたものの、その支配はあくまでも信長が行なうことを公言したのである。

さらに十一月には、嫡男《ちゃくなん》の信忠《のぶただ》を連れて、美濃の岩村城を攻め、武田方の部将秋山信友《あきやまのぶとも》を討った。秋山に迎えられた叔母の遠山夫人も磔《はりつけ》にした。岩村城が落ちたことで、美濃は完全に信長の支配下になり、武田氏が領する信州の伊那《いな》から諏訪にかけての調略《ちょうりゃく》が盛んに行なわれるようになった。

同じ月、信長は従三位権大納言《じゅさんみごんだいなごん》・右近衛大将《うこんえたいしょう》に叙任《じょにん》される。そして信忠に家督《かとく》を譲り、尾張と美濃を与えた。これと前後して、近江《おうみ》の安土《あづち》山に新しい居城の建設計画を立てた。安土城である。

天正四年正月から安土城の築城がはじまった。その地は、この時点における信長支配地のちょうど中央部に位置した。彼の支配圏は、まだ不安定な要素をかかえる畿内《きない》を中心にして、近江・美濃・尾張・伊勢、さらに若狭《わかさ》と越前におよんでいた。日本を東と西に二分する中央地帯を掌握したのである。

その支配圏の中央に居城を構えたことにより、京都の朝廷とも一定の距離をおいて接することができる。しかも北陸の上杉謙信《うえすぎけんしん》、甲斐の武田勝頼《たけだかつより》から東国の諸大名までの攻略の拠点となる位置にある。

ところが京都より西への戦略拠点としては、きわめて不便である。その射程圏は、もっか間欠的《かんけつ》に合戦を繰り返す大坂の石山本願寺《いしやまほんがんじ》から、せいぜい播磨《はりま》（兵庫県）くらいまでで、それ以西の毛利氏や四国の長宗我部《ちょうそかべ》氏、さらには九州の戦国大名までは、はるかに届かない位置にあった。

そのため、安土城の築城をもって信長の天下統一の構想ができ上がったと考えるのは、またしても早計である。この城はあくまでも、東と西を二分する戦略拠点であって、信長が最終目標としたのは、やはり石山本願寺を退却させ、そこに天下統一の象徴となる巨大な城を築くことにあった。

繰り返していうが、石山本願寺を攻撃した信長の戦略ミスが、ことごとく天下統一へと進む彼の行く手をはばんだ。これが最後まで彼の天下構想の足かせとなったのである。

その苛立《いらだ》ちを爆発させるかのように本願寺を攻撃するが、畿内で唯一ともいえる反信長戦線の最大拠点となった本願寺には、さまざまな反信長勢力が結びつきを求めた。

まず信長の勢力が中国地方におよぶことを恐れる毛利輝元《もうりてるもと》は、足利義昭《あしかがよしあき》の仲介を受けて本願寺と結んだ。義昭は追放されて諸所を転々としたのち備後《びんご》の鞆《とも》の浦《うら》（福山）に亡命、足利幕府を再興する一念だけに生きていた。

また北陸から能登《のと》にかけて、信長の伸張を恐れた上杉謙信は、信長と手を切って本願寺と和睦《わぼく》。それまで弾圧していた一向宗徒を容認して、信長配下の柴田勝家と睨《にら》み合いをはじめた。

毛利、上杉ともに石山本願寺と結ぶことで、信長の力を押さえようとしている。やはり、石山本願寺が、信長のノド元に突きささっていた。

大坂天王寺合戦で負傷した信長の無念

安土城の地割りを終えた二月二十三日、信長は城内の仮屋敷に移り、四月に入ると石垣普請の采配《さいはい》をみずからふるった。四角形の石垣の内側に、八角形の石垣を築く。そこには外観は五層であるが、内部は七階からなる望楼《ぼうろう》型の天守閣《てんしゅかく》がのる構造である。この天守閣には、のちに詳しく説明するような信長が理想とする政治理念、すなわち、みずからを〝絶対神〟とする政治支配の体系が、あますところなく表現されるはずである。そこには彼が実現しようとする日本の統一された姿が、アジアやヨーロッパを射程に入れた地球的なスケールで表現される。天道《てんどう》という当時の宇宙観さえ踏まえられて、造形化されるはずである。

信長は、自分が描き出した天守閣の造形に陶酔した。しかし、普請《ふしん》にかかわってばかりはいられなかった。毛利氏が味方についた本願寺はいままで以上に勢いづき、信長に立ち向かってきたのである。両者の和平はしばしば行なわれたが、伊勢長島につづいて越前の一向宗徒を虐殺された本願寺顕如《けんにょ》は、「仏法の一大事」と肚《はら》を決めた。

「本願寺が信長に屈するようなことがあれば、一向宗は滅びる」

と顕如は檄《げき》を飛ばした。

これに応じて紀州門徒、安芸《あき》門徒をはじめ、信長に追われた長島や越前の門徒が陸続と石山に集結した。その数およそ一万五千人。彼らは大坂周辺の砦を固めた。

それに対し兵力では優位に立つ信長は、石山をぐるりと包囲する作戦をとった。

五月三日、信長軍は西の野田、東北の守口、南の天王寺《てんのうじ》からいっせいに総攻撃に出た。荒木村重《あらきむらしげ》、明智光秀《あけちみつひで》、細川藤孝《ほそかわふじたか》、筒井順慶《つついじゅんけい》、原田直政《はらだなおまさ》、三好康長《みよしやすなが》らがこれに参戦。だが一向宗徒の戦意は強く、各所で信長軍が破られ、原田直政が討死にした。信長の義兄となる原田は天王寺砦を守っていたが、佐久間正勝《さくままさかつ》と交替させられたことを憤って、本願寺方の砦をがむしゃらに攻めまくって斬り死にした。

その原田直政が籠《こも》った天王寺砦も門徒勢に包囲され、佐久間正勝や明智光秀、筒井順慶の部隊は孤立した。

敗報を京で聞いた信長は、やにわに湯帷子《ゆかたびら》のまま馬に飛び乗り、大坂に向かった。突然のことで、従う者は百騎ばかりであった。若いころからみられた周囲を驚かす突飛《とっぴ》な行動は、四十三歳にして権大納言・右近衛大将になっても改まることはない。こうした意表を衝《つ》く行動は、信長の最大の魅力でもあるが、不安定な精神の表われでもある。そんな不用意な行動が命を縮めることにもつながるのであった。

五月七日、三千の手勢を率いた信長は、天王寺の救援に向かったが、雑賀《さいか》衆を主力とする鉄砲隊に狙撃されて、足に負傷した。幸い傷は軽く、そのまま陣頭指揮をとって、本願寺勢を後退させることができた。

このとき信長は、長篠の合戦でみせたような組織的な鉄砲隊を動員していない。勢力圏が拡大したため、鉄砲隊は各地に分散されていたからである。鉄砲を決戦場に集中させて、敵を圧倒するという戦略は、なぜか長篠戦以後はとられていない。信長の鉄砲所持数は、やはり千挺から千五百挺くらいで、そのうち自由に展開できたのは、馬廻《うままわり》衆といわれる親衛隊の五百挺ほどであったとみてよい。

いずれにせよ信長の出陣で、本願寺勢は石山周辺に封じ込められた。だが、これは五年にわたる壮絶な戦いのはじまりでしかなかった。この七日、毛利輝元はついに信長との断交を決意した。足利義昭《あしかがよしあき》の呼びかけに応じたのである。

信長は、石山を取り巻く十カ所に付城《つけじろ》を築いた。石山に通じる水路も封鎖して、食糧の運び入れを断つ作戦に出た。本願寺封鎖ができ上がると、信長は安土に戻り、城の普請の監督にあたる。戦いと作事《さくじ》である。

　敵が強力で、戦いが難しい展開をみせればみせるほど、天守閣は美しく荘厳なものになる。本願寺をはじめ、次々に出現する敵を圧倒するためには、天守閣は天下を驚かすものにしなければならない。信長は戦いの興奮と苛立ちを、城づくりで晴らそうとした。

「織田水軍、毛利水軍に敗れる」

　七月十二日、八百艘《そう》からなる毛利軍の大船団が、淡路《あわじ》島の岩屋《いわや》を出航した。石山《いしやま》本願寺《ほんがんじ》へ兵糧《ひょうろう》を入れるためである。船団は堺《さかい》や住吉を経て、木津川の河口に殺到した。その主力は、能島《のじま》、来島《くるしま》、因島《いんのしま》の村上水軍である。

　応戦する織田方の水軍は、三百艘であるが、毛利方が大型の軍船である安宅船《あたけぶね》を中心とした船団であったのに対して、織田方の安宅船はわずか十艘で、あとは小船ばかりである。船上から鉄砲を撃ちかけるが、毛利方はひるまずに接近し、焙烙火《ほうろくひ》矢《や》という焼夷弾《しょういだん》のようなものを投げ込んで、織田方の兵船を焼き尽くした。織田水軍の完敗である。このとき十万石の米や兵糧食が運び込まれたというから、一万五千の本願寺勢の、およそ一年分の食糧が確保されたことになる。

「織田水軍敗れる」の知らせに、畿内《きない》はざわめいた。毛利領に接して、信長になびいていた播磨《はりま》の武将たちはとくに動揺した。毛利輝元《もうりてるもと》は上杉謙信《うえすぎけんしん》にも勝利を報じ、

「北陸門徒と協力して、信長を討つべし」

と提案した。武田勝頼《たけだかつより》も態勢を立て直すべく、小田原の北条氏政《ほうじょううじまさ》と再び同盟して、反信長陣を強固にした。勝頼は毛利水軍の戦勝を祝して、信長挟撃を逆に提案しているほどである。

ここにいたって、一時は崩壊したかにみえる反信長戦線が、再び勢いづいてきた。その背後には足利義昭《あしかがよしあき》の使嗾《しそう》があったが、彼にはかつてのような権威はもはやない。かわって石山本願寺の顕如《けんにょ》（光佐《こうさ》）が、反信長陣営のまとめ役となって脚光を浴びるようになる。

この反信長網を粉砕するためにも、石山本願寺は叩かねばならない。信長は九鬼《くき》嘉隆《よしたか》に大型軍船の建造を命じた。本願寺に兵糧を運び込む毛利水軍を阻止するためである。その軍船には、焙烙火矢を防ぐために、鉄で装甲するように特別な注文がつけられていた。

さらに信長は、本願寺の主力部隊となって、鉄砲を供給する紀州（和歌山県）の雑賀《さいか》衆の本拠地を一気に叩く作戦を立てた。

「毛利水軍を粉砕し、雑賀衆を潰《つぶ》せば、本願寺は孤立するはずだ。食糧と武器の補給を断てば、日ならずして本願寺は落ちる」

と考えた。本願寺の降伏は、反信長戦線に大きな打撃となるはずである。

しかし事態は、信長の読みどおりには進まなかった。翌天正《てんしょう》五年（一五七七）二月から三月にかけて、数万といわれる大軍を擁《よう》して、紀州雑賀を攻めた。鈴木孫一《すずきまごいち》を大将とする雑賀衆は、得意の鉄砲をもって頑強に抵抗したが、とうてい支え切れぬとみた孫市は降伏した。このとき信長は意外にも、孫市を赦《ゆる》した。強力な鉄砲集団を利用したかったのである。

本願寺を支える一翼が崩れた。顕如は上杉謙信に救援を求めた。これに応えた謙信は、能登の城を攻撃する一方、加賀へ侵攻する勢いをみせた。

「上杉謙信が南下をはじめた」という知らせで、一人の男が信長の配下から離れた。松永弾正久秀《まつながだんじょうひさひで》である。久秀はすでに二度も信長に背《そむ》いたために、帰属は許されたものの信用はされていない。石山本願寺攻めに出陣していたものの、大和《やまと》はかつての宿敵となる筒井順慶《つついじゅんけい》に与えられて、深い不満をいだいていた。

それというのも、これまで久秀と順慶は、大和の所領をめぐって対立を繰り返していた。信長が足利義昭を擁立《ようりつ》して京都に入ったとき、久秀はすぐさま信長に帰服

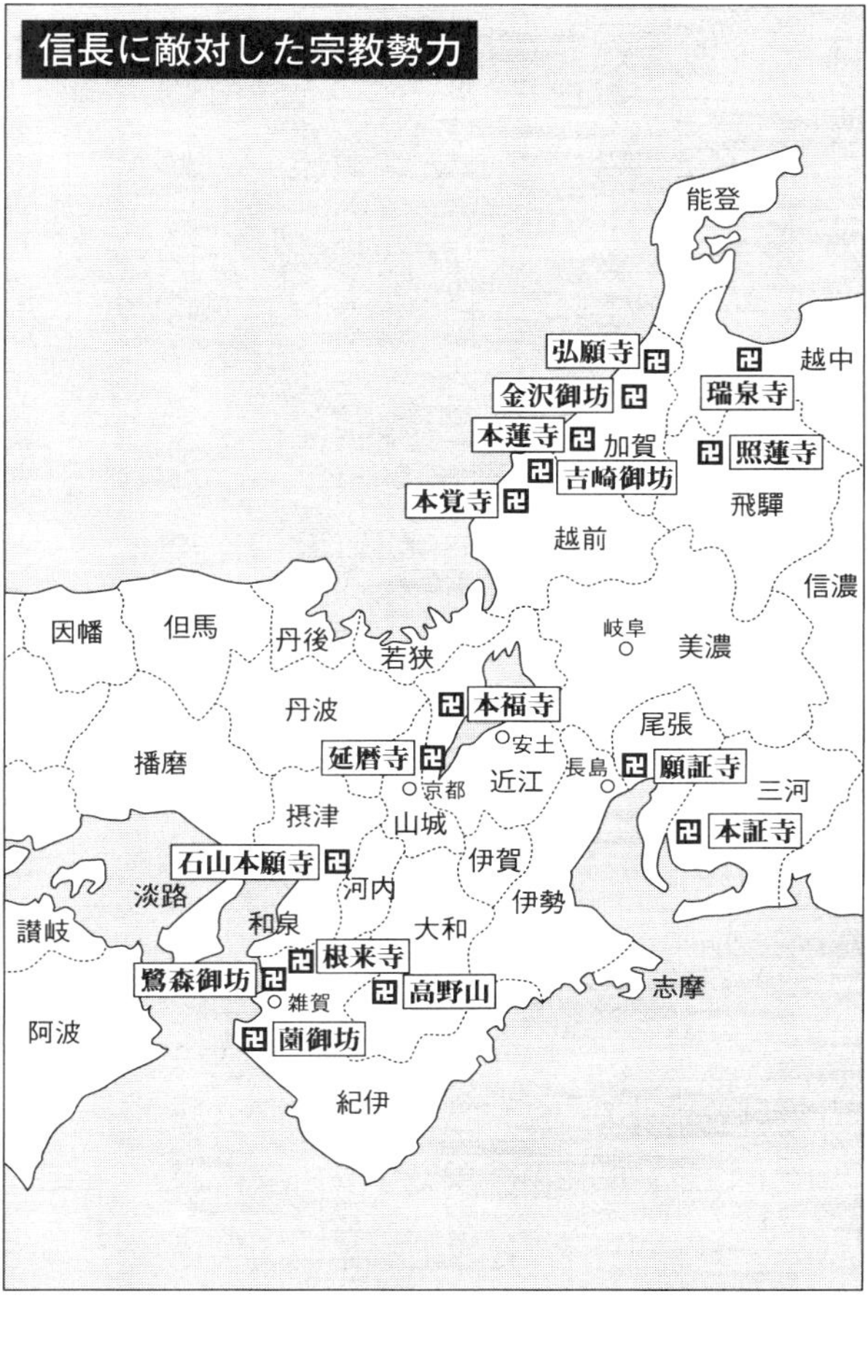

信長に敵対した宗教勢力
能登
弘願寺
越中
金沢御坊
瑞泉寺
本蓮寺
加賀
照蓮寺
吉崎御坊
本覚寺
飛騨
越前
信濃
因幡
但馬
丹後
若狭
岐阜
美濃
本福寺
丹波
尾張
安土
延暦寺
長島
願証寺
播磨
京都
近江
三河
摂津
山城
本証寺
石山本願寺
伊賀
淡路
河内
伊勢
讃岐
和泉
大和
根来寺
鷺森御坊
高野山
志摩
雑賀
阿波
薗御坊
紀伊

した。そのことで大和を安堵《あんど》されたのであるが、順慶もまた信長に接近して所領回復を狙っていた。

久秀は信長が苦境に立つと離反したが、順慶は明智光秀《あけちみつひで》にとり入りながら、信長に忠勤した。天正三年、順慶は嗣子定次《さだつぐ》に信長の養女を妻に迎えて、縁戚《えんせき》を結ぶ。久秀が奈良の多聞山《たもんやま》城に籠《こも》って反旗をひるがえしたことがあったのに比べて、順慶は着実に信長の信任を得ていたのである。

やがて順慶は、大和守護の原田直政《はらだなおまさ》のもとで石山本願寺攻めに参戦したが、直政の討死にで、久秀をさしおいて大和一国を与えられたのである。

久秀は、毛利水軍の大勝につづいて、上杉謙信が南下したという情報を受けて、信長を倒す好機とみた。天正五年八月十五日夜半、天王寺の砦を抜け出た久秀は、十七日に八千人の兵をもって大和の信貴山《しぎさん》城に立て籠《こも》った。

久秀の謀叛《むほん》の原因は、これまで信長に恥をかかされたことを恨んでいたからだといわれてきた。よく知られているところでは、信長が久秀をはじめて徳川家康《とくがわいえやす》に紹介したときのことである。

「この老人は世の人の真似できぬことを三つもやってのけた者だ。将軍を弑逆《しいぎゃく》し、主君を殺し、大仏の首をとろけ落とした松永弾正《まつながだんじょう》と申す者が、こいつだ」

このとき久秀は、汗を流して顔を真っ赤にしたという（湯浅常山《ゆあさじょうざん》『常山紀談《じょうざんきだん》』巻四・一七三九年）。将軍は十三代の足利義輝《よしてる》のことで、これを攻めて自害に追い込み、主君にあたる三好義興《みよしよしおき》も殺し、さらには奈良・東大寺を焼いて、大仏の首を火炎で落としたことをいったものである。

家康の前で嘲笑された久秀は、深く信長を憎むところがあったというのである。こうした怨念《おんねん》がらみの謀叛の原因は、明智光秀にもいわれていて、心理分析としては大変に面白い。だが謀叛は、たんに恨みが怒りに変わっただけでできるものではない。まして強《したた》かに乱世を生きてきた久秀である。必ず勝てるという計算が彼なりにあった。

上杉謙信にも現われた「松永星」

松永久秀《まつながひさひで》の場合、石山本願寺《いしやまほんがんじ》を軸として、毛利輝元《もうりてるもと》と上杉謙信《うえすぎけんしん》、さら武田勝頼《たけだかつより》による信長包囲網の状況を判断して、信長に勝てると思ったのである。久秀がとくに期待していたのが、上杉謙信である。謙信の南下に呼応《こおう》して、畿内《きない》の反信長勢力を固めて、挟撃できると踏んだ。

謙信は能登の七尾《ななお》城を落とすと、猛然と南下を開始した。これを迎えたのが、柴《しば》田勝家《たかついえ》を総大将に、滝川一益《たきがわかずます》、丹羽長秀《にわながひで》、佐々成政《さっさなりまさ》、前田利家《まえだとしいえ》ら四万八千の大軍である。織田勢は手取川《てどり》に陣を構えた。

天正《てんしょう》五年（一五七七）九月二十三日、両者は激突したが、七尾城陥落の知らせに浮き足立つ織田勢は、たちまち退却。増水している手取川で逃げ場を失った織田勢は、千人余が討ち取られる。

謙信は、加賀から一挙に越前の丸岡まで侵攻した。だが、このとき謙信は、九頭竜《くずりゅう》川を越えることをためらった。九頭竜川を渡れば一乗谷《いちじょうだに》は指呼《しこ》の間である。退却する織田勢を攻めまくれば、越前は上杉の支配下になる。

しかし、謙信は不意に軍を返した。補給路と領国支配の手はずが備わっていないと考えたのである。万全を期すあまり、あたら機を逸した。これが信長であれば、朝倉義景《あさくらよしかげ》の退却を一気に追撃して越前を手に入れたように、ためらわず九頭竜川を渡って、一乗谷や府中を侵攻、敵を木ノ芽峠から近江《おうみ》に追い払ったであろう。

ここに謙信と信長のちがいが現われた。謙信はつねに淡泊であり、堅実であった。だが、彼の淡泊さは、信長を喜ばせ、松永久秀を失望させた。

信長は越前の兵力を一部さいて、久秀が籠《こも》る信貴山《しぎさん》城攻めにあてる余裕が出た。嫡男《ちゃくなん》の信忠《のぶただ》を総大将とする織田軍は、信貴山城を取り囲んだ。石山本願寺からの援軍は、この包囲網に手も足も出ない。一説では、筒井順慶《つついじゅんけい》が手勢を本願寺の援軍と偽《いつわ》って信貴山城に入れたため、あっけなく落城したという。

天守閣に追い上げられた久秀は、信長が日ごろからほしがっていた名器といわれる平蜘蛛《ひらぐも》の茶釜を打ち砕き、天守に火薬を仕掛けて自爆した。十月十日の夜のことである。これは奇《く》しくも十年前の永禄《えいろく》十年（一五六七）の同じ月日に、久秀は東大寺大仏殿を焼いていた。そのため人々は、神罰が下ったと噂し合った。

また、このころ夜空にほうき星（彗星）が現われて、人々は不安に陥《おちい》っていた。この星を「松永星」という者も現われたというが、不吉を告げるといわれるこの星が、久秀を殺した信長の頭上に輝いてほしいと、ひそかな期待をもって命名したものであろうか。

しかし、信長の頭上には、まだ幸運という星が輝いていた。十一月になると従二《じゅに》位《い》、右大臣に叙任《じょにん》された。あとは左大臣の地位にのぼれば、太政《だじょう》大臣か関白《かんぱく》、あるいは征夷大将軍《せいいたいしょうぐん》を選ぶだけとなる。信長は、名実ともに最高権力者の座に足を踏みかけたのである。

幸運はこれだけではない。明年春に、信長打倒のために大挙上洛《じょうらく》すると、越後はじめ六カ国に檄《げき》を発していた上杉謙信であったが、出陣をひかえた天正六年（一五七八）三月、脳卒中で急死したのである。四十九歳であった。

武田信玄《たけだしんげん》の死といい、この謙信の死といい、信長はいつも敵将の死によって窮地を救われている。まさに幸運な星まわりに恵まれていた。だが、吉を告げる星はつねに影のある星を伴っている。その星にあえて名前をつけるとすれば、〝第二の松永星〟とでもいえようか。

謙信の死によって、もはや信長は向かうところ敵なしと思われたが、織田軍団の内部からの謀叛《むほん》の続出は止めようがなかったのである。

信長にみる「天主」と「神」の思想

やはり、第二の松永星が現われた。摂津《せっつ》一国の支配をまかせられていた荒木村重《あらきむらしげ》が、信長に反旗をひるがえした。天正《てんしょう》六年（一五七八）十月のことである。

安土《あづち》城はすでに天守閣が組み上がり、内装工事が進んでいた。五層七階の天守閣は、松永久秀に焼かれた東大寺大仏殿よりも高い日本一の建造物である。それが標高一五〇メートルの安土山の上に建てられたのであるから、天を突くものと人々を驚嘆させた。

すでに天守閣という構造は、松永久秀《まつながひさひで》が造った奈良の多聞山城《たもんやま》にあったが、久秀

▲安土城図（大阪城天守閣蔵）

▲安土城天主台石垣

を滅ぼした信長は、これにかわる天守閣を造形した。しかも「天守」の名を「天主」（『信長公記《しんちょうこうき》』巻九）に改めている。これはキリスト教の説く天主《デウス》であり、仏教のいうところの天主《ほとけ》である。

信長は「天」というものに、若いときからこだわった。それは、若いころ「天女《てんにょ》」に扮して踊りに興じていたことからはじまり、「天下布武《てんかふぶ》」の印文《いんぶん》を用いたことからもわかる。さらに優れた職能人たちに「天下一」の呼称を許しているだけでなく、「天正」という年号にもこだわって、足利義昭《あしかがよしあき》を追放したのちに改元させている。その延長に「天主」がある。

「天主」は、キリスト教や仏教さえも包み込むもので、日本はおろか地球全体を含めた天下の中心となるべきものである。そこの主《あるじ》こそが、天下を支配する。信長の壮大な思想を象徴したのが、安土城の「天主閣」であった。

このことは天守閣の内部にあますところなく表現された。まず、天守を支える真柱の礎石にかわって、宝塔《ほうとう》が置かれた。宝塔は、この世に永遠の至福をもたらすという仏教思想のシンボルである。この宝塔をまず基礎において、そこから天守を上に造り上げる。

七階建ての天守閣のうち、五階までは地上界の風物が描かれる。ところが六階目になると、釈迦《しゃか》の悟りを描いた絵や釈迦の十人の弟子の姿が描かれる。比叡山《ひえいざん》を焼き、一向宗徒を惨殺した信長が、やはり仏教を信じていた、とみるのは間違いだ。

この六階の上の最上階には、三皇五帝、孔子《こうし》十哲、商山四皓《しこう》、竹林七賢《ちくりんしちけん》、さらに天井には天人の姿が描かれた。いずれも天帝として、天下を治める者の理想的な姿を表現したものである。儒教でいうところの「天道」の思想のデザイン化である。

信長がこの「天主閣」に何を求めようとしていたかは、もはや明らかである。天道を司《つかさど》る者として、自分をこの中心に位置づけようとしたのである。

ちなみに、信長は書状に記す自署の花押《かおう》に「麒麟《きりん》」の麟の字を書くようになる。麒麟は、乱世から至治《しち》の世に姿を現わすといわれる想像上の動物であるが、信長はみずからを天下を治める者として自己認識していたことがうかがえる。

やがて信長は、天を支配するという意図のもとに、自分自身を、

「生きた神であり、仏である」（フロイス『日本史』）

というようになる。だが、そうした神格化志向とは裏腹に、信長の足元は、安土城のように固い石垣に支えられてはいなかった。

荒木村重の離反は、天帝としてみずからをこの世に君臨させようと思い描く信長に、思い切り冷たい水を浴びせかけた。

村重は松永久秀と同じように、下剋上《げこくじょう》の時代を駆け上がった根っからの戦国武将である。摂津《せっつ》の池田勝正《いけだかつまさ》に仕えていたが、主家の内紛に乗じて頭角を現わし、ついには池田勝正を追放、北摂津の要衝にある有岡城《ありおか》（伊丹城《いたみ》）を手中に収めた。

もちろん池田勝正を追ったのは、信長が認めたからである。有岡城に入った村重の前には、播磨《はりま》から先は宇喜多《うきた》領や毛利領が広がっている。敵の領地に隣接する者が、先鋒《せんぽう》となって攻略するのが常道である。その功績しだいでは、さらに奪い取った領地を手にできる。村重の心は弾《はず》んだ。

ところが信長は、村重をさしおいて、播磨と中国攻略に秀吉を差し向けた。しかも丹波《たんば》の攻略は明智光秀《あけちみつひで》と細川藤孝《ほそかわふじたか》に命じたのである。信長の主力部将が、村重の領地を越えて、次々と出陣していく。しかも信長は、戦場の指揮を秀吉に命じ、村重を援軍として扱ったのである。

村重がこの処遇に不満をいだいたのは、当然のことである。この方面で作戦が成功しても、秀吉の手柄になるだけだ。秀吉とともに尼子《あまこ》氏の上月《こうづき》城の救援と、反旗をひるがえした別所長治《べっしょながはる》の三木城攻めに加わっていた村重が突如、戦線を離脱し、有岡城に立て籠《こも》った。「信長に仕えていても、先行きはない」と判断したのである。毛利方や本願寺が村重に触手を伸ばして、「味方につけば五カ国を与える」と、しきりに勧誘してきたことも、彼の心を動かした。

一般に流布《るふ》されている謀叛《むほん》の理由は、村重がひそかに石山本願寺《いしやまほんがんじ》に兵糧米《ひょうろうまい》を売っているという噂《うわさ》が立ち、その弁明のために安土城に赴《おもむ》く途中、「信長は冷酷非情な人柄ゆえ、釈明などに行ったら、首を斬られに行くようなもの」と、茨木《いばらき》城主の中川清秀《なかがわきよひで》に諫《いさ》められて心変わりしたというものである。

しかし信長は、摂津の要《かなめ》である村重を殺すことなど考えていなかった。村重を亡き者にすれば、それでなくてもまとまりを欠く摂津は混乱してしまう。それでは石山本願寺や毛利方を有利にさせるだけであった。

そのため村重の心変わりは、秀吉を大将として播磨に派遣して、毛利にあてたときから芽ばえていたとみてもよい。下剋上を生き抜いてきた戦国武将の心理を、信長が読み取ろうとしなかったことが、謀叛の原因となったのである。

現実主義者・信長の朝廷工作の効果

荒木村重《あらきむらしげ》の謀叛《むほん》は、信長にとっては青天の霹靂《へきれき》であった。対本願寺、対毛利戦略が足元から崩れたからである。信長は松井友閑《まついゆうかん》や明智光秀《あけちみつひで》を派遣して説得するが、村重は聞き入れない。このとき秀吉の配下についた播磨《はりま》の黒田孝高《くろだよしたか》（如水《じょすい》）が、伊丹の有岡城《ありおかじょう》へ赴《おもむ》いて説得しようとしたが、そのまま幽閉《ゆうへい》された。孝高は有岡城が落ちるまでの丸一年間、陽の当たらない牢獄に入れられた。そのため孝高の膝は曲がり、ついに治ることはなかった。

村重の叛意が固いと知った信長は、配下の茨《いばら》木《き》城主中川清秀《なかがわきよひで》と高槻《たかつき》城を守る高山《たかやま》右近《うこん》の誘降《ゆうこう》をはかった。できるだけ村重謀叛の影響を小さく押さえたいと、必死の説得が行なわれた。だが、勇猛でなる中川清秀は、村重の叛意をあおった行きがかりからか、信長の調略《ちょうりゃく》を拒《こば》んだ。高山右近もキリシタンの律義さから、村重と行動をともにする決意は固い。

村重の謀叛は、畿内《きない》はおろか播磨にも動揺を広げた。毛利方についた別所長治《べっしょながはる》の三木城は勢いづいて、秀吉の攻囲にもかかわらず戦意は高くなっていた。石山本願寺《いしやまほんがんじ》もまた、信長勢の攻囲下にあっても、すこぶる意気軒昂《けんこう》である。

播磨から一気に中国攻略をめざした信長の戦略は、頓挫《とんざ》するかにみえた。ここにきて信長は、局面を打開すべき方策を失った。思いあまった信長は、ここでまた朝廷に頼って、本願寺との和睦《わぼく》の道をはかった。信長は状況が不利になると、朝廷を仲介者において和睦をはかってきたが、今度も同じ手法で局面を開こうとした。

そのため信長が意図するところとはちがって、朝廷と天皇の権威はしだいに高まり、いつしか信長の頭上をおおう存在になっていく。これは信長がみずからを「天主」とする考えとは、明らかに矛盾する。だが信長は、この矛盾をいつか克服できるという自信があった。

かつて尾張守護の斯波義銀《しばよしかね》を取り込んで尾張支配を確立するや、義銀を棄《す》てている。足利義昭《あしかがよしあき》の威光を存分に利用したうえで、彼を追放して、その権力を手中に収めている。権威を利用し尽くして、自分がその権威にとって代わる。現実主義者としての信長の権威奪取の手法である。朝廷や天皇といえども、いずれはこうした信長の牙からまぬがれられるものではない。朝廷という権威が利用できる間は、両者の関係は平穏であるが、利用価値がなくなったとき、信長は頭上の存在を取り払おうとすることは予想されるところであった。

信長は畿内の局面を打開するために、本願寺との和平調停を朝廷に申し出た。本願寺と和睦することで、荒木村重の動きを封じようというわけである。

これに対して本願寺顕如《けんにょ》は、「多年の恩誼《おんぎ》ある毛利をさしおいて、和談はできない」と答えた。毛利氏にも講和の勅命《ちょくめい》が下され、毛利氏が了承すれば、それに応じようというのである。

そこで朝廷は、信長の承諾を得たうえで、毛利輝元《もうりてるもと》への綸旨《りんじ》を出し、勅使《ちょくし》を派遣することにした。毛利氏の本拠となる安芸郡山《あきこおりやま》城への下向《げこう》は、十一月二十六日と決定した。

キリシタンも籠絡した信長の脅し

ところが、その間にも戦局は大きく動いた。十一月六日朝、六百余艘《そう》の毛利水軍は、石山本願寺《いしやまほんがんじ》に兵糧米《ひょうろうまい》を入れるべく、再び木津川口に入ってきた。これを迎え討った織田水軍は、完全な勝利を収めたのである。

二年前の海戦で、織田水軍は完敗していた。水軍の弱体を反省した信長は、伊勢の九鬼嘉隆《くきよしたか》に、毛利水軍が放つ焙烙火矢《ほうらくひや》を防ぐ大船の建造を命じていた。

九鬼嘉隆は、船体を鉄板でおおう軍船を開発。長さ十二間（約二二メートル）、幅七間（約一三メートル）の大船七艘を造り、これに大砲を積んで、紀伊半島から堺《さかい》に回航した。すでに、この軍船の威力は、雑賀《さいか》の水軍五百艘を淡輪《たんのわ》沖で撃破していることでも実証済みである。九月三十日には、信長は堺でこの軍船を視察して、このでき栄えにいたく満足していた。

二度目の木津川口の海戦では、毛利水軍が自慢する火矢が鉄板にはね返されて、封鎖線を突破することができない。それどころか、大砲で打ち崩されて、四時間の海戦の揚句《あげく》に敗退した。石山への兵糧の搬入は失敗し、本願寺の補給路は完全に断たれた。本願寺の兵糧不足と孤立化は、この海戦で決定的となった。

この勝利によって息をついた信長は、高山右近《たかやまうこん》の誘降《ゆうこう》をはたらきかけた。イタリアの宣教師オルガンチーノを説得に向けたが、このとき信長は、

「帰降せねば、宣教師とキリシタンを皆殺しにする」

と脅《おど》しをかけている。右近がキリシタンであることから、ゆさぶりをかけたのである。信長はキリスト教の理解者であったといわれるが、キリスト教とその信者もまた彼の戦略の前では、利用の対象でしかなかったのである。

高山右近は苦渋の末に、信長に降った。さらに荒木村重《あらきむらしげ》に謀叛《むほん》をすすめた中川清秀《なかがわきよひで》も茨木《いばらき》城を明け渡して降伏してきた。十一月二十四日のことである。毛利氏との和平交渉に勅使《ちょくし》が安芸《あき》に赴《おもむ》く二日前であった。

本願寺の孤立と、高山右近と中川清秀の帰参で、戦局は大きく変わりつつあった。信長は本願寺と毛利氏への和睦《わぼく》交渉の中止を朝廷に申し入れた。戦局の好転で、もはや「朝廷の力を借りる必要がない」と判断したのである。朝廷を思いのままに利用するという信長の身勝手なやり方は、公卿《くぎょう》たちや正親町《おおぎまち》天皇のプライドを傷つけ、しこりとなって残る。

「日本国王」を名乗った信長の真意とは

狂気を目覚めさせた理想と現実の乖離

天正《てんしょう》七年（一五七九）五月十一日、安土《あづち》城の天守閣が竣工した。それはあたかも信長四十六歳の誕生日に合わせるかのような竣工であった。

信長は最上階の七階にのぼり、天下を見晴かした。

「この天守（天主）に立つ者こそが、天の摂理《せつり》によって地上のあらゆるものを支配する」

信長が描く天下支配は、安土城の造形では完成していた。

だが現実の状況は、彼が思い描く理想とはあまりにもかけ離れていた。天下の形勢は大きく信長に傾いてはいたものの、各地にまだ火種をかかえたままである。天下の造形では天下を支配する者となった信長であるが、現状はいまだ天下を支配する存在にはなっていないのである。

この理想と現実の乖離《かいり》が、信長をかぎりなく苛立《いらだ》たせ、それはやがて彼の心に狂気を棲《す》みつかせる。安土城天守閣の竣工以降、信長は以前にもまして力にものをいわせるようになる。

天守閣の完成直後に、浄土宗と法華《ほっけ》宗(日蓮宗)を争論させた「安土宗論《しゅうろん》」といわれるものがある。両宗派を論争させて、他宗に協調しない法華宗を統制しようとした。これは法華宗を信長の膝下《しっか》におこうとする信長の演出であった。そのため法華宗信者の首が簡単に落とされたが、それは狂気のほんのはじまりにすぎなかった。

自分の意に添わぬ者は、すべて断罪する。苛立ちの心理に陥《おちい》った信長の狂気は、しだいにその形を現わしていった。

天守閣竣工の翌月、降伏してきた丹波《たんば》・八上《やがみ》城主の波多野秀治《はたのひではる》と弟の秀尚《ひでなお》を、信長は安土城下で磔《はりつけ》の刑に処した。八上城は二年前から明智光秀《あけちみつひで》と細川藤孝《ほそかわふじたか》が攻略していたが、激しく抵抗して、なかなか落ちなかった。光秀は養母として自分を育ててくれた叔母を人質として差し出すことで、波多野兄弟の投降にこぎつけていたが、信長はこの降伏を認めず、兄弟を極刑にしている。

そのため光秀の叔母は殺された。これが光秀が謀叛《むほん》に踏み切った心的原因の一つになったといわれている。だが、徹底抗戦を叫ぶ波多野兄弟は家臣によって捕らえられて、光秀に差し出されたもので、その処遇については信長に任されていた。そのため信長の処置がどう下されようと、光秀は叔母の命を見限っていたのである。非情といえば光秀も信長となんら変わるところはなかった。

とはいえ、天の摂理を造形化した安土城天守閣が見下ろす城下で、磔刑《たっけい》という凄惨な処刑を命じたことは、信長の心象風景をまざまざとみせつけてくれる。

そういえば、秘術を用いるとして評判の無辺《むへん》という僧も、同じ城下で世をまどわす曲者《くせもの》として処刑されている。

さらに城下町を形成させるために、家臣に城下に住むよう命じていたが、馬廻《うままわり》衆や弓衆という親衛隊の中には妻子を故郷の尾張に残している者が少なくなかった。信長は「妻子を呼び寄せよ」と命じるとともに、尾張にある彼らの家を焼き払わせた。それにもかかわらず、妻子を安土に呼ばなかった井戸才介《いどさいすけ》という者を死罪に処している。

安土という地名は、そこが弓を射るとき的《まと》の彼方《かなた》に築かれた土盛りのことを「垜《あづち》」ということに由来しているが、この世の極楽を意味する「平安楽土」「安楽国土」の仏教語も踏まえられている。キリスト教でいえば、ハライソ（天国・楽園）と同じ意味である。信長はこの安土に、この世の天国を創り出そうとしたのであるが、そこは同時に血に染められた呻《うめ》きの大地でもあった。

家康の妻子と荒木村重一族の狂気の処断

信長のあせりは、彼の部下にも容赦なく向けられた。九月四日、毛利戦線で信長の了解なく作戦展開した豊臣秀吉は、安土城に呼びつけられ激しく叱責されている。

徳川家康《とくがわいえやす》にも信長の苛立ちは向けられた。

「家康の妻である築山殿《つきやまどの》と嫡男《ちゃくなん》の信康《のぶやす》が、武田勝頼《たけだかつより》と手を結ぶ動きをしている」

という密告があった。密告の主《ぬし》は、信長の娘で信康に嫁《か》している五徳《ごとく》である。これを真《ま》に受けた信長は、家康に信康の処断を命じた。

家康はひと言の抗弁を聞くでもなく信康に自刃《じじん》を命じ、あまつさえ築山殿も殺した。信長の命令に背《そむ》くことは、自分の首をしめることになる。家康は信長の権力の大きさを正確に判断していた。信康の自刃は、秀吉が叱責されたすぐ後の九月十五日であった。

そのころ伊丹《いたみ》の有岡《ありおか》城に籠城《ろうじょう》して、信長軍と対戦していた荒木村重《あらきむらしげ》が、ひそかに城を抜け出して、嫡男の村安《むらやす》がいる尼崎城へ逃亡していた。頼みとする石山本願寺《いしやまほんがんじ》も播磨《はりま》の三木城も完全に封鎖されて、食糧不足のために落城する寸前である。戦局が不利になったとみた村重は、妻子や家臣を置き去りにして、真っ先に逃げ出してしまったのである。

主に置き去りにされた有岡城はたちまちのうちに落ちた。捕らえられた男女七百人ほどの者に下された信長の処置は、しごくむごたらしいものだった。尼崎城に逃げ込んだ村重がなおも降伏を拒絶すると、家臣の妻子百二十二人を有岡城近くの七本松に引き出して磔刑《たっけい》に処したのである。それでも村重が屈しないとみるや、家臣とその妻子五百余人を四軒の古小屋に押し込めて焼き殺した。

さらに、村重の娘や荒木一族三十六人は京都に連行され、六条河原で斬首《ざんしゅ》された。目をおおうばかりのこの残酷な処刑は、ある目論見《もくろみ》が秘められていた。それはなかなか天皇の位を皇太子の誠仁《さねひと》親王に譲ろうとしない正親町《おおぎまち》天皇へ圧力をかける目的があったのである。

信長は、関白《かんぱく》二条《にじょう》晴良《はるなが》の屋敷を接収して、自分の京館《きょうやかた》にしていたが、この二条屋敷を誠仁親王に献上、十一月二十二日に親王を自邸に迎えていた。それは強要に近いものがあった。正親町天皇とともに土御門内裏《つちみかどだいり》に住む誠仁親王を自邸に囲い込んで、自分の意のままになる新帝の擁立《ようりつ》をはかろうとしたのである。

ところが、正親町天皇はここでも「譲位する」とはついにいい出さず、信長の力押しには屈しなかった。そのため信長は、十二月十三日に荒木村重の妻女や一族を六条河原に引き出して、川を血で染めたのであった。村重への腹いせと同時に、譲位を拒《こば》む天皇への威圧である。

それでも正親町天皇は、ぬらりくらりと信長の要請をはぐらかしつづけた。業《ごう》を煮やした信長は、二年後には内裏近くで二度にわたって御馬揃《おうまぞろ》えという軍事パレードを挙行して、圧力をかけることになる。

ちなみに誠仁親王が移り住んだ二条屋敷は二条御所と呼ばれたが、本能寺の変の折、信忠《のぶただ》が明智光秀軍を迎え討って、斬り死にした屋敷である。

安土城の天守閣が完成した天正七年は、そこに託された信長の理想郷とは裏腹に、多くの血糊《ちのり》に塗られた年となった。人々は信長の権勢の強大さをまざまざと見せつけられた思いがする一方、またしても信長という人物に不気味なものを感じはじめていた。

信長が戦略と考えてうった手法が、どこかで狂いはじめていた。以前は大胆な戦略を駆使して、戦闘要員だけを掃討《そうとう》の対象としていたのが、信長の肚《はら》ひとつで非戦闘員や、直接戦略にかかわりのない者まで容赦なく極刑にされるようになるのも、この年からである。信長のダイナミックで、鮮やかな戦略は、ここにきて狂的な様相をみせはじめるようになった。

「籠城者を許す、石山を退去せよ」

年が明けた天正《てんしょう》八年（一五八〇）、信長は安土《あづち》城で、近臣たちだけに囲まれて淋しい正月を迎えた。前年来、部将たちは各地の戦線に張りついて、戦局はいずれも優勢に展開しつつあった。

「年頭のお礼に出仕《しゅっし》するにおよばず。各自軍功をあげよ」

年の暮れに各部将たちに通達を発していた。淋しい正月であったが、信長の気持ちは弾《はず》んでいた。各地から戦勝の吉報が次々に届けられるはずである。黄金をふんだんに使った天守閣の中で、信長は天下平定の構想に浸《ひた》って満足していた。

正月十七日、最初の吉報がもたらされた。兵糧《ひょうろう》攻めで干乾《ひぼ》しになった播磨《はりま》の三木城が落ちたのである。二年半におよぶ籠城で力尽きた別所長治《べっしょながはる》は、城兵の助命を条件に開城。みずからは腹をかき切った。すでに備前《びぜん》（岡山県）の宇喜多直家《うきたなおいえ》が毛利方から寝返って、信長になびいている。秀吉が平定した播磨を合わせれば、中国地方の形勢は信長に大きく傾いた。

二月になると、細川藤孝《ほそかわふじたか》が丹後《たんご》の八幡山《やわたやま》城を攻め、一色義定《いっしきよしさだ》を降《くだ》した。明智光秀《あけちみつひで》が平定した丹波と合わせて、丹後もまた信長の手中に入った。残るのは石山本願寺《いしやまほんがんじ》だけである。

その石山も兵糧攻めにあって、降伏寸前である。だが信長は、石山本願寺を力づくで攻め落とそうとは考えていなかった。本願寺の寺地と寺内町が形成する城郭と生産力を、そのままそっくり手に入れたかったのである。

信長はあらためて朝廷に和議を仲介するよう申し入れた。条件はただ一つである。

「籠城者をすべて許すかわりに、すみやかに石山を退去せよ」

三月一日、前関白の近衛前久《このえさきひさ》ら三人の勅使が本願寺に赴《おもむ》いた。信長方の立会人は松井友閑《まついゆうかん》と佐久間信盛《さくまのぶもり》である。有岡城も三木城も落ち、毛利からもこれ以上は加勢できぬと伝えられていた本願寺には、もはや活路はなかった。

本願寺顕如《けんにょ》以下、主だった老臣たちは、信長の条件を呑《の》んだ。あとは石山退去の期日だけである。両者の交渉が重ねられた結果、退去は七月十五日の盆《ぼん》までと決められた。退去後には信長が支配下においた加賀の江沼と能美の二郡を本願寺に返すことが約束された。

皇太子の誠仁《さねひと》親王は、天皇にかわって顕如に書状を送り、和平を祝福した。そればかりか今回の和平成立は、信長の尽力があったことを強調し、「退去には過失のなきよう」との天皇のことばも伝えている。誠仁親王は、信長の意向をくんだ代弁者になっていたのである。

閏《うるう》三月七日、両者の誓紙《せいし》が確認され、和平が成った。十一日には信長は、石山への陸と海からの封鎖を解いて、自由に往来させるよう佐久間信盛と九鬼嘉隆《くきよしたか》に命じた。また播磨の秀吉と加賀にいる柴田勝家《しばたかついえ》には、一向宗徒との停戦を命じた。顕如も同様の指令を諸国の宗徒に発した。

ここに十一年もの長きにおよんだ石山本願寺をめぐる合戦は、ようやく終息を迎えるかに思われた。

教如の抵抗と石山焼失の謎

ところが、誓紙《せいし》が交わされた二日後の閏《うるう》三月九日、柴田勝家《しばたかついえ》が加賀の一揆《いっき》潰滅《かいめつ》をはかるために北上を開始、野々市《ののいち》と木越《きごし》で一揆勢を掃討《そうとう》した。加賀からこの知らせが石山本願寺《いしやまほんがんじ》に届くや、和平に不満をもつ顕如《けんにょ》の子教如《きょうにょ》（光寿《こうじゅ》）と雑賀《さいか》衆の一部が激昂した。彼らは、信長を「表裏比興《ひきょう》な人物」、つまり表と裏があって信頼できないとみていたが、それが和平成立の直後にやはり本性が出たと、大いに憤った。教如は、

「石山を枕に討死にしてでも、信長に抗戦すべし」

と檄《げき》を発し、これに石山寺内町の六千余軒の宗徒も同調した。

これ以上の抗戦は一向宗門を滅亡させるだけだと考える顕如は、和平支持者とともに石山本願寺を離れて和歌山の鷺森《さぎのもり》に立ち退いた。顕如は、わが子教如の暴挙を激しく非難、教如もまたこれに反駁《はんばく》して、本願寺は真っ二つに割れた。これが後年、本願寺が東と西に分かれる原因となる。

教如らが主張する「信長は表裏比興」という指摘は当たっていた。柴田勝家の加賀侵攻は、彼の独断ではなく、信長の了解のうえで行なわれたものである。勝家が勝手な判断で加賀に攻め入っていたとすれば、信長の叱責《しっせき》にあっていたであろう。

信長は石山から本願寺勢を退去させて、石山の地をそのまま確保したいという切実な思いがありながらも、北陸を完全に支配したかったのである。顕如に加賀の一部を返還すると約束したことなどは、彼らを石山から退去させるエサでしかなかったのである。

教如らの抵抗は、信長にとっては意外であった。約束の七月十五日になっても、石山を離れようとしない教如に対して、

「わしが死ぬか、教如が死ぬか、二つに一つだ」

と恫喝《どうかつ》を加える一方、退去期限を八月十日に延ばして、あらためて加賀半国の返還と寺内町民の生活を保証すると約束した。もちろん加賀の返還は、退去させるためのエサである。

前関白の近衛前久《このえさきひさ》が信長と教如の仲介に入り、勅約によって雑賀《さいか》の地に本願寺再興を保証したため、教如もついに折れた。

八月二日、近衛前久ら三勅使と、松井友閑《まついゆうかん》、佐久間信盛《さくまのぶもり》らが石山に乗り込んだ。寺内はすみずみまで掃除され、弓・鉄砲や諸兵具は整然として引き渡されるばかりである。この日、教如は名物の茶入れを袂《たもと》に入れただけで瓢然《ひょうぜん》と石山を退去した。

だが、安住を保証されたはずの寺内町民は、だれも信長の意向を信用していない。

寺内町民は先を争って脱出を急いだ。そのため掠奪者が横行、町屋から火災が発生した。折からの西風で、寺内町はみるみる燃え上がった。三日三晩燃えさかって、寺内町をことごとく焼き尽くした。

火は本山の大伽藍《がらん》にも飛び火した。蓮如《れんによ》がこの地に本願寺を創建して八十余年、その栄華はすべて焦土《しょうど》と化した。

「石山消失」は、信長の大誤算であった。石山を武力で攻め落とせる自信があったにもかかわらず、信長はそれを避けてきた。たびたび朝廷を動かして和平をはたらきかけたのは、石山本願寺と寺内町を無傷のまま接収したかったからである。その繁栄をそのまま受け継いで、中国、四国、九州への戦略拠点にする。さらに、そこはアジアやヨーロッパへの海港地となるはずであった。

そのため信長は、教如が退去した八月二日には、

「摂津《せっつ》と河内、大和の城砦はすべて破壊せよ」

と筒井順慶《つついじゅんけい》に命じていた。石山だけを城郭として残して、戦略拠点の中心におこうというのである。

ところが、その目論見《もくろみ》は、打ちくだかれた。不本意ながらも、あえて正親町《おおぎまち》天皇の勅命を引き出し、誠仁《さねひと》親王にさえも頼み込んで、和平にこぎつけ、無傷のまま接収できると思っていたにもかかわらず、彼が手にしたのは茫々《ぼうぼう》たる焦土である。

怒りの内部粛清が呼んだ大きな波紋

八月十五日、石山を巡視した信長は、ついに怒りを爆発させた。

「石山焼失の責任は佐久間信盛《さくまのぶもり》と子の信栄《のぶひで》にある」として、彼ら父子を高野山《こうやさん》に追放したのである。信盛に対する問責状《もんせきじょう》は、十九条にわたっているが、そこには信長が常日ごろ信盛にいだいていた不満が事細かに吐《は》き出されている。

佐久間父子は五年にわたる石山本願寺《いしやまほんがんじ》の攻撃をはじめ、これまで部将として誇るべき戦功はまったくあげていない、というのが問責の中心である。無策のまま五年間も石山を攻めあぐねて、あげくには灰燼《かいじん》に帰させている。「佐久間父子の無能は、ここに極まれり」というのである。

十九条におよぶ問責状は、信長がみずから筆を執《と》って書かれていた。信長の怒りは、父子が奉公した三十年間の働きにもおよび、その無能ぶりが一条一条に糾弾《きゅうだん》されている。そんな父子の働きぶりは、

「天下の面目を失い、唐土《とうど》（中国）、高麗《こま》（朝鮮）、南蛮《なんばん》までも、その隠れあるまじきの事」（『信長公記《しんちょうこうき》』巻十三）

であるという。つまり、日本の面目を失ったばかりでなく、中国・朝鮮、さらにヨーロッパまで含めた〝世界〟に恥をさらしたとまでいい切って指弾《しだん》する。

〝天主〟として世界に君臨しようとする信長にとってみれば、佐久間父子は信長の体面に泥を塗ったということになる。そのような者は、たとえ織田家譜代《ふだい》の重臣であろうとも、もはや必要はない。佐久間父子は即日、高野山に追放された。

それでも信長の憤りは収まらない。佐久間父子は、高野山に留まることさえも許されず、さらにその奥の熊野《くまの》に追われた。

一度、堰《せき》を切った家臣への不信は、信長の心のうちを激しく流れた。佐久間父子を高野山に追放した数日後、やはり譜代の重臣である林秀貞《はやしひでさだ》が追われた。その理由は、

「二十五年前に信長の弟信行《のぶゆき》に与《くみ》して反逆を企てた」

というものである。

安藤守就《あんどうもりなり》・尚就《ひさなり》父子もまた、「かつて武田信玄《たけだしんげん》と結ぼうとした」という罪状をあげられて流罪に処された。安藤の内通は、信長がまだ美濃を攻めているときのことで、安藤は信玄と結ぶことで、美濃を守ろうとしたものである。

この林も安藤も、その後は信長の命令に忠実に従ってきた者たちである。ここにきて過去を問責されるとは、思ってもみなかった。ところが、世界の〝天主〟にみずからを押し上げようとする信長は、自分にかかわる過去の汚点を引きずることは、耐えがたい屈辱に感じられてきたのである。

とくに無能者と反逆をいだいた者どもは、いつ自分の足元をすくうかわからない。織田軍団を一枚岩にするためには、このさい組織の粛清を断行しなければならない。本格的な天下統一の戦いのためにも、この粛清はやむを得ない。信長はこの追放を英断として自賛した。だが、この決定は思わぬ波紋をおこすことになる。

信長は今後さらに拡大する戦線を勝つために、織田軍団を直属の親衛軍と、五つの方面軍とに編成することを考えていた。五つの方面軍は、柴田勝家《しばたかついえ》を指揮官とする北陸方面軍、丹羽長秀《にわながひで》の四国方面軍、羽柴秀吉《はしばひでよし》の山陽方面軍、明智光秀《あけちみつひで》の山陰方面軍、そして滝川一益《たきがわかずます》による甲斐・関東方面軍である。

この各方面軍の戦局に応じて、嫡男《ちゃくなん》の信忠《のぶただ》、次男の信雄《のぶかつ》、三男の信孝《のぶたか》の各軍が補佐する。安土《あづち》の信長と親衛軍は、天下に向けて政治体制を築く一方、方面軍の決定的な勝利のときに赴《おもむ》いて、支配権を確立する。こうした政治・軍事両面において新しい体制づくりを編成するには、無能で反逆性のある佐久間ら重臣は、まったく不要である。

しかし、この粛清は、そうした信長の新体制づくりの構想とは異なったものとして、方面軍司令官となるべき部将たちに大きな衝撃を与えた。「命じられた方面で、たとえ軍功をあげても、それが信長の意にそわなければ、追放されるかもしれない」という猜疑《さいぎ》心が部将たちの心に生まれてきた。

この猜疑心は、決して明智光秀一人だけではなく、秀吉や勝家、丹羽長秀の心にも芽ばえていたのである。とくに、この新体制で、いちばん立場を悪くしたのが光秀であった。彼は山陰方面軍司令官でありながら、信長のもっとも信頼の厚い親衛隊の一部ともなっていたからである。

ところが、この新体制が徐々に確立されてくると、光秀は親衛隊からはずされ、山陰方面軍の専任を命じられる。だが、この方面は、すでに秀吉が因幡《いなば》・鳥取城の毛利勢力を攻略していて、光秀が軍功をあげるチャンスはない。むしろ秀吉の後塵《こうじん》を拝して、山陽方面軍に所属するしかなかったのである。

ちょうど秀吉の中国攻略によって出番を失った荒木村重《あらきむらしげ》が反逆したように、光秀もまた信長のやり方に不信をいだくことになる。そして親衛隊だけを手元において、政治の求心力を高めようとした信長は、その戦力の手薄さから、みすみすと光秀に殺されてしまうことにもなるのであった。

馬揃えでみせた〝神〟としての異装

天正《てんしょう》九年（一五八一）の正月もまた信長は、馬廻《うままわり》衆といわれる親衛隊だけに囲まれた淋しい年明けを迎えた。しかも元日はあいにくの雨で、馬廻衆の年始も中止された。

信長は年頭にあたって、ある重大な決意を秘めていた。

それは「日本の政治体制を根本から変える」という決意である。

まず、その標的となったのが、正親町《おおぎまち》天皇である。天皇に譲位を迫って、誠仁《さねひと》親王を即位させる。誠仁はすでに信長の手中にあるから、新帝を立てて諸国平定をいっきに進める。

信長は、「天は二人の帝王を立てず」という摂理を知っている。誠仁を新帝に擁《よう》立《りつ》するが、それは天下が統一されるまでの戦略である。統一されたあかつきには、天皇といえども、その存立は認められるものではない。ちょうど足利義昭《あしかがよしあき》を利用して、畿内《きない》の覇権を手にしたように、天皇もまた同じように利用して、棄《す》てる。

天皇亡き後の天下は、信長が〝天主〟となる。これが年頭にあたって、信長が秘めた決意であった。

二月二十八日、天皇の住む内裏《だいり》のすぐそばで挙行された馬揃《うまぞろ》えは、無血クーデターを狙ったものであった。

馬揃えは、現代の軍事パレードに相当するもので、信長軍団の軍事力を天下に誇示し、それを政治力に変えようとするものであった。

この日のために、内裏のすぐそばにある鎮守社は撤去され、南北四町（約四三六メートル）、東西一町（約一〇九メートル）の馬場が造られた。馬場は、天皇に向けられた刃であった。

馬揃えには、正親町天皇以下、摂家・女房衆にいたる公家が桟敷《さじき》にて観覧。信長が支配する国々から集められた駿馬《しゅんめ》と騎手のきらびやかな衣裳と妙技に目を瞠《みは》った。

この馬揃えには、前戦に残る部将や、播磨《はりま》で毛利氏と対峙《たいじ》している秀吉を除いた信長軍団の部将が参加した。

まず丹羽長秀《にわながひで》が率いる騎馬軍団を先頭に、蜂屋頼孝《はちやよりたか》、明智光秀《あけちみつひで》、村井作右衛門《むらいさくえもん》とつづく。信長の子の信忠《のぶただ》・信雄《のぶかつ》・信孝《のぶたか》、弟の信兼《のぶかね》（信包）・長益《ながます》・長利《ながとし》、甥《おい》の信澄《のぶずみ》ら織田一族がそれぞれ騎馬団をもって参加した。この後には、近衛《このえ》、烏丸《からすま》、日野《ひの》といった公家衆の騎馬がつづき、細川藤孝《ほそかわふじたか》父子がそのあとにつく。殿軍《しんがり》は柴田勝家《しばたかついえ》、前田利家《まえだとしいえ》、金森長近《かなもりながちか》らの越前衆である。

いずれも、きらびやかな衣裳に身を固めた者たちが、次々に馬場を駆ける。その総勢八百余騎であるが、京都市中は各部将の手勢によってぐるりと包囲され、厳戒体制が敷かれていた。

この日、二十万人の見物人が馬場周辺を埋め尽くしたという。彼らは、思い思いの衣裳と装備をほどこした騎馬隊が通るたびに歓声をあげた。

この馬揃えの圧巻は、なんといっても信長の衣裳と立居振舞いであった。

信長は辰《たつ》の刻（午前八時ごろ）に宿舎の本能寺を出発、先駆けの部将たちや一族、公家衆の後につづいた。馬場に現われた信長の姿は、他のきらびやかさに比べて、一段と絢爛《けんらん》で、また異様であった。

かぶき者のように眉をきりりと描き、中国の天子か帝王のみしか用いることが許されないといわれる錦紗《きんしゃ》の布で包んだ頬《ほお》あてをつけている。頭にかぶる頭巾《ずきん》は唐《とう》冠《かむり》、梅の花を折って首すじに挿《さ》した趣向は謡曲『高砂《たかさご》』でおなじみの天下泰平を祝福する高砂太夫《たゆう》の出立《いでた》ち。

小袖は紅梅と白桐の唐草、その上から蜀江錦《しょっこうにしき》の小袖を重ね、袖口には中国より伝来した金糸の伏輪《ふくりん》で、これは天皇や関白《かんぱく》さえ着けたことのない高価なものである。

さらに紅の緞子《どんす》に、桐唐草の肩衣《かたぎぬ》と袴《はかま》。正親町天皇から贈られた牡丹《ぼたん》の造花を腰に挿し、白熊の腰蓑《こしみの》、金の熨斗《のし》を飾った太刀《たち》と脇差。沓《くつ》は猩々緋《しょうじょうひ》と南蛮渡来のもの。弓懸《ゆがけ》といわれる弓射用の手袋は、白革に桐の紋がついている。これは将軍の印として足利尊氏《あしかがたかうじ》が朝廷から拝領したもので、菊の紋とともに天皇家の紋章となるものである。信長はこれを何気なく弓懸にあしらっていた。

かつては、天女の姿に扮して津島《つしま》踊りに興じていたが、そんな異装好みとは明ら

かにちがった華々しさと異様さがある。太田牛一《おおたぎゅういち》は、
「さながら住吉明神の御影向《ごようごう》もかくやと、心もそぞろに、各《それぞれ》、神感をなし奉《たてまつ》り訖《おわ》んぬ」（『信長公記《しんちょうこうき》』巻十四）
と、信長の姿を住吉明神に見立てているが、これはもはやそんなレベルではない。
信長の姿は、日本の天皇や中国の天子の上をいく、何ものかへ変容される力を秘めている。この異装をみただけでも、彼がひそかに自分を天の絶対的支配者、すなわち神に変容しようという意図をもっていたことがわかろう。

「予が国王であり、内裏である」

人々が驚嘆したのは、こうした異装だけではない。この日の信長の言動は、彼がまさに何を求めようとしていたかを如実に示していた。

馬揃《うまぞろ》えの八日前に、イエズス会の巡察使アレッサンドロ・ヴァリニャーノが、ルイス・フロイスと日本人ロレンソ、それに異国人を一人連れて京都に入っていた。信長は黒い肌の異国人に異常な興味を寄せ、ヴァリニャーノにかけ合ってもらい受けている。信長はその死まで、この黒い肌の異国人を身辺にはべらせるが、これも異

装好みという趣味にとどまらず、ヨーロッパ人が奴隷とした国を同じように征服するという意図を言外に見せたものであった。

黒い肌の異国人の献上とともにヴァリニャーノは、金で装飾された濃紅色のビロードの椅子を贈った。この椅子は長柄《ながえ》がついており、四人で前後を担《かつ》ぐ肩輿《かたごし》で、ローマ法王か枢機卿《すうききょう》、あるいはヨーロッパの国王クラスが乗るものである。信長はこの椅子をことのほか喜び、さっそく馬揃えで自分を飾り立てる演出に使った。

信長はこの椅子を四人の男に担がせて、自分の馬の前を歩かせた。そして馬場に入ると、馬から降りて、その椅子に坐ったのである。この行為を見たフロイスは、「彼は身分を誇り、その偉大さを表示するために、他よりも異なる者であることを示した」(『日本史』)

と報告する。

中国の天子が着る錦紗《きんしゃ》といい、天皇さえ身につけたことのない金糸の伏輪《ふくりん》といい、ヨーロッパの国王が坐る椅子といい、この馬揃えで信長が自分をどのようなものに変容させたかったかは、もはやいうまでもない。

この馬揃えにはヴァリニャーノも招待された。この宣教師は、日本の国家元首を天皇とみていた。この国で布教活動をするには、天皇の許可があったほうがよいと考えた。そこでヴァリニャーノは信長に、天皇をぜひ紹介してもらいたいと頼んだ。

すると信長は、不愉快そうな顔をして、こういい切った。

「予《よ》がいる処《ところ》では、汝《なんじ》らは他人の寵《ちょう》を得る必要はない。なぜなら予が国王であり、内裏《だいり》であるからだ」

つまり、日本では信長に親近するだけでよい。なぜなら信長が国王であり、天皇であるからだ、といって、ついに天皇には紹介しなかったというのである。

ヨーロッパからきた宣教師に向かって、自分が日本の国王であり、天皇だという言い方は大言壮語に聞こえるが、信長の意識はすでにそこまでいっていたのである。そして、天皇の地位を奪う算段まで考えていたのが、この絢爛《けんらん》豪華に繰り広げられた馬揃えであった。

「時を待つ」正親町《おおぎまち》天皇の老獪さ

信長はこれまで正親町天皇にたびたび譲位を迫っていたが、老練な天皇はこれを拒《こば》んでいた。

馬揃《うまぞろ》えは、天皇退位の花道として信長は設定していた。ところが天皇は譲位に応じるどころか、逆に三月一日になると信長を左大臣に任官することを伝えてきた。左大臣は朝廷の最高の地位である。あくまでも信長を朝廷政権の中に封じ込めたいというのが、天皇の意向である。

それを知る信長は、大いに怒った。当然、左大臣任官は拒否し、もう一度、馬揃えを挙行した。

三月五日のことである。場所は同じ内裏《だいり》そばの馬場である。

このとき総勢は前回より三百人少ない五百人の騎馬パレードであったが、その装束《しょうぞく》については同じであったかどうかはわからない。わかるのは、ただ信長の衣裳である。

前回の度肝《どぎも》を抜くようなきらびやかな装束とはうって変わって、黒い笠に頬あて、黒い道服《どうふく》と腰蓑《こしみの》、それに太刀《たち》をつけただけという全身黒ずくめである。道服は平安時代から貴人の外出服として用いられていたが、そもそもは中国で神仏の道を極める道教《どうきょう》の行者の服装である。

全身を黒色でつつんだ信長の姿は、天皇以下、居並ぶ公家たちを震え上がらせた。信長の怒りが、黒ずくめに表わされているとみたのである。

三月九日、天皇は信長に勅使《ちょくし》を送った。正式に左大臣に推任《すいにん》すると伝えるもので、譲位については、やはり無視するというものであった。信長の出方を正面から確かめようというのである。

　だが、信長の考えは変わらない。

「天皇が譲位して、誠仁《さねひと》親王が即位したあかつきには、左大臣を受けないことはない」

　あくまでも正親町天皇の譲位が先である。信長はこういいおいて、翌十日には安《あ》土《づち》に帰る。馬揃えは、信長の威光を天下にみせつける効果はあったものの、天皇を譲位させることにおいては失敗した。

　追いうちをかけるように天皇の勅使が安土城にやってきた。

「譲位は、今年は金神《こんじん》の祟《たた》りがあるのでできない」

　という正式な譲位拒否であった。誠仁親王が二条御所から内裏に入るには、金神七殺の方向にあたり、この方位を犯して移転すると一族七人に祟りがおよぶ、というのが拒絶の理由である。

　これは譲位を引き延ばすための口実である。正親町天皇に譲位の意志があれば、たとえ方位が凶であったとしても、いったん誠仁親王を吉の方位に移して、そこから内裏に入るという〝方違《かたたが》え〟という習慣を用いたはずである。しかも翌年になれば、方位が好転するのであるから、金神七殺をもち出したのは、あくまでも譲位の意志はないとする方便であった。

朝廷は、時間かせぎの方便を使った。天皇が信長の求めるままに譲位し、誠仁親王が即位すれば、新帝は信長に操られる。信長は誠仁を傀儡《かいらい》にして、日本の政体を奪ってしまう。そんな危機感を天皇と公卿《くぎょう》はもっていたのである。かせげるだけ時間をかせげば、あるいは信長に不慮の事態がおこらないとも限らない。

時をかせぎ、時を待つ——。

これが古来からつづく朝廷の姿勢であった。そして、そのときは一年後にやってきたのである。

「相撲の節会」に込められた神格化

信長の苛立《いらだ》ちは、頂点に達した。天皇のしぶとさに信長の神経のほうがまいってしまったのである。

苛立ちは、ちょっとしたことで怒りに変わる。四月十日、信長は琵琶《びわ》湖にある竹《ちく》生島《ぶしま》に出かけた。安土から竹生島まで海陸ともに往復すると三十里(約一一七キロ)である。日帰りは無理で、秀吉が領する長浜《ながはま》に一泊するものと安土《あづち》城内の者たちはだれもが思った。

信長がいるとピリピリと張りつめる安土城は、いっときの安らぎを得たようである。侍女《じじょ》の中には、城内見物とばかりに二の丸まで足を運ぶ者や、桑実寺《くわのみでら》の薬師如《やくしにょ》来《らい》参りに出かける者もいた。

ところが信長は、長浜に泊まりもせず、その日のうちに帰ってきたのである。城に戻ってみると、侍女たちがそぞろ城内を散歩している。城内に果物の皮が落ちていただけで、清掃役の少女の首を切ったという信長のこと、その病的なまでの潔癖性は、ここにきてさらに異常さを増したようである。

信長の許しもなく勝手に城内を歩いた侍女たちは、縛りつけられた。桑実寺に参《さん》詣《けい》に行った女たちは、同寺長老の助命嘆願にもかかわらず殺され、長老もまた成敗《せいばい》された。

この事件は、信長の虫の居所が悪かったというだけでは済まされない。味方であっても、信長に身心ともに忠誠を守っている者であっても、信長の意に合わなければ、即座に殺される。それが、たとえ女や子どもであっても例外ではないことをみせつけた。

ルイス・フロイスは、家臣たちが信長に仕える姿を「恐怖に支えられた奉仕」

(『日本史』)といっているが、この時期の信長はまさにそのとおりの暴君になっていたのである。

精神的に異常をきたしたかと思われる一方、安土城内に力自慢を集めて、相撲をとらせている。

信長の相撲好きは若いころからのもので、「力のある者こそが勝ち残る」という彼の信念を満足させるものであった。

この時期に相撲を興行したということは、もう一つちがった意味合いがあった。相撲はそもそもが宮中の年中行事で、諸国から召し出された力自慢が天皇の前で相撲をとるという神事である。

〝相撲《すまい》の節会《せちえ》〟といわれるこの神事は、天皇の御代《みよ》を寿《ことほ》ぎ、五穀豊穣《ごこくほうじょう》を祈るものである。

信長はこうした神事としての相撲を自分の目の前でとらせることで、天皇になぞらえた現人神《あらひとがみ》としての意識を高めようとしたのである。

この相撲興行は、侍女たちを殺した十一日後の四月二十一日のことである。このころから信長は、自分を現人神として祀《まつ》り上げることを考えていた。

信長自身による自己の神格化である。

神を名乗った信長が見据えた方向とは

「信長は神体であり、生きた神仏である」

天皇にかわる日本の祭主としての神になる。いや、日本をふくめた世界の神として君臨する。〝戦略児〟信長は、みずからを神に押し上げることで、世界制覇の野望をいだくようになる。

「わし自身が、生きた神であり、仏だ」（フロイス『日本史』）

こう豪語するようになるのも、このころからである。安土《あづち》城内の下豊浦に建てられた三重塔をもつ摠見寺《そうけんじ》は、信長のこうした意向の表われである。

摠見寺には、除病・滅罪・招福《しょうふく》をもたらす十一面観音が祀《まつ》られた。これが本尊《ほんぞん》というのではない。近江《おうみ》の各地から莫大な数の仏像や石仏も集められた。信長がそれを拝むのではない。仏像に信長を拝ませるためである。仏像を信長の足下において、信長自身の本尊を際立たせるという趣向だ。

「信長みずからが神体であり、生きたる神仏である。世界には、ほかに主《しゅ》はなく、彼の上に万物の創造主もない、といい、地上において崇拝されんことを望んだ」

信長――、神仏としての信長は、こういい放ち、さらに次のように宣託《せんたく》したとフロイスは伝える。

全日本の君主たる信長は、それを望み見るだけで幸福を与える安土城に、信長を祀る摠見寺を建立《こんりゅう》した。この寺に詣《もう》でて、信心と尊敬を寄せる者には、次の功徳《くどく》と利益が授けられる。

すなわち、富ある者はますます栄え、貧者や身分低き者は富裕の身となれる。また子孫と長寿に恵まれ、大いなる平安と繁栄が得られる。病気はただちに治り、八十歳までの長寿は約束される。

そのためには、信長の聖なる誕生日には、毎月、摠見寺に参詣することである。これを信じる者は、確実に約束されたことが必ず実現する。だが、信長を信じない者は、現世においても来世においても滅亡するしかない。

「この天《あま》が下《した》を治める信長こそが、生きたる神仏である。他の一切を信じることなく、信長を信じ、信長を拝め。さすれば万人は幸福に生きられる」

信長は救世主である。超人格的な存在であると、自己宣伝しはじめたのである。

この救世主は、自分にかわる神体をおいて、これを拝めと命令を下した。その神体は〝ボンサン〟という一個の石である。この石が摠見寺に集められた仏像の中央に、一段と高く安置された。

さらに信長はこう布告する。

「村々、町々の男女、老若、身分の貴賤《きせん》を問わず、すべての者は毎年の五月の信長が生まれた日に、摠見寺とそこに安置されている信長の神体を礼拝せよ」

〝ボンサン〟という神体を拝むことは、とりもなおさず信長を拝むことである。この信仰をもてば、さまざまな利益と福と長寿が保証される。

信長はこれまで独創的な発想によって、さまざまな困難な状況を切りひらいてきた。そこには試行と錯誤があったものの、少なくとも新しい時代を産み出そうという意欲に満ちあふれていた。

〝信長神《しん》〟の創出も、彼の思いつきや奇行というよりは、信仰という力が政治戦略に強く影響していることを十分に計算したものであった。

だが、みずからを神と称する者に対しては、人は反射的に首をかしげ、顔をそむけようとする。神は、社会と自然が時間をかけて徐々に形成され、人がそれを無意識のうちに受け入れたとき、神となる。神を受け入れたとき、人はいかなる神の命令にも柔順に従う。だが、神の命令と称して信仰を強要する者には、生理的な反発をいだく。

天皇に対抗する日本の政体をつくり、世界に君臨し得る存在に自分を押し上げようとする信長は、〝信長神〟の創出を戦略としてとらえた。

しかし、それにはやはり無理があった。

信長が創った「バベルの塔」とは何か？

人々は命令によって摠見寺《そうけんじ》に参詣《さんけい》し、〝信長神《しん》〟のボンサンを拝んだものの、それは物見遊山《ものみゆさん》であり、話のタネにはなっても、そこから信長を心から信仰しようとする気になるはずもない。これまでの信長の鋭敏な戦略感覚は、やはり信仰という人間心理の面において狂いが生じた。

〝信長神〟の信仰を毒々しく思ったのが、キリスト教の宣教師であり、日本的な精神風土に安住する朝廷であった。

ルイス・フロイスは、それまでキリスト教の保護者として信頼をおいた信長に対して、「悪魔」と罵《ののし》り、「神を恐れぬ者」と憎みはじめる。彼が信じる創造主《デウス》とは、まったく異なる絶対神をつくり出したからである。

フロイスは、信長を紀元前のバビロニア王で傲慢《ごうまん》を極めたネブカドネザルにたとえた。彼は創造主を信ぜず、天をも支配しようと、「バベルの塔」を造った人物である。フロイスの目には、いまや信長はネブカドネザルの姿と重なり、安土城「天主」閣はバベルの塔に映った。天上を支配しようと、天をめざして積み上げられたバベルの塔は、天の怒りによって瓦解《がかい》した。創造主を冒瀆《ぼうとく》する信長の悪魔的な野望も、やがて天の怒りにふれよう。

フロイスは信長の野望がやがて崩壊するとみた。

〝信長神〟を創出したとき、それを狂気の沙汰《さた》とみたのが、朝廷とそれを取り巻く保守的な人々である。武人としては極官である左大臣の任官を拒否したばかりか、天皇の譲位を執拗《しつよう》に要求する信長は、もはや不敬の輩《やから》として、わずらわしい存在となっていた。それに加えて、日本的な枠組みの神祇《しんぎ》さえ無視して、天皇にかわる新しい神をつくろうとしている。

それればかりではない。正親町《おおぎまち》天皇がみたいといって所望《しょもう》した安土《あづち》城全景の屛風《びょうぶ》を、信長は巡察使のヴァリニャーノに贈呈した。天皇が屛風をほしいといったとき、信長は素知《そし》らぬ風をしていたが、それを異国人に与えたのである。

しかも馬揃《ぞろ》えから五カ月後の天正《てんしょう》九年（一五八一）七月十五日、日本の風習となる盂蘭盆《うらぼんえ》会の夜、信長は奇抜な行動をとる。盂蘭盆では、先祖の霊を供養《くよう》するために家々では迎え火が焚《た》かれるが、信長はそれを一切禁じた。安土城下は闇につつまれたが、それにかわって天主閣と摠見寺三重塔には色さまざまな提灯《ちょうちん》が吊るされ、そこにいっせいに灯がつけられた。

夜空に浮かび上がった七重の天主閣と三重塔は、あたかも天をめざす華麗な火柱のようであった。城から一キロほどの城下に建てられたキリスト教教会堂までの長い坂道の両側には、松明《たいまつ》をともした者たちが整然と並ぶ。

天主閣から降りた信長は、その松明の灯の中を悠然と歩き、ヴァリニャーノら宣教師が待つ教会に赴《おもむ》いたのである。

信長は宣教師を通じて、偉大な自分の存在が世界に伝わるように演出したのだ。だが、この行為も保守主義者からみれば、日本の尊い風習をないがしろにして、異教に魂を売ったと受けとめられたのである。

天正九年のこの時期、信長の敵となる勢力は、もはや指で数えられるほどになっていた。甲斐の武田勝頼《たけだかつより》を倒して、小田原の北条氏政《ほうじょううじまさ》を従えれば、ほぼ関東は征服できる。越後の上杉《うえすぎ》氏は、謙信《けんしん》亡きあと養子の景勝《かげかつ》と景虎《かげとら》が相続をめぐって争い、かつての勢いはない。目を西に転じれば、毛利輝元《もうりてるもと》は羽柴秀吉《はしばひでよし》が対峙《たいじ》しているが、これも早晩に決着をみよう。毛利が屈してくれれば、四国の長宗我部《ちょうそかべ》氏、九州の大名たちも、やがて膝を折ってくる。

信長の頭の中には、すでに天下が統一される絵図が描かれていた。そのため信長の目は、早くも日本の外に向けられた。

「毛利を平定して、日本六十六カ国を支配したら、一大艦隊を編成して、中国を武力で征服する。日本はわが子たちに分かち与える」（フロイス『日本史』）

信長は、こう豪語するまでになっていた。こうした一連の信長の言動は、朝廷の周辺をはじめ、少なからず日本のあり方という問題を考える人々に大きな衝撃を与えた。ちなみに、この信長の誇大な構想にすっかり感化されたのが秀吉である。秀吉の朝鮮出兵は、いろいろな要因が考えられるが、彼の心を占めていたのは、この構想を熱っぽく語る信長の姿であったろう。

光秀の懸念は「信長神」であった

信長がもっとも充実した気分になっているときに、足元が崩れはじめる、というのは、これまでの例である。天正《てんしょう》九年（一五八一）も、やはりその例にもれることはなかった。支配地域も戦力ももっとも充実したこの時期、人々の気持ちは潮を引くように信長から離れていったのである。

その一人に明智光秀《あけちみつひで》がいた。光秀の謀叛《むほん》の理由は、いろいろ取り沙汰されているが、それらはいずれも秀吉や家康の時代につくられたもので、真相にはまったくほど遠いものばかりである。

安土《あづち》城の築城から、いつも信長の近くにいたのは、光秀であった。光秀が独自に兵を動かしたのは、天正五年の丹波《たんば》攻略だけで、あとの出陣はほとんどが信長の麾《き》下《か》にあって動いている。いわば彼は信長に直属していた。これは柴田勝家《しばたかついえ》や羽柴秀吉《はしばひでよし》らの前線部将とはちがって、信長の側近中の側近として、つねに光秀の存在があったのである。

光秀は丹波の経営をまかせられる一方で、京都の馬揃《うまぞろ》えの奉行に任じられていたように、信長の意向を代行する第一人者であった。信長は光秀の手腕を高く評価し、無二の腹心とみなしていた。

「腹心こそ、いちばん用心しなければならない」（『君主論』）というのがマキャベリの政治学である。腹心となる者は、つねに主君の近くにいるために、その長所と短所をつぶさに知ることができる。主君に尊敬と畏敬の気持ちがある間は、短所に気が向くことはない。ところが、それがなくなったとき、短所だけが拡大され、「このような人を主君と仰ぐことはできない」と思うようになる。

光秀がそう思うようになったのは、決して叱責《しっせき》されたり、面子《メンツ》を潰《つぶ》されたからではない。怨念や遺恨《いこん》で主君に背《そむ》く者も多くいたが、光秀はそんなスケールの小さな人物ではなかった。光秀の目に信長の短所が日増しに拡大してきたのは、やはり現《あら》人神《ひとがみ》としての〝信長神《しん》〟の創出であった。そして〝信長神〟を頂点に戴《いただ》くであろう日本の政治体制への大いなる疑問であった。

「このまま信長を天下人にしては、危険だ」

たしかに信長は、武人としても戦略家としても、傑出した能力をもっている。武力こそ、戦国乱世を生きるには不可欠である。とはいえ、信長の自信が、そのまま政治理念と新しい体制に直結することには、深い懸念《けねん》がある。

信長が自身を神体とする信仰の強制は、天皇以上の神格化と支配力を求めたものだ。しかも、その神のまま日本を支配し、中国への侵攻まで考えている。

「狂気だ。このまま天下人にさせては、日本は崩壊する」

つぶさに信長の言動を知る光秀は、そう思ったのである。かつては、そうした信長の独創性にいつも膝を打っていた光秀ではあったが、信長の考えを〝狂気〟だと思ったとき、彼の心は急速に冷えていく。

一方、信長は光秀の醒《さ》めていく気持ちなど知ることなく、神格化に向けてひとり悦《えつ》にいっていた。命令に従わない和泉《いずみ》・槇尾寺《まきおでら》の伽藍《がらん》をことごとく焼き払い、さらに伝統ある高野《こうや》山の聖性を否定するため、高野聖《こうやひじり》数百人をとり押さえて斬殺《ざんさつ》する。荒木村重《あらきむらしげ》の残党が高野山にかくまわれているというのが、高野聖虐殺の口実であるが、比叡《ひえい》山と並ぶ仏教の聖地である高野山を潰《つぶ》すというのが、信長の目的である。

京都の馬揃《うまぞろ》えからはじまり、〝信長神〟の創出、巡察使ヴァリニャーノを驚かせた盂蘭盆会《うらぼんえ》の演出につづく、槇尾寺と高野山への攻勢は、信長の志向がどこに向いていたかをよく示している。

非情なる軍政者となった信長の子の信忠

そして、信長の戦略が冴《さ》えた最後の攻略が展開された。天正《てんしょう》十年（一五八二）二月から三月にかけての甲斐の武田攻撃である。

この作戦は、秀吉を指揮官とする対毛利戦線と連動してとられた。安土《あづち》を中心において、東と西の敵対勢力を一掃しようというものである。すでに秀吉は因幡《いなば》の鳥取城を〝鳥取の渇泣《かつな》かし〟といわれる徹底した兵糧《ひょうろう》攻めにして、守将の吉川経家《きっかわつねいえ》を自害させ、開城させている。秀吉はさらに備前に侵攻、宮路《みやじ》城・冠山《かむりやま》城を囲み、高松城において毛利本隊と睨《にら》み合うようになる。

信長は、信濃木曾谷《きそだに》の木曾義昌《よしまさ》が内応するやいなや、甲斐討ち入りを決定した。美濃から甲斐に侵攻するのは嫡男の信忠《のぶただ》が率いる美濃・尾張軍。飛騨からは金森長近《かなもりながちか》、駿河《するが》からは徳川家康《とくがわいえやす》、相模《さがみ》から甲斐には北条氏政《ほうじょううじまさ》が、それぞれ侵攻する。

信忠は二月十二日、岐阜を出陣。次々と武田氏を見限る武将たちが続出するなか、早くも十七日には駒《こま》ヶ根《ね》南方に進出。三月二日には、武田勝頼《たけだかつより》の弟仁科盛信《にしなもりのぶ》が守る高遠《たかとう》城を攻略し、これを降《くだ》した。信玄によって培《つちか》われた勇猛な武田軍が、戦闘を行なったのはこの高遠城だけである。

信長は三月五日、安土城から光秀らを率いて出陣。高遠城を落とした信忠の武勇を絶賛、「天下の儀《ぎ》も御与奪《おんよだつ》」と、信忠に天下を譲り与えようと伝えた。

武田勝頼は抗戦態勢をとる間もなく潰走《かいそう》、三月十一日、天目山《てんもく》においての一族妻妾とともに自害した。わずか一カ月で不屈を誇った武田氏は滅亡。この知らせを受けた信長は十九日に上諏訪に本営を進め、参戦した諸将と内応してきた者たちに領土を分封《ぶんぽう》した。このとき信長は、滝川一益《たきがわかずます》に上野《こうずけ》（群馬県）を与えて関東管領《かんれい》に任じ、関東から東北支配の足場を固めた。

四月三日、甲府に入った信長は、信玄が居所とした躑躅《つつじ》ヶ崎館《さきやかた》に入った。この日、甲府から一八キロほどの所にある恵林寺《えりんじ》で見境のない虐殺が行なわれた。恵林寺は信玄の菩提《ぼだい》寺で、信頼の厚かった快川《かいせん》紹喜《しょうき》がいた。この快川に近江《おうみ》の六角義弼《ろっかくよしすけ》をかくまったといいがかりをつけて、僧侶ら百五十人余を山門に追い上げ、快川ともども焼き殺した。この殺しは信忠が断行したものである。また彼は武田の残党を捜索しては、これをことごとく殺している。

信忠はさらに信玄が長野・善光《ぜんこう》寺から勧請《かんじょう》した日本最古の仏といわれる善光寺如来像を横奪、岐阜に持ち去った。

前年に正親町《おおぎまち》天皇から大通智勝《だいつうちしょう》という国師号を与えられた快川の焚殺《ふんさつ》といい、古来、全国から信仰を集める善光寺如来の奪取といい、その非道さは、父の信長に勝るとも劣らないものがあった。二十六歳の信忠は、父譲りの酷薄さこそが、天下を譲られる条件であるかのように錯覚していた。いや、信長以上の非道さをもって敵を一掃しなければ、父を乗り越えることができないと思っている風でもある。

武田氏が滅亡し、その勢いで毛利氏も葬《ほうむ》り去られれば、信長は言明したとおりに信忠を織田家の当主として、天下の支配をゆだねるであろう。

信長は神として君臨し、信忠は非情な軍政者として父以上の暴逆さをもって支配することは疑いない。この武田氏滅亡作戦を通して、心ある者はその勝利の喜びの裏側で、ひそかに眉をひそめた。

本能寺の変の真因はここにあった！

三職推任は京都所司代の村井貞勝の画策

武田氏を滅亡させた信長は、領土割りを終えると甲斐《かい》から富士山を眺めながら、東海道に出て、四月十二日に安土《あづち》に凱旋《がいせん》した。

その翌日の夜、長い尾をひく光芒が夜空に現われた。ほうき星（彗星）である。二カ月前には、不気味な赤い雲が空をおおったことがある。甲斐出陣を前にして、このとき人々は「信長公の武運、大吉と出た」と噂《うわさ》したが、このほうき星の出現には、松永久秀《まつながひさひで》のとき現われた〝松永星〟を思い出したのか、「不吉な前兆か」と眉をひそめ合った。

二十三日、勧修寺晴豊《かじゅうじはるとよ》ら勅使《ちょくし》一行が安土城にやってきて、戦勝を祝う正親町《おおぎまち》天皇のことばを伝えた。晴豊らは京都に戻ると、二十五日には京都所司代《しょしだい》として京都の行政と朝廷との折衝にあたっている村井貞勝《むらいさだかつ》のところに挨拶に出向いた。

村井貞勝は、元亀《げんき》四年（一五七三）に足利義昭《あしかがよしあき》が追放されて以来、「天下所司代」

として京都の行政をまかされ、絶大な信任を受けていた人物である。

その貞勝が晴豊に向かって、

「信長公を太政《だじよう》大臣か関白か征夷大将軍《せいいたいしようぐん》のいずれかに、朝廷が推任《すいにん》するのがよい」(『晴豊記』)

と申し出たのである。これは信長の意向を受けて貞勝が申し出たとする向きがあるが、おそらく貞勝の判断によるものであったろう。

甲斐を制して、関東まで領国を広げた信長は、もはや並びなき天下人であるという認識が、朝廷はもとより貞勝にもあった。しかも貞勝には明智光秀《あけちみつひで》がいだいていたような〝信長神《しん》〟への危惧《きぐ》の念があったとみてよい。

日本古来から認められている官位さえも否定し、自己を神格化することで、いっきに聖性と俗性の権威を掌握しようとする信長のやり方に、常識的な行政官である貞勝は不安をおぼえたのである。

信長が現人神《あらひとがみ》になるにしても、太政大臣か関白、あるいは征夷大将軍という俗性の権威の地位に就《つ》いてこそ、その計画はより現実性をおびるはずである。

貞勝のこうした判断に、光秀がかかわっていたかどうか定かではないが、良識的な信長の家臣の間では、そうした空気が強くなっていたとみてよい。

おそらく朝廷も貞勝と同じような危機感を信長にもっていたのであろう。貞勝の申し入れがあると、ただちに協議したが、公卿《くぎょう》たちの間に一応ホッとした空気が流れたことは疑いのないところである。

なぜなら、信長の意向が三職《さんしき》といわれる太政大臣、関白、征夷大将軍のいずれかに就きたいというものであることがわかったからである。信長が現人神を宣言したとなれば、天皇の聖性なる権威は犯され、否定されかねない。だが三職であれば、天皇の任命によって就任するもので、天皇の威信と地位は犯されることはない。

こうした認識は正親町天皇にもあったのであろう。ただちに村井貞勝の申し入れに内諾を与え、勧修寺晴豊を再び安土に差し向けたのである。

信長はそうした京都の空気を知らない。まして信頼する家臣が三職推任に動いているとは知らなかった。

将軍拝命、幕府開設は信長の頭にはなかった！

五月四日、勧修寺晴豊《かじゆうじはるとよ》ら勅使《ちょくし》一行が再び安土《あづち》にやってきたと知らされた信長は、

「はて、今度は何の用か……」

と小首をかしげ、小姓の森蘭丸《もりらんまる》を勅使の宿に走らせた。「何の用でまいられたか」

と尋ねる蘭丸に晴豊は、

「信長公をいか様《よう》の官にも任ぜる」

と答える。「いか様の官」とは、太政《だじょう》大臣、関白、征夷大将軍《せいいたいしょうぐん》のいずれか信長が欲するものに任ずるということである。蘭丸がさらに晴豊の考えを確かめると、

「いか様の官」とはいいながらも、朝廷の意向は、

「関東を討ち果たされて支配されたよし。将軍に任ぜる」

と、信長を征夷大将軍に任じたい、というものであった。

朝廷が征夷大将軍に信長を任じることは、とりもなおさず「織田幕府」を開創してもよいということである。信長がその位を望んで村井貞勝《むらいさだかつ》を通じて朝廷に申し入れていたのであれば、喜んで勅使にすぐさま受諾の返事をしたであろう。

ところが信長は、なんの返事もせずに晴豊を京都に送り返した。晴豊としても、キツネにつままれた思いであったろう。信長のほうから任官を要求していながら、それを明確に提示しても、なんの返答もない。晴豊は信長の真意をはかりかねて、やはり小首をかしげながら安土をあとにしたのである。

もちろん、その後も信長からは「将軍を拝命する」という返事はない。すでに神となった信長は、天皇の任命による将軍拝命、幕府開設などは笑止の沙汰《さた》で、頭か

ら無視すべきものであった。

信長運命の日の前日、彼が宿泊する本能寺に前関白の近衛前久《このえさきひさ》をはじめ、勧修寺晴豊、甘露寺経元《かんろじつねもと》ら有力公家四十数人が来訪。あたかも本能寺が内裏《だいり》になったかのようであった。彼らはいつ信長が、

「将軍を拝命いたす」

といい出すか、いまか、いまかと待っていた。だが信長は世間話に興じ、茶の湯を催して当代一流の名茶器を披露するだけで、ついに彼の口からは「将軍拝命」のことばはもれてこなかった。

誕生日を聖日とした信長への光秀の戦慄

さて、「いか様《よう》の官にも任ぜる」と伝えにきた勅使《ちょくし》を引き取らせた後、五月の信長の誕生日がやってきた。

「毎月、信長の誕生日を聖日とし、摠見寺《そうけん》に参詣《さんけい》すること」

と布告している。

その日、摠見寺には数多くの群衆が集まり、盛大な祭りが行なわれた。現人神《あらひとがみ》としての信長の降誕祭である。イエス・キリストの生誕祭をヒントにしたものである

が、そこにはキリスト教の祭祀とはまったく異なる奇妙な風景があった。

祭りを司《つかさど》る者がいないのである。キリスト教でも仏教でもそうであるが、神や仏を敬うには、人と神仏をつなぐ仲介者がいる。これが司祭であり、僧侶である。ところが信長の生誕祭には、そうした聖職者がいない。聖職者は、神や仏の教えを人々に伝え教えることで、神仏をさらに荘厳なものにする。

人と聖職者と神仏——この三位一体《さんみいったい》こそが宗教の基本構造となるのであるが、聖職者を認めない信長は、神として直接に人々の前に現われ、神として振舞ったのであろう。その姿は異様であったと思ってよい。

「いまや彼の誇大妄想は、極《きょく》に達した」

とフロイスがいうように、信長の姿は信仰面においても、はるかに常軌《じょうき》を逸したものがあったようだ。フロイスはキリスト者の立場から信長を「神《デウス》を恐れぬ者」と手ひどく批判するが、信長の身近に仕える明智光秀《あけちみつひで》の目には、

「殿は狂われた！」と映ったにちがいない。

「天下をこのまま信長にゆだねてしまえば、恐ろしいことになる」

と考えた。信長を亡き者にしなければ、わが身はおろか、日本の国自体が狂気にさらされる。信長の生誕祭の異常さをつぶさに見た光秀は、ひとり戦慄《せんりつ》した。

本能寺の変当時の家臣団配置図
天正10年(1582) 6月2日
柴田勝家
前田利家
佐々成政
佐久間盛政
滝川一益
三木自綱
森 長可
細川藤孝
羽柴秀長
河尻秀隆
岐阜
明智光秀
蒲生賢秀
高山右近
池田恒興
神戸信孝
備中高松
京都
安土
織田信長
織田信包
羽柴秀吉
織田信忠
丹羽長秀
(徳川家康)
仙石秀久
北畠信雄
九鬼嘉隆
筒井順慶

「是非に及ばず」といった信長の潔さ

生誕祭の三日後の十五日、徳川家康《とくがわいえやす》と穴山梅雪《あなやまばいせつ》が安土《あづち》にやってきた。武田家を滅ぼした軍功をたたえ、その労をねぎらうために、信長が招いたものである。三日間にわたる盛大な祝宴の接待役は明智光秀《あけちみつひで》である。

家康らを饗応《きょうおう》している最中、「至急、上様のご出陣を請《こ》う」という知らせが羽柴秀吉《はしばひでよし》から届いた。備中《びっちゅう》高松城を水攻めにしている秀吉は、毛利氏が全軍をあげて高松城救援に向かったことを知ったのである。

信長は、毛利決戦を即断した。ただちに光秀を接待役から解いて、秀吉救援の先鋒《せんぽう》に命じた。細川忠興《ほそかわただおき》、池田信輝《いけだのぶてる》、高山右近《たかやまうこん》にも出兵命令が下された。また長男の信忠《のぶただ》には、家康らを京都で接待したのち、中国出兵のために待機するよう命じた。

信忠を援軍の総大将とし、信長みずからは毛利氏の滅亡を高みからみようというのである。すでに三男の信孝《のぶたか》は丹羽長秀《にわながひで》とともに四国の長宗我部《ちょうそかべ》氏を滅ぼすべく大坂に集結、出陣を待つばかりである。

毛利と長宗我部の平定作戦が同時に行なわれて勝利するであろうと、信長は想定していた。信忠と信孝を各方面の総大将として平定させ、完全な勝利をみたのち、信長は占領地に降臨《こうりん》する。神としての信長の演出である。すでに、この演出は甲斐の武田攻めに成功を収めている。戦闘部隊が敵勢力を一掃、支配地域が確定したのちに、おもむろにそこに降臨する。

信長はすでに神としての自己に浸《ひた》っていた――。

一方、秀吉の援軍を命じられた光秀の心は弾《はず》んだ。公然と軍兵を動かせるからだ。信長は二十九日に京都に入り、六月四日に京を発《た》って、備中に向かう予定である。その間、京都には信長とともに信忠も滞在する。信長を倒しても、信長から天下を譲られる信忠も抹殺《まっさつ》しなければ、狂気の政治を終わらせることにはならない。しかも信忠の手勢は、およそ五百余人。信長はわずか三十人ほどの近習《きんじゅう》で京都に入っている。軍事的な空白の中に、信長がいる。しかも信忠もいる。

二度とやってこない絶好の機会である。

「信長にかわって天下を盗《と》る」

戦国の下剋上《げこくじょう》の空気の中で生きた光秀にも、天下人への野望が息づいていた。

信長を倒して、彼の政策のことごとくを宥和《ゆうわ》させ、統制をゆるめれば、天皇や朝廷は必ず味方につくだろう。京都の町衆はこぞって光秀の登場を喜び、仏教寺院も協力を惜しまないであろう。

しかも信長が敵対する毛利輝元《もうりてるもと》、長宗我部元親《もとちか》、上杉景勝《うえすぎかげかつ》とすみやかに組めば、彼らと戦っている信長の部将たちも屈服してくる。

光秀の勝利への計算である。しかし、この戦略は、かつて足利義昭《あしかがよしあき》や松永久秀《まつながひさひで》、あるいは荒木村重《あらきむらしげ》らが、信長に背《そむ》いたときとまったく同じ机上の戦略発想であった。

そのため、まず信長父子を討つという使命感に近いものが、光秀の頭を占めていたことがわかる。それは、

「信長を神にしてはならない」というものであったとみてよい。

六月二日午前六時。洗面に立った信長の耳に、本能寺の外から騒ぎ声が聞こえてきた。

「下郎どもの喧嘩か」と気にもせずに洗面を終えたとき、一本の矢が信長の背中に突きささった。一説では、鉄砲の銃弾が腕に命中したという。

その前後、森蘭丸《もりらんまる》が、

「明智の謀叛《むほん》！」

と告げたとき、信長はひと言、

「是非《ぜひ》に及ばず」

▲現在の本能寺(移転し、再建された)

▲本堂裏に建つ信長公廟

と叫んだ。信長の口癖となったことばが、やはり最後のことばになった。敵兵が境内に乱入するや、信長は本殿《ほんでん》に身を退いた。守る者はわずか数十人である。「もはや、これまで」とみた信長は、女たちを落ち延びさせた。

このとき、信長は死を覚悟した。かつて越前からなりふりかまわず逃げ帰った信長である。伊勢長島でも一向宗徒の逆襲にあったとき、岐阜まで一目散に逃げ帰っている。あくまでも命に執着した信長である。退却する女たちにまぎれて脱出する道もあった。

だが信長は、それをしなかった。本殿に火をかけると、燃えさかる火の中に身をゆだねたのである。

信長は消えた。

来世を信じることのなかった彼は、その肉体を地上からことごとく消し去ることで、神となって再びこの世に生まれることを信じたのであろうか。

信長は火炎につつまれて、死に至る瞬間まで、自分を神と思っていたのかもしれない。燃えさかる炎の中で、信長は消えた。焼跡から信長らしき骨の一片さえも発見されることはなかった。

信長は、神としての栄光と死を迎えたのであろうか——。

その後の信長——あとがきに代えて

信長の死は誰も確認していなかった！

本能寺《ほんのうじ》の変で仆《たお》れた信長は、宣教師のルイス・フロイスがいうように、はたして「その体は塵《ちり》となり灰となって地に帰《き》し、その霊魂は地獄に葬《ほうむ》られた」のであろうか。私の疑問はやはり「信長の死」という振り出しに戻る。

信長の死を確認し得た者は、だれ一人としていない。本能寺が全焼して、信長とともに討死にした者たちの遺骨も形をなさず、だれがだれのものともわからぬまま焦土《しょうど》に埋もれていた。だから信長は生き延びた、というのではない。

信長が死んだことは確かであるが、その死が確認されなかったことが、その後に意外な波紋を巻きおこした。

まず明智光秀《あけちみつひで》である。本能寺が焼け落ちると信長の死を確信、信長の嫡男信忠《ちゃくなんのぶただ》が籠《こも》った二条御所に兵力を回した。だが信長の遺体を確認できなかったことが、光秀の心になんらかの翳《かげ》りを落としていたのであろう。

事件後、京都に腰を据《す》えて政権樹立を宣言して、求心力をつけるかと思われたが、なにを考えたのか、みずから安土《あづち》城に赴いて城を接収している。さらに羽柴秀吉《はしばひでよし》と戦った山崎の合戦では、全戦力を戦場に集中させるという合戦の鉄則を忘れて、安土城に明智左馬助秀満《さまのすけひでみつ》以下の精鋭二千余の兵を残している。

これは信長の生存を恐れていたということではないにしても、その死が確認できなかった不安が、光秀の判断力を狂わせたものとみることができよう。さらに討ち取った首級《しゅきゅう》に弾劾状《だんがい》をつけて天下に晒《さら》す、といった政治効果のある演出さえすることができなかった。そのため光秀の謀叛《むほん》は成功したものの、その政治・戦略効果は消滅した信長の遺体によって破綻したともいえる。

秀吉の場合はどうであったろうか。地に帰した信長の死は、秀吉にも思わぬ影響をおよぼした。

山崎の合戦後、織田家の跡目相続が尾張・清洲城で諮《はか》られた。秀吉は主君の仇《かたき》をとったという戦功に加えて、すでに信長の四男秀勝《ひでかつ》を養子としている。だが一度他家に出た者には、本家の相続権はない。そのため秀勝は切り札とはならないが、信長の親族につながるという点では、対抗馬の柴田勝家《しばたかついえ》を引き離していた。

後継者は信長の次男信雄《のぶかつ》か三男信孝《のぶたか》かと目される中で、秀吉は信長とともに死んだ信忠の子で、わずか三歳の三法師《さんぼうし》（秀信《ひでのぶ》）を擁立《ようりつ》した。この直系相続は、信孝を推す柴田勝家らの名分を封じた。しかし、三法師の後見人ということで秀吉の地位が固まったわけではない。

死者の葬儀を司《つかさど》り、その菩提《ぼだい》を弔《とむら》い、残された遺族の面倒をみる者こそが、故人の遺志を継ぐ資格があるとみなされるのが、古今の道理である。秀吉はこの道理に徹することで、三法師の後見人から、一挙に信長政権の乗っ取りをはかる。すでに四十九日法要が行なわれたが、本葬はまだ執行されていない。対立を深める秀吉と柴田勝家、信雄、信孝との間で、だれが本葬を主宰するかで、水面下で睨《にら》み合いがつづいていた。

秀吉が演出した〝遺骸なき葬儀〟

秀吉は一刻も早く、自分の手で本葬を行ないたかった。だが周囲の情勢が許さないばかりか、信長の遺体がないということも、本葬に踏《ふ》み切れない要因となっていた。遺体がなければ、葬儀の体裁をなさない。

苦慮した秀吉は、ひそかにある僧に頭を下げていたのである。その僧とは、京都の阿弥陀寺《あみだじ》の清玉《せいぎょく》（生誉《せいよ》）である。清玉は、本能寺の異変を知るや、弟子を伴って直ちに現場に急行した。信長の恩顧《おんこ》に応えるためである。

清玉は、松永久秀《まつながひさひで》によって焼かれた奈良の東大寺大仏殿を再建すべく、正親町《おおぎまち》天皇から勧進《かんじん》職に任ぜられていた。勧進職は全国から多くの寄進を求めて大仏殿を再建する総責任者である。清玉の勧進に対して、焼失させた張本人の松永久秀をはじめ、武田信玄《たけだしんげん》、徳川家康《とくがわいえやす》、毛利元就《もうりもとなり》も援助を惜しまなかった。とくに清玉の勧進を支えたのが信長である。信長は「分国中人別、毎月一銭を充《あ》てよ」という賦《ふ》課《か》を命じて、清玉の勧進を保証したのである。

その清玉が信長の兇変《きようへん》を知って本能寺に駆けつけた。だが焼け跡には、分別《ぶんべつ》のつかない骨灰《こつぱい》が散在しているばかりである。清玉はこれをかき集めて、阿弥陀寺にも持ち帰り、やがて密葬《みつそう》に付《ふ》した。そればかりでなく、二条御所にも出向いて、信忠をはじめとする骨灰も回収し、これも葬《ほうむ》っていた。

のちに、このことを知った秀吉は、阿弥陀寺において葬儀を営もうとしたが、清玉はこれを辞退した。秀吉は「三百石を寄進して法事料に充《あ》てよう」と申し出たが、これも固辞した。秀吉は「阿弥陀寺は信長公の御廟所《ごびようしよ》であるから、ぜひ法事料を受けるように」と、三度も使者を遣《つかわ》したが、ことごとく拒絶された。

清玉には、阿弥陀寺は世俗や権力の介入を拒《こば》み、そこから超越している〝無縁所〟

であるという誇りがあったからでもあるが、秀吉が信長の遺児をないがしろにして、権力を握ろうとする態度に憤っていた。秀吉もそんな清玉に腹を立てて、「阿弥陀寺には だれ一人として参詣させぬ」と怒ったといわれる（『信長公阿弥陀寺由緒《ゆいしょ》之記録』）。

そんな経緯で信長の本葬は延びのびになっていたが、秀吉はついに断を下した。信長の葬儀を京都の大徳寺で、秀吉が主宰して執行したのである。天正《てんしょう》十年（一五八二）十月十五日のことである。

秀吉は〝遺骸なき葬儀〟を執行したのである。そこには秀吉という人物が、その後たどるであろう軌跡がすでに明示されていた。信長の遺骸は、沈《じん》の香木で彫られた信長像があてられ、これを納めた柩《ひつぎ》は金紗金襴《きんしゃきんらん》の布で包み飾られた。柩をのせる輿《こし》には軒に瓔珞《ようらく》、欄干《らんかん》には宝珠《ほうじゅ》などの金銀七宝をちりばめた。なにごとも派手好みの信長を弔《とむら》うには、まことにそれにふさわしい豪華な葬儀である。

秀吉はさらに葬礼の場となる大徳寺に惜しげもなく金銭を寄進して、山内《さんない》に信長の菩提所となる総見院《そうけんいん》を建立《こんりゅう》し、七日間にわたる法事の間には、京の貧しい人たちに米を施した。そのため秀吉は、まことに非のうちどころのない忠臣であると、世間を感じ入らせたという（小瀬甫庵《おぜほあん》『太閤記』）。

秀吉を呪縛した〝信長的なるもの〟

だが、この葬儀は、信長の菩提を心から弔うというよりは、金銭をばらまいて秀吉が信長の後継者であることを内外に認めさせるための演出にほかならなかったのである。金銭にものをいわせる秀吉の性格が、すでに現われていた。そのため、信長の死は、秀吉の地位を高めるために利用されることによって、はじめて公認されたといえようか。

その後、秀吉は信長からかけられた恩顧を忘れたかのように、権力奪取に向かって突き進む。その過程で柴田勝家《しばたかついえ》と組んで反秀吉を鮮明にした信孝は、賤ヶ岳《しずたけ》の戦いで勝家が敗れて死ぬと、自刃《じじん》。また信雄《のぶかつ》は徳川家康と同盟して秀吉に対抗したものの、和睦《わぼく》したのち、転封《てんぽう》を拒んで改易《かいえき》。このとき剃髪《ていはつ》して常真《じょうしん》と号するが、やがて秀吉のお伽衆《とぎしゅう》に加えられ、一家臣にされてしまう。

一方、秀吉が後見人となった三法師は、元服《げんぷく》して秀吉から諱《いみな》の一字を与えられて秀信《ひでのぶ》と名乗る。秀信は秀吉から十三万石の岐阜城主に任ぜられ、これも家臣に組み入れられてしまう。

信長の血族をことごとく排除した秀吉は、みずからの子に信長の血を受け入れた。

信長の妹お市《いち》の娘淀殿《よどどの》との間にもうけた秀頼《ひでより》である。この淀殿と秀頼母子が徳川家康によって滅ぼされると、あれほど信長の忠臣として讃《たた》えられた秀吉は、信長の遺族を冷遇したことが天罰を招いたのだと世人からいわれるようになる。

秀吉にとって信長は、その死後も頭上におおいかぶさる重い存在であったのだろう。ことごとく〝信長〟を排除しようとしたが、しかし彼の政治・戦略構想は信長から一歩も踏み出したものはなかった。この点について、いわゆる〝太閤伝説〟の奥にひそむ秀吉の真実を冷静に検討してみる必要があろう。

いずれにしても秀吉や家康もまた、信長の死を契機にして、本書で分析した〝信長的なるもの〟を無視し、排除しようとした。だが彼らは、いずれも信長が築き上げた土俵の上でしか、相撲をとることができなかったというのが真相である。

その意味で信長は、近世以降の日本の枠組みをつくり上げた創始者であり、「信長の真実」に迫ることは、日本人の意識や行動の源流をたどることになり、大きくいえば日本というものを考える土台となるものである。

この作品は、一九九五年十一月に講談社より刊行された『「信長伝説」の真実』を文庫化に際し、改題のうえ再編集したものです。

［写真協力］ 大阪城天守閣・光福寺・神戸市立博物館・高野山持明院・常在寺・成慶院・総見寺・柘植修・等持院・本徳寺・万松寺・臨済寺
（順不同・敬称略）

著者紹介

武田鏡村（たけだ　きょうそん）

1947年、新潟県白根市生まれ。日本歴史宗教研究所所長。

主な著書に、『徳川家康の黒幕』（史輝出版）、『図説 山鹿流兵法』（東洋経済新報社）、『黒衣の参謀列伝』（学研M文庫）、『一休』（新人物往来社）、『良寛 さとりの道』（国書刊行会）、『虚無僧』（三一書房）、『名禅百話』『前田利家の謎』（以上、PHP文庫）ほか多数。

ＰＨＰ文庫　大いなる謎・織田信長

2002年９月17日　第１版第１刷
2004年７月27日　第１版第５刷

著　者　武田鏡村
発行者　江口克彦
発行所　ＰＨＰ研究所
東京本部　〒102-8331　千代田区三番町３番地10
文庫出版部　☎03-3239-6259
普及一部　☎03-3239-6233
京都本部　〒601-8411　京都市南区西九条北ノ内町11
PHP INTERFACE　http://www.php.co.jp/
印刷所
製本所　凸版印刷株式会社

ISBN4-569-57807-1

PHP文庫